U0924291

我的职场十年

谢　耘　著

中国人民大学出版社
·北京·

图书在版编目（CIP）数据

我的职场十年/谢耘著.
北京：中国人民大学出版社，2010
ISBN 978-7-300-11782-9

Ⅰ.①我…
Ⅱ.①谢…
Ⅲ.①应用管理学-职业
Ⅳ.①C939

中国版本图书馆 CIP 数据核字（2010）第 081581 号

我的职场十年
谢　耘　著
Wo de Zhichang Shinian

出版发行	中国人民大学出版社		
社　　址	北京中关村大街 31 号	**邮政编码**	100080
电　　话	010－62511242（总编室）		010－62511770（质管部）
	010－82501766（邮购部）		010－62514148（门市部）
	010－62515195（发行公司）		010－62515275（盗版举报）
网　　址	http：//www.crup.com.cn		
经　　销	新华书店		
印　　刷	涿州市星河印刷有限公司		
开　　本	720 mm×1000 mm　1/16	**版　　次**	2010 年 7 月第 1 版
印　　张	17.75 插页 1	**印　　次**	2024 年 6 月第 3 次印刷
字　　数	239 000	**定　　价**	59.00 元

我相信，人这一辈子，尽管不必超凡脱俗，但是心中应该拥有一些，哪怕只是一个，确实是超越个人，超越功利，不带先决条件，不可改变，不计代价，必须兑现的承诺。

引子

2003年9月15日清晨不到7点，我带着朦胧的睡意，从北京上地赶往首都国际机场。机场空前拥挤，和几个月前SARS肆虐时期几乎空无一人的冷清形成了鲜明的对比。坐在美国联航的“波音777”班机内，工作中层出不穷的麻烦，暂时留在了国内。飞机离开北京飞往东京成田机场，这也是我十年前第一次去美国时走的航线，往事不禁从记忆深处浮现出来，如丝如缕。

离开学校进入社会，转眼十年。十年中发生的一切，大大出乎我少年时期对自己未来的种种设想。十年的漂泊，十年的磨炼，许多事情历历在目，也有许多变得模糊，掩埋在了逝去的岁月之中。也许应该抽点儿时间认真整理一下了，不为自恋和消遣，而是为了更好地面向未来，或许未来的十年，又是一段出乎预料的时光。

在随后一年多的时间里，我利用闲暇时段，陆续地把过去经历中自认为有意义的事情，以及引发的相应思考，写成了文字。这十年，我经历了一个从学生到职业人，从员工到管理者的转变，感受到了一个人的成长——那些让我获得成功和认可的事，以及那些让我至今想起来依然遗憾和尴尬的过去，都给了我最大的馈赠——人性的磨炼；我曾经工作过的地方，无论是国外公司，还是初创企业，抑或是大型民企，都给了我宝贵的机会，让我对管理的理解在实践中得以不断深入；十年中，我的领导、同事，以及许多朋友，给了我数不清的帮助、指点和教诲，乃至有救命之恩，这一切使我永远心存感激。

本来这些文字并没有公开的打算。几个好朋友看过后，建议我不要束之高阁，应该与更多的朋友分享。一个朋友在看完了部分文字后，在给我的电子邮件中写道："让我感受最深的一点就是，虽然我们可能是一些注定会被历史忘掉的人，不过每个人因为职业和非职业的选择形成的人生波澜，其实和那些风口浪尖上的人物并没有什么太大的区别。一花一世界，古代故事中的生死其实在今天的商业环境中不过换了另一副面貌，即使是看起来微不足道的纠葛也有人生大义存焉。人总是在不断反省的思维习惯下才会记录下那些对自己最触动最深刻的事件和人，从书稿中看出你不愿意浪费任何一个生命细节，也诚恳地记录下自己的收获，只有在诚恳的前提下才谈得上分享。我相信你的读者都会感受到分享的巨大快慰。"

我不知道自己的这些经历和感悟，对于那些和曾经的我一样年轻的职场初入者，对那些和我经历差不多的企业管理者会不会有点滴的帮助。不过我想，成长中我们可能遇到了类似的问题，也许有了相似或不同的感动和领悟。与新老朋友分享和交流过去的得失，就我自己而言，正是一种追求有意义的人生的努力，或许可以给我们平淡无奇的日子增添一些新的有价值的成分。

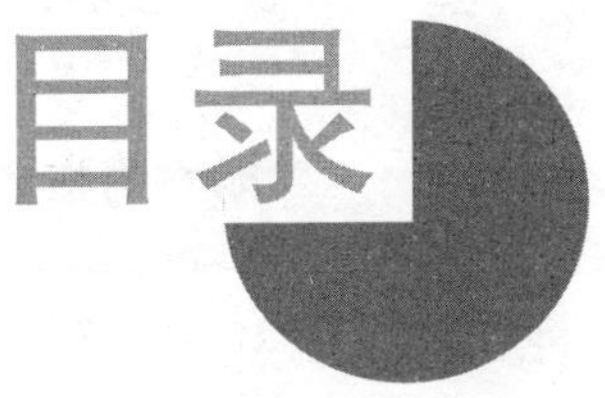

目录

1　第一章　本质转变——从学生到社会人

初到美国/ 2

透过舷窗看到的洛杉矶，很像我所熟悉的印刷线路板，规则而平淡……正是这片土地，这个城市，在我和它有了密切接触之后，再一次改变了我的生活走向，我未来十年的工作，始终是在这段经历的影响下展开的。

“野蛮”的美国同行/ 5

Pete一进会议室，周博士便把双方的合同放在了他面前：“请看一下这段话。”周博士没有一点客气便直入主题。Pete看清合同的相关内容后，竟然没有任何的废话，说：“好的，我马上去做。”

颠覆性震撼/ 11

“我也听不太懂你们每个人说的道理，搞不清楚谁对谁错。不过既然现在只有一个人有不同的意见，我们就按谭自强的建议，明天一早马上修改设计……我来承担这个责任，但是希望大家竭尽全力。”

来自台湾的天才/ 14

1996年，在向一个朋友请教问题时，他对我讲：“弄斧一定要去班门。”一个人在年轻时，在还没有被自己的经验固化的时候，能够与一流高手共事过招，我认为意义极为重大。

同学的提醒/ 19

在出现问题的时候，我可以依靠的只有眼前这几个人。我应该做的不是去指责和抱怨，而是要建设性地帮助大家找到解决问题的办法……这不只需要心理的成熟，更需要自己对这个包括你自己在内的世界，有一个客观公正的评价和认识。

朋友的指点/ 22

如果能够理解他人的推理前提和过程以及其背后的原因的话，就会有收获，得到很多益处；我们不应该因为他人的话本身正确与否，就简单地排斥或接受，那样我们会失去许多宝贵的学习机会。

外行领导内行/ 24

我必须克服自己事必躬亲、自己不明白便放不下心来的习惯，去学习信任他人，甚至要把自己的脑袋交给别人去耍。这对我来讲，是一个非常大的挑战……

冲突/ 25

当天下午，Paul 来到了我们的办公室。我花了半个小时的时间阐述了我们的意见……我只字未提那个小公司的老板曾在 TRW 工作，并且是周博士的朋友这两件事情，更没有把我们内心的猜测告诉他……

29 第二章 奠定基础——企业工作入门

饥不择食/ 30

如果一个人的职业化程度不高，而且又有了不少在特定工作环境下的特殊经验，从而也有了相当的自信，当他面对一个比较新的环境的时候，他的适应和生存能力通常会出现很大问题。

绝地逢生/ 32

这是我第一次作为风险的直接承担人面对严重的危机，而且主动采取了以前我自己不可能采取的方式来应对……这次经历把我的胆量练出来了，让我恢复了一些少年时代“敢说敢干”的性格。

邂逅死神/ 35

这是我至今唯一一次离死亡如此之近，与死神擦肩而过的经历。我也惊讶地发现，人在生死攸关的瞬间，头脑可以如此清醒，而且以平常无法想象的高速在运转。

再入困境/ 37

我的这段工作经历让我看到，在这个世界上，真正需要天才来解决的问题极为稀少。我们面对的问题，都是我们这些普通人只要真正努力就能够解决的。

亲情幻境/ 40

大家陶醉于这种充满了亲情的管理文化和氛围之中……但是，这种富于亲情的管理并不符合企业本质和市场规则，在企业发展遇到重大困难的时候，便被经济法则无情地摧毁了。

面对尖锐批评/ 43

总经理对我的批评，使得我开始试图改变自己的习惯。凡是工作上的事情，我开始全部放在桌面上来讨论……这对我后来面对复杂的工作环境，逐步走向职业化的做事方式，起到了非常重要的作用。

挑战东芝/ 47

上海有线电视台最终出示的测试报告显示，我们系统的技术水平要高于东芝的。在上海，张云峰总裁告诉我们："作为技术团队，你们很好地完成了自己的任务。"……但是上海还是选择了东芝……

"资本家"式的管理/ 49

许克明的话和南怀瑾的文字以及柳志雄的管理方式，使得我开始学习从职业化的角度来理解自己在一个组织中的职责和作用。不再不知天高地厚地去做"主人"；学会经常提醒自己不要自以为是地认为真理总是在自己一边……

无奈的告别/ 53

当庙里管抽签的人看到我抽的是下下签时，非常不好意思，要我重新抽。我说不必了……我一直相信，人世的境遇是不应该简单地用"祸"或"福"来标定的。阳光灿烂，固然令人心旷神怡；狂风暴雨，难道不也是另一番风光吗？甚至可能更动人心魄。

57 第三章　独立操练——领衔产品创新（一）

初入 IT 行业/ 58

所以在与贺志强见面的时候，我提出了自己唯一一个要求："我只想做事情，希望不要有太多'政治'的干扰。"贺志强答应我："你放心，我这里只做事，决不搞'政治'。"

首战告捷/ 60

在我的坚持下，1998 年 7 月 2 日，第一个样机做了出来……它帮助我们在合作伙伴那里建立了信誉；它的出现鼓舞了开发团队的士气和信心；它让我们在集团内证明了我们的价值，使我们得到了高层领导对这个项目的支持和关注。

引人注目/ 64

"说实在的，我没有特别兴奋的地方。我不觉得这是一个特别值得炫耀的事情。我们开发出这个产品，用的是国外的芯片和操作系统，竟引起这么大的震动，其实这是中国 IT 产业的一种悲哀。"

我的老板/ 67

它是一个基于 WINDOWS CE 操作系统的机顶盒产品。比尔·盖茨曾经来深圳为此计划摇旗呐喊。当时任建和联想电脑公司都希望我们介入此事……当我向贺志强请示这件事情的时候，他非常明确果断地否决了我的建议。

"青云直上" / 69

对这个国家而言，我清楚自己渺小得还比不上沧海一粟。但是这个国家对于我个人来讲，却几乎是自己现世生命意义的全部。

打造出色团队/ 76

在接下来一年左右的时间里，我几乎参加了集团人力资源部组织的所有招聘活动……情况很快有了一些变化。大家开始自觉地加班，并经常开会讨论问题……许多问题，我会不断地用不同的事例，从不同的角度来反复地给大家讲解。这种结合工作中真实发生的问题的讲解，针对性好，而且实时性强。

撑起一片天/ 87

在回顾这段经历的时候，白宇轩有一次感慨地说："谢总，现在回想起来，当初你为我们撑起的'天'差一点被我们给捅塌了。"我感到满意的正是毕竟"天"没有塌下来。

脱颖而出/ 92

当时，根据我对刘晓炜个性的认识，我认为我没有办法劝说他，只能授权给他自己处理。由此产生的损失，从部门长远发展来看我可以接受……随后事情的进展，有点儿出乎我预料，也让我感到欣慰。

99 第四章　独立操练——领衔产品创新（二）

奇异的巧合/ 100

我与刘晓炜之间发生的默契，可能是一个小概率事件。但是，当人们交流沟通发生问题，而不能达成共识的时候，究其主要原因，通常不外乎是在上述的四点中出了问题。

广泛合作/ 103

我们常常指责别人不开放，认为自己没有问题。为此我颇费了一些心思……总结了三个我认为比较典型的，值得反思的问题，以帮助大家形成开放的心态和文化环境……

败笔/ 104

年底我在看部门一年的费用时，非常奇怪上下半年的出租车费相去很远……才想起来，上半年部门的内部矛盾，使得部门处于半瘫痪状态，工作受到了严重的影响，所以出租车费都不多。

从感性到理性/ 109

当时正好有一个我在神州数码的下属在我办公室，听到我的电话后，她非常吃惊地说道："我还没有见过像你这样的老板，用这种坦率直白的方式和下属讨论奖金的问题。"

跨越/ 118

贺志强是跟随联想一起成长起来的，经历了中国 IT 产业和联想集团的产生、发展最重要的一段时间。……我以前只是埋头做具体的技术开发工作，他的这些在更高一个层面上对技术管理的认识和总结，对我后来的工作和提高起到了很大的帮助作用。

成事在人/ 134

面对危机，首先需要的是管理者的定力和信心。我们要能够让自己将注意力真正集中在需要处理的危机本身上，而不是它对我们个人可能造成的后果上。

功败垂成/ 138

面对一个新的市场机遇，贺志强的高瞻远瞩加上我们这个团队的呕心沥血，使我们在技术、产品和时间上占有了先机，却最终与机遇失之交臂，功败垂成。

145 第五章 再上台阶——进入高层管理

联想拆分/ 146

尽管我们的建议没有被采纳，但是这段只持续了两个月左右的短暂工作，对我的帮助却很大。我第一次试图站在一个完整的、具有多样性业务的企业的角度，来系统和全面地分析企业的定位和管理的一些核心要素。

急火烧身/ 156

第二天，培训老师讲了一个案例……听完这个案例，当时一个同事就开玩笑地问我，"你是不是贿赂老师了？你就像老师讲的水面上的鸭子一样，不见你有什么动作，但是游得却挺快。"

备受非议/ 163

在做 E-bridge 期间，项目监管部门多次对我的工作做阶段性评估……我得到的一个基本评价是：谢耘的管理，不科学，艺术的成分太多。这是我这个项目后来被评价不高的一个重要原因。

再次转行/ 171

回顾 2001 财年的工作经历，自己收获不小……它让我学习和体验了不是以主宰，而是以一个副手的角色去开展工作。这个经历，对一个人的性格、习惯和修养都是一个很好的磨炼。同时它可以帮助你看到一些主宰者无法看到的事情……

两难困境/ 175

2001 年软件业务单独运作，起步的滋味还没有品尝充分，还没有摸索清楚有效的发展途径，这个业务在过去几年中积累下来的问题便显露出来，并由一些突发事件引爆出灾难性后果。

183 第六章 十年一剑——战略管理实践

天灾人祸/ 184

神州数码进军软件行业的努力，在 2002 年遇到了近乎毁灭性的打击……天灾人祸不期而遇。狂澜突起，大厦将倾。

临危受命/ 185

这次出任软件公司的总经理，我得到了一个从战略规划开始，直到战略落实和实施，全面管理一个完整业务的机会，真正开始站在战略层面，操控一个大的部门。

孤注一掷/ 191

生死关头，指令必须简单明了。瞻前顾后，左右平衡，看似更加合理全面，但实际上只能让执行者感到迷惑不解、动作无力、畏惧不前……在这个时候，我作为最高管理者，必须替他们承担部分压力和风险。

奇迹/ 195

不幸的是，当我们的经验丰富以后，我们常常反倒失去了许多饱含着真理的简单常识，增加了不少别人搞不懂，其实我们自己也不清楚的，实际价值大可怀疑的复杂而混乱的逻辑。

重整流程/ 205

对于一个企业来讲，核心业务流程及与之相关的考核，要比组织结构更为根本……但是，企业的重组，常常被重新划分势力范围和利益分割所左右，核心业务流程成为了无足轻重的事情，被随意地扭曲。

遭禁F市/ 207

“谢总，情况你也看到了。你看这样好不好，你这一段时间就留在这里，咱们一起把问题彻底解决了再说。”……作为公司的最高管理者，当公司的业务出现重大危机的时候，理应身先士卒。这不是为了建立自己的威信和感召力，而是岗位职责的基本要求。

改造文化/ 210

企业文化和价值观的形成，不仅要靠宣传和灌输，更重要的是，企业的最高管理者是否能让企业的重大决策、管理规范和日常经营活动，始终体现着这种文化和价值观。

年关/ 212

企业的调整和整合，常常忽视了对客观规律的认识，而为个人的意志所左右，被管理者当成张扬自我个性的机会，或者有时成为了争夺利益的手段，导致企业的重组常常践踏了基本的管理规律。

兑现承诺/ 216

12月，我们的亏损一度大幅超过全年计划……郭为心中没底地问我：“你今年的亏损到底能做到多少?”我硬着头皮告诉他，一定不会超过3 000万元。估计当时他的心中充满了失望的预计。最后在3月31日财年结束时，我们成功地完成了年度经营指标。

进入新财年/ 223

就自己的个性和经历来说，我更适合去做0到1的事情。工作以后，我的经历也基本上都是在做开拓性的工作……但是任何事情，要想做得真正具有实际价值，必须要长期持续地投入，需要完成1到10乃至10到100的过程。

内部冲突/ 225

走在前面的企业，正是那些不断创新的企业，而绝非是躺在一个“完善的”管理体制上的企业，不论这个管理体系积累了多少年。

辞职风波/ 236

走掉的一大部分人，其实已经在一起筹划很长时间了……所以，他们当初提出的问题，其实在相当程度上是言不由衷的。幸好我和 W 博士没有被牵着鼻子去做一些无用甚至有害的事情。

完成使命/ 243

我实在地站在了企业战略管理的位置上，完成了一次从制定战略到组织实施战略的相对完整的过程，尝试了如何在解决生存危机的同时，进行能力的培养和其他基础性建设。

251 第七章　尾声

佛教认为，在大千世界之中，我们生活的这个世界是婆娑世界，是一个好坏参半不完美的世界。是否因此我们的人生也注定是不完美的？果然如此的话，我们不必因一时的成功满足而飘然，也不必因某些愿望的落空而苦闷。在残缺不全、喜忧参半的经历中，珍惜那些有价值的片刻而去尽心做些有意义的事情，努力从这些经历中去感悟一些道理，与同样用心做事的朋友们分享，在尽心尽力的同时保持一个平和的心态，是否算是尽到了做人的本分呢？

258 后记——理想永存

管理主题目录

秉性的转变

5 ◆ 之一：理性地工作

19 ◆ 之二：平等与尊重

22 ◆ 之三：学习倾听

良师益友

14 ◆ 之一：榜样的力量

67 ◆ 之二：倾力扶持

92 ◆ 之三：悟性与用心

成长的故事

37 ◆ 之一：利益与友情

40 ◆ 之二：超越传统文化

43 ◆ 之三：战胜虚荣

171 ◆ 之四：平凡与卓越

难忘的经历

25 ◆ 之一：冲突

35 ◆ 之二：邂逅死神
47 ◆ 之三：挑战东芝
207 ◆ 之四：遭禁 F 市

管理入门

11 ◆ 之一：告别空谈
49 ◆ 之二：走向职业化

管理提升

109 ◆ 之一：职业化实践
118 ◆ 之二：技术与产品的战略思考
138 ◆ 之三：辩证看人
243 ◆ 之四：魅力与激情

团队建设

24 ◆ 之一：被迫放权
30 ◆ 之二：起用新人
76 ◆ 之三：共同进步
87 ◆ 之四：自觉放权
100 ◆ 之五：沟通与共识
103 ◆ 之六：开放的关键
104 ◆ 之七：性格与心理
223 ◆ 之八：预测团队风险
225 ◆ 之九：艰难的磨合

研发管理

60 ◆ 打破僵局

项目管理实践

156 ◆ 快轨方法

战略管理分析

146 ◆ 之一：运作与创新
175 ◆ 之二：生存与发展

185 ◆ 之三：战略与谋略

战略管理实践

191 ◆ 之一：危情抉择

195 ◆ 之二：标本兼治

205 ◆ 之三：流程与结构

管理本质分析

163 ◆ 之一：科学、艺术与哲学

236 ◆ 之二：系统思维

价值取向

64 ◆ 之一：理想与现实

69 ◆ 之二：回国动因

企业文化建设

210 ◆ 行胜于言

企业重组

212 ◆ 积累与应变

应对危机

32 ◆ 之一：瞒天过海

134 ◆ 之二：定中生慧

专栏文章目录

【朋友的故事】 …… 5
【Pete 的启示】 …… 8
【开拓者与跟随者】 …… 15
【果敢行动】 …… 17
【终生的教诲】 …… 44
【南怀瑾的论述——不在其位,不谋其政】 …… 51
【回忆——说不清的承诺】 …… 71
【认知模式的影响】 …… 80
【员工的问题】 …… 84
【如何放权】 …… 89
【梁祖光对刘晓炜的“控告信”摘要】 …… 93
【人生剧本】 …… 94
【摆脱虚幻】 …… 107
【职业化杂谈】 …… 113
【技术创新型产品的战略】 …… 120

【技术战略基础——面向产品科研开发的
三个层次及相互关系】…… 128
【面对危机】…… 134
【质疑信任】…… 141
【企业的战略定位、技术能力和业务转型】…… 149
【朋友的故事——做人的准则】…… 161
【企业管理——科学？艺术？哲学?】…… 166
【大学时期的故事——平凡中的超越】…… 173
【走出企业的两难境地】…… 175
【战略与谋略】…… 187
【用真诚和汗水,化理想为现实】…… 204
【神州数码涉险转型】…… 217
【朋友的故事——两个“阴险”的人】…… 229
【人性的困惑】…… 230
【朋友的故事——改变自己与改变别人】…… 232
【管理的对象是什么?】…… 239
【管理者的魅力与员工的激情】…… 246
【中国传统政治与现代企业管理】…… 252
【境界】…… 255

第一章

本质转变——从学生到社会人

在美国工作的半年，使我在自身的性格上接受了多方面的锤炼，基本完成了从学生到社会人的转变；同时，也对产品开发和管理有了粗浅的认识。最幸运的是，我有幸在周博士——一个近乎天才的人物领导下，亲身经历了一段创造奇迹的时光。

初到美国

1993年的12月17日，北京已经是寒风凛冽。我作为国内一家当时在中关村比较有名的IT民营企业对外合作项目的第二负责人，作为一位令我非常敬重的典型60年代毕业的知识分子——我们企业总工程师的助手，与另外三名我当时的同事——其中两名是我大学的同学李平和刘慧明，一名是我在大学读研究生兼做政治辅导员时的学生吴志聪——登上了两年前我在悉尼错过了的前往美国的航班。如果当时成行，我的生活轨迹恐怕与后来会完全不同。尽管曾经在悉尼留学两年，但是去美国对我来说依然是一个新奇的经历——这是我第一次去这个冷战后全球唯一的超级大国。

飞机经停日本，成田机场之大，使我们好像进了迷宫一样。最后在美国加州中午时分，航班沿着太平洋海岸，飞临洛杉矶。当飞机开始降低高度时，我透过舷窗，好奇地俯瞰着这片我从未踏足，却在我无法抗拒的情况下改变了我生活走向的土地，我的心情没有丝毫的波澜。准确地讲，没有兴奋，没有激动，没有向往，也没有期待，心中只有一丝隐隐的却非常顽固的对未来的忧虑。

透过舷窗看到的洛杉矶，很像我所熟悉的印刷线路板，规则而平淡，完全没有我想象中的国际大都市的样子。正是这片土地，这个城市，在我和它有了密切接触之后，再一次改变了我的生活走向，我未来十年的工作，始终是在这段经历的影响下展开的。这是我始料未及的。

第一次在洛杉矶出关的经历，让我至今都对美国海关有一种不安和反感。我们五个人竟然被当作嫌疑犯一样，被美国海关人员整整查了一个多小时。这可苦了在外面等候我们的TRW的工程师Pete。相比之下，中国人总是以“有朋自远方来不亦乐乎”的态度对待来访者，我们的海关对老美们是否太 nice 了？什么时候我们也可以好好“折磨”一下自我感觉过于良好的美国人？

我们五个人，当时是肩负了公司重任的。公司经过半年多的谈判，与美国著名的国防太空电子企业 TRW 公司达成协议，共同开发面向中国市场的民用产品。在苏联解体的影响下，当时美国的国防企业结束了冷战带来的黄金时代，被迫开始了“军转民”的努力。出发前，双方达成一致的是先开发用于家庭的卫星电视用平板天线和高频头。对方建议我们开发的电视加密收费系统，由于市场和技术的问题，我们公司一直没有拿定主意，准备随后双方再议。

我是在去美国之前才在李平的游说下，离开了工作不到一年的一家国内小型国防企业，也是我的第一个工作单位，离开了我所熟悉的信号处理专业，加入这个公司的。我在三天内就做了换工作的决定，这也是我一贯的风格。所以我对于双方的合作，包括公司的情况，都了解不多。未来，在我基本上没有准备的情况下，展现于我的面前。我没有时间审慎思考，便必须面对从来未曾经历过的一切并开始行动。在行动中思考，在思考中行动，成了我未来工作的特点之一。

体验完海关的百般刁难，在北京分别几个月后我们再次见到 Pete，双方都备感亲切。这也是 Pete 第一次和来自中国大陆的人合作，这在冷战时期是无法想象的，他们心中充满了新鲜和好奇。

接下去的几天，我们最重要的事情是采购生活必需品。TRW 帮助我们在 Hawthorne 租了一个空荡荡的小 house。我们必须马上购买几乎一切生活用品，包括洗衣机、微波炉、餐桌等。为了节省开支，我们原本没有计划买烘干机，但是 Pete 告诉我们，在洛杉矶，如果你把衣服晾在室外，会有人告你影响市容。这是我第一次感受“第一世界”的奢侈。

生活安顿下来，便开始建立工作环境。TRW 是美国著名的国防太空电子公司，三个字母分别代表了三个创始人——据说都是钱学森当年的大学同学。当时美国大部分的军用卫星都出自该公司。所以我们不能进入他们的办公区，只能另外租用工作场地。Pete 他们很快就在离他们办公区不远的地方找到了一处办公地点。我们租了三个办公室、一个实验室和一个会议室。办公室周围的环境非常好，清洁、安静、绿树成荫。旁边是一个健身俱乐部。我们每天上班的时候，都会看到许多身材苗条的女士，有的还带着孩子，来俱乐部健身。TRW 的朋友开玩笑说："她们来健身，可不是为了自己的丈夫。"

洛杉矶的 Redendo 海滩，就在离我们办公区西边两公里的地方。工作之余，我们常常去那里散心。1998 年，我陪同时任联想电脑事业部总经理的杨元庆，去微软公司访问。在洛杉矶转机时，利用转机空闲，由杨元庆开车，我做向导，大家来到 Redendo 海滩。看到绵延平缓的海滩，走在细细的黄沙上，面对一望无际的太平洋，还有蓝蓝的天空，以及海滩边不同风格错落有致的建筑，一个第一次来到美国的同事感叹道："没想到美国这么好!"

一切准备妥当，已经到了西方最重要的节日——圣诞节。这给了我们一个适应美国环境的喘息时间。圣诞节期间，我横跨美国大陆，乘坐"红眼"航班，到纽约看望了在那里工作的哥哥和嫂子。刚一下飞机，哥哥就给我打预防针："纽约可是全世界最脏的城市"。当时纽约的中国城，确实给人印象不好，与悉尼的中国城有挺大反差。进入纽约的地铁站后，只感到黑乎乎的一片，有点进了老鼠洞的错觉。

随后他带我去曼哈顿，参观了他当时在世贸大厦 106 层的办公室——幸好在 1999 年他转到了休斯敦。走进世贸大厦，迎面看到的是因圣诞节而放置在大厅中央的一棵很大的圣诞树，各色的彩灯交相辉映。我当时穿着一身休闲服，羽绒夹克还是我上大学的时候买的。在世贸大厦里，我发现周围的人几乎全部是西装革履。我哥嘲笑我道："瞧你像个要饭的似的。"我没管那么多，高兴地在其中照了一些照片，不想竟成为永久的纪念。2003 年"非典"发生之前，我陪中国银行的人再次到纽约，在世贸大厦曾经存在的地方，看到的是一个巨大的深坑。世贸大厦的倒塌，与美国人比较普遍的轻狂不是没有一点关系。

朋友的故事

“9.11”发生后不久，在北京外国人喜欢的聚会区三里屯，我和一个50多岁、温文尔雅、长期在美国IT行业工作的美国老朋友吃饭聊天。我们已经很熟了，又是只有两个人的聚会，几杯啤酒下肚，便自然谈到了刚刚发生的“9.11”及相关的政治话题。谈到他们的政府时，我告诉他在中国，大家对他们的新总统没有什么好感。他显然另有看法：“At least he delivers what he promises. That is pretty good for us. We miss the strong leader like him for many years.（至少他说了就真的去做。这就很好。我们已经很多年没有这样强有力的领导了。)”我听了他的解释，略感意外。毕竟他是黄毛美国人，所以我没好意思把心中挖苦他的话说出来：“你们自己的总统在全世界搞‘文化大革命’，你们大加赞赏。毫不认为其行为违背了你们的‘民主’原则。可是世界上有许多其他国家的‘strong leader’（强硬领导）们，只在自己的国家里做自己的事情，却都被你们这些美国人贴上了独裁的标签，欲置他们于死地而后快。”我看到美国的双重标准，挺深入美国普通人的内心，颇有点儿像我们在“文革”中说的：“马列主义尖儿朝外。”也正因为如此，这个国家的民众恐怕为此还要付出更多的代价。

“野蛮”的美国同行

秉性的转变之一：理性地工作

开始的轻松，随着新年的到来很快就结束了。TRW合作负责人周博士，一个来自台湾的华人，非常看好电视加密收费系统（DTS/DTD）在中国的市场前景。在他一再坚持下，我们立刻改变了工作重点，将其他的项目后延，双方全力投入到了这个项目的开发中。为此，我们马上从国内又调了一个我们的同学谭自强来美参加这个项目。谭自强是我研究生时的同学，精通电视技术，可以毫不夸张地讲，他是国内电视方面的一流高手。他也是被李平游说来的，不过当时他还没有从清华的一个公司辞职。

我们在出国前还是为这个项目做了一些准备的：带来了相关的产品、关键器件及开发工具。当李平把他们在国内开发并投入市场的卫星电视接收机从包装箱中拿出来时，看着那漂亮的、非常具有消费品造型特点的产品，我真的有点吃惊。尽管我在读硕士期间，参与了一部海军用的新型雷达的设计和生产，但是对于家电产品却一无所知，感到是一件非常复杂难做的事情。且不说内部的电路设计，就其外形设计和制造，我就完全没有概念。我没有想到，他们比我先工作了不过四五年的时间，竟然能设计生产出我根本就不知道该如何做的产品。

当时我的心理落差相当大。因为我毕竟是当时我们班，甚至是全清华学习最好的学生之一。看着他们设计的产品，同窗了七八年的同学，在我的眼里竟有了一种神秘而陌生的感觉，真有一种“士别三日当刮目相看”的感慨。这对我的自信心产生了相当大的冲击。

TRW 曾经在十年前为军事用途设计了一个视频图像加密解密系统，加密和解密系统分别有两个大手提箱那么大。周博士就是带着那两个“古董”，在 1993 年 11 月到中国广电部做的演示。当时他信誓旦旦地告诉客户，在 1994 年 2 月初，一定把它们变成家用的小盒子再来北京。其实军用系统和家用产品之间除了原理相同以外，基本是完全不同的东西。

当时我们大家对这个项目都没有什么信心。不过周博士有过人的胆量和推动能力，我们很快就全力以赴开始了工作。

项目开始，首先要做的自然是系统设计。这个过程让我和我的同伴们大吃了一惊。整个系统的设计，是以会议形式完成的。大家各抒己见，Pete 负责在白板上记录整理，定不下来的部分，就先画一个云彩样的轮廓，以后再说。他半开玩笑地说："We are digital guys，analog stuff is too complicated to us. We just leave them there for the moment.（我们是搞数字电路的，模拟电路的东西太复杂，先放在这以后再说。）"产品系统设计居然就在这个基础上启动了！这和我所受的教育，特别是我对于国际一流公司应有的做事方式的想象，反差太大了。如此紧张的时间，如此复杂的系统，如此艰巨的任务，就用这种方式工作？我们几个人都在心中留下了一个大大的问号。随后的工作也基本是在这样一种状态下进行，完全不像我们期望的那样条理清晰、计划周全和井井有条。我们很快产生了对他们的不屑，甚至嗤之以鼻。而且他们的个人能力也相当平常。毕竟我们都是清华的毕业生，一对一地看，他们好像真的还不如我们。

系统设计完成，便开始了电路设计。双方出现了合作以来的第一次争执：彼此都说这是对方应该承担的任务。因为我不清楚双方谈判的情况，便去问李平。李平告诉我，按合同规定应该是他们来做。由于李平和 Pete 谈不通，我便直接去找周博士。周博士在看了合同之后说道："这种问题在美国是再简单不过的了。把 Pete 给我叫过来！"Pete 一进会议室，周博士便把双方的合同放在了他面前："Please read this paragraph.（请看一下这段话。）"周博士没有一点客气便直入主题。Pete 看清合同的相关内容后，竟然没有任何的废话，说："OK，I'll do it.（好的，我马上去做。）"这个局面是我万万没有想到的。找周博士之前，我心里一直在打鼓。因为双方已经僵持了两天时间。我自己猜测，Pete 至少要辩解甚至会胡搅蛮缠来为自己找台阶，而且可能对我们下面的合作产生副作用——我们的做法太不给他面子了。随后的一切证明我完全错了。Pete 他们不仅很快完成了工作，而且依然非常友好地对待我们。

尽管我在悉尼有过两年的留学生活，但是学校毕竟是学校，在哪里学校都有点儿世外桃源的味道。随后紧张的工作，使我没有时间回味 Pete 在这件事上的表现。但是这件事情在不知不觉中，留在了我的心底，悄悄地引发了我的转变。我开始认真地观察美国人，思考他们的特点和长处。心中的偏见开始一点点消融。我开始逐步了解美国人的文化和行为特征，开始向他们学习用理性的方式来处理事情，与人相处。几年以后，我写了一篇短文《Pete 的启示》，讲述了这件事对我的影响。

Pete的启示

1993 年圣诞节前，作为一个合作项目的副主管，我与领导和同伴来到四季如春的天使之城——洛杉矶，开始了与美国一家著名国防电子公司的合作。刚刚安定下来，中美双方公司的人员便迅速组成了项目组，投入了紧张的工作。设计方案确定之后，双方的工程师却出现了争执——都认为应该是对方负责电路的设计。异常紧张的项目突然陷入了停顿。事实上按合同规定，这项工作应该是美方的责任。我不得已找到了美方的华裔项目经理。他看过合同后说："嗨，这种事在美国是再简单不过的了。"随后他将美方的主管工程师 Pete 找来，将合同请他看一下。Pete 看过合同之后，二话没说赶紧去工作了。此事也没对我们后面的合作造成任何影响，双方人员建立了良好的关系。

这件事当时并没有让我特别留意。相反，第一次与美国人共事的我们，尽管与对方相处得十分友好，但是在背后却常常表现出了对美国工程师的轻视。普通的美国人确实有些像大孩子，头脑比较简单，好像不如我们的工程师聪明。

半年之后，我们完成了样机的试验回到了国内，开始产品设计和生产的准备。同时我也成为了部门的负责人。又过了半年，我对管理工作的困难有了许多切身体会。在一次从北京返回深圳的途中，飞机上放映了一个史泰龙主演的电影。影片充分地表现了美国人性格简单直爽的一面。它使我猛然回忆起了 Pete 的事情。我不禁问自己：如果 Pete 是一个中国人，他会那么痛快地服从合同的规定而又不影响后面的合作吗？他是否会认为自己的自尊心或者面子受到了伤害？甚至认为是我们故意和他过不去？我意识到，中国人和美国人在心理结构上的差别，实在不应该成为我们对美国人的做事方式不以为然的根据。我们中国人的聪明举世公认，可是却在不知不觉中被自己基本素养上的缺陷，大大地折损了。这使得我们在与那些我们认为并不聪明的民族之间竞争时，更像龟兔赛跑故事中的兔子。

美国人普遍的单纯，自然有幼稚甚至愚蠢的地方。但是，它却使得人与人之间，少了许多我们中国人常见的彼此无端的猜疑，少了许多有害无益的内耗；在工作中，大家能够就事论事，而较少发生意气用事和情绪化的冲突；在个人行为上，少了那些不必要的“个性”，更容易服从规范化管理的约束，在整体上保证了大规模协作和管理的可能性；它也使得管理者的精力，更多地注意在事情上，而不是人员之间的矛盾、是非和情绪上。而这正是现代工业迅速发展的重要文化社会基础之一。

相比之下，在中国可能由于历史的悠久，人们的心理结构普遍比较复杂，具有相当强的非理性情绪化倾向——敏感、多疑、内向和多变。在相互交流时，特别是在关键问题上，旁敲侧击和只可意会不可言传的方式多，就事论事、直截了当的情况少；在工作中，横向攀比的多，按客观标准行事的少；在做事的过程中，喜欢不分场合地标新立异，不容易保持持久的专注和服从管理规范；工作的业绩表现，常常受到自己心理和情绪波动的影响，而不是自己能力的正常发挥。这些问题，在聪明、能力强和受教育程度高的人员身上有时表现得更为突出。

几年来，在管理中这些问题常常困扰着我带的团队。随着经验的积累，我逐步通过从小事和容易处理的事情开始让大家养成好的工作作风，建立公开、透明和平等的内部沟通、工作和评价管理规范。这使得我后来带的团队成员，逐步适应了抛开个人喜好去就事论事，将问题摆在桌面上一起讨论，而不是背对背去议论和猜测的共事原则；面对工作中出的问题，团队内部员工能够比较坦然地接受他人的批评；部门的内耗明显降低，彼此的配合多了许多默契；员工对自己和对他人的评价趋于客观，心理的稳定性得到改善。为了更有效地建立和实行平等、开放和透明的工作方式，我和普通员工一样，在开放的办公室的普通工位里工作。有人认为我这是故作姿态。事实上，管理者的以身作则，对下属永远有着不可轻视的影响力。那些无法适应或拒绝接受这种“简单”和公开工作方式的员工，则陆续离开了团队。

应该讲，人心理结构的改变，是相当困难的，也需要相当长的时间才可能见到效果。在一次部门会议上，当我明确要求员工今后不要将自己的情绪和喜好带到工作中来时，一个业务能力很强的员工当时就跳了起来，认为这个要求太高，至少短期内他自己做不到，尽管他也承认这个要求是正确合理的。理念的认同和现实的行为之间，常常有着我们自己意识不到的差距。但是，我们这些IT企业，直接面对国际竞争。在经验、资金和技术积累等各个方面我们都没有优势，如果在人员基本素质上再不如他人的话，我们有什么资格去参与竞争？许多基本素质的提高，是必须在实际工作中完成的。所以这个问题，是我们管理人员无法回避的，因为我们不能指望别人为我们培养出一代适应未来竞争环境的新人。当别人早就鸟枪换炮了的时候，我们必须抛弃大刀长矛。这是一个不容讨论或讨价还价的问题。

（编辑后发表在《IT经理世界》2000年第17期）

现代工业发源于欧洲，繁荣于美国。美国还奇迹般地造就了影响全球的信息产业。百年以来，它固然有其得天独厚的外部条件，而且与我们相比——很多美国人自己也承认，它确实没有“文化”，没有“历史”。但是如果不承认其社会基础（包括文化和价值观）对其百年繁荣强盛所起的核心支撑作用，那便近于自欺欺人。现代经济是不能脱离一定的社会基础而存在的。评价文化的优劣，实在不是我力所能及的。但是，当我们必须面对现代经济带来的国际化竞争的时候，我们就不能不考虑自己是否具有现代经济成长所必需的那一部分文化和价值观。在这一点上我们可能没有选择，也不能以国情等理由来回避和拖延——那样做唯一的作用便是耽误自己发展的时间。

颠覆性震撼

管理入门之一：告别空谈

在随后的几个星期里，项目总体上在按预期向前推进。因为没有一个十分周全的项目计划，为了保证大家工作能够有效配合，我们每天早上都要开碰头会，检查进度，布置任务，协调工作。然后大家分头做自己的事情。由于我们身在异国他乡，也没有别的事情可做，便每天工作到晚上十点。在大学我是学雷达的，对电视可以讲是一窍不通。因此我便承担了微控制器编程的任务，这对我来说倒是轻车熟路。

尽管没有大问题出现，但是由于从来没有面对过这样紧张的任务，而且系统核心芯片的设计是 TRW 的人员在其公司内部进行的，我们无法随时看到进展（其实即使我们能了解，由于我们任何人都没有设计芯片的经验，也是不知深浅），所以我们依然忧心忡忡，看不出来我们能按时完成任务的依据在哪里。

1 月底，中间的一系列测试都显示样机的功能没有问题，周博士便预订了 2 月 4 日去北京的机票，准备兑现其对客户的承诺。当时我们的项目计划在时间安排上没有一点余地。

在他和 Pete 将要启程的前四天早上，最后的核心图像处理芯片才完成，我们高兴地把价格昂贵的 FPGA（现场可编程门阵列）装在了机器上。接通信号后，大家全都呆住了。图像加密后看上去没有问题，但是解密后的图像，尽管上下部分质量不错，但是在中间却莫名其妙地有一道粗粗的黑影，应该出现的图像却不见了。“天啊，怎么会是这样?”Mitch 叫道，他是芯片设计的负责人。瘦小的项目技术总负责人 Greg 站在一旁，右手托着下巴，一如既往地一脸深沉，双眼凝视屏幕，一言不发。尽管大家忙了个满头大汗，可是直到下午，那道黑影依然固执地覆盖在屏幕上。

这时谭自强把我叫到另外一个房间。“我给你解释一下这个黑影是怎么来的。我想我应该没有猜错。”经过这一段时间的工作，我对电视技术多少有了一些认识，发现我们习以为常的电视信号，要远比看似神秘的雷达信号复杂。有了这点可怜的基础，我费了一些时间，听明白了谭自强对问题原因的解释。我感觉他的判断是对的。

晚饭后，周博士到了工作现场，召集所有的相关人员开会讨论。空气凝重而压抑。因为我的英语要好一些，所以我替谭自强详细解释了黑影产生的机理。大家各抒己见，场面倒是相当的民主，只是周博士一直一言不发。最后，除了一位 TRW 年轻的工程师外，所有的人都接受了谭自强的解释。时间已到了凌晨三点，大家疲惫不堪，睡眼蒙眬。周博士准备收场。“我也听不太懂你们每个人说的道理，搞不清楚谁对谁错(这句话我怀疑是他自己谦虚)。不过既然现在只有一个人有不同的意见，我们就按谭自强的建议，明天一早马上修改设计。如果确实还是不行，我一个人去北京，给客户下跪，告诉他们我们没有能够实现承诺，请他们原谅，再宽限我们几天。我来承担这个责任，但是希望大家竭尽全力。”

这便是典型的周博士的性格，关键时刻敢于拍板，也敢于承担后果。他第一次进大陆之前，是在香港出差。当时他面临一个影响他一生的选择：如果踏上大陆的土地，他将被美国政府终身取消在美国从事国防机密研究的资格；如果不进大陆，自己开创一番新事业的梦想将无从开始。在香港犹豫了两天，他登上了去北京的航班，开始了他自己一生中最重要的转折。

2 月 2 日下午，新的芯片编程完毕，送到了我们的实验室。大家这次可真的紧张了，万一不成，绝不是谁承担责任的事情，而是关系到这个项目命运的问题。当信号接通后，解密后的图像清晰稳定地出现在了电视屏幕上。顿时，实验室里一片欢腾。马上有人出去买酒，其他人立即开始了系统的全面测试。测试表明系统实现了所有预计的功能，我们终于取得了双方合作开始以来第一个阶段性的成果，完成了我们自己都无法相信能够完成的任务。大家在实验室举杯相庆。

当周博士和 Pete 把样机展示给北京广电部客户的时候，他们无法相信自己的眼睛。他们说，1993 年 11 月听周博士讲，他会在 1994 年 2

月初完成样机研制的时候，他们认为周博士是在和他们开玩笑，甚至有人怀疑周博士是一个国际骗子。

仅仅一个多月的时间，本来一件不可能的事情，经过周博士的推动，在一种我们无法理解的“混乱”状态下，竟然像变魔术一样完成了！这一切给了我从来没有过的体验。而这种体验，是难以用语言来准确地描述的。世界上的事情，竟然可以这样做，我大开了眼界，也对周博士产生了由衷的敬意。这个项目立项时，他便多方游说，统一了双方的意见；在项目进行中，他坚定的信念，使得我们尽管心存疑虑，却依然在无形的压力下全身心地投入到工作之中。周博士就好像是一台功率强大的推土机，只要他认准的事情，只要是他决定做的事情，不管遇到什么样的困难，他都会一往无前，冲破一切困难和障碍。在此之前，我的信念是，越复杂的事情，事先越要周密地策划，只有近乎滴水不漏以后，我才会开始行动——事实上常常是没有行动。而这段经历，使我猛然发现，做成一件事情其过程竟然和我的想象相去甚远。

当我们认为我们无法完成一项任务的时候，原因会有很多。其中有的时候是因为你看到了太多你不知道如何克服的困难；也有的时候是因为你对将要发生的一切无法预计而心生畏惧。但是这并不意味着我们无法战胜这些困难，并不意味着在我们无法预料的情况发生的时候，我们毫无办法。未来的不确定性，应该成为我们发挥自己潜力的舞台，而不是成为我们行动的障碍。

当我们面临挑战的时候，计划的周密性永远是相对的。我们更要做好准备在实践中去学习，在困难中去寻找克服困难的办法。在周博士的领导下，我初步找到了一种感觉：一种如何适度地把握计划的周密性的感觉；生出了一种勇气：一种面对从未遇到过的困难，面对众多不可预知的险境，不回避、不空谈，而是去果敢行动的勇气；明白了一个道理：在实践中探索，在探索中前进，是成就事业的基本规律；催生了一个新的价值观：能把一个平凡的想法变成现实，远比仅仅产生一些了不起的思想更加值得敬重。

来自台湾的天才

良师益友之一：榜样的力量

周博士当时年近不惑，中等身材，粗壮微胖，一副近视镜后面是一对小眯眯眼。可能由于大脑过于发达，头发已经稀少，确实给人一种充满智慧的感觉。他精力过人，当时经常每天只睡三四个小时。

对周博士的敬意，使我自然产生了了解他的兴趣。经多方打探，知道了大概。他生于台湾，家境并不富裕。为逃避台湾的兵役制度，后去新加坡读了一段中学。中学毕业到美国读大学。为了给家中节省费用，保证妹妹不致中断学业，他只用了两年的时间便读完了大学本科。这是一个我至今还从未听到过其他人能够达到的纪录。博士毕业后，他便进入 TRW 工作。中间曾和朋友创业，公司成功，但他却又回到 TRW。不过创业的梦想在他的心中一直挥之不去。我曾经和他经过那家他参与创建的公司的办公大楼，看得出，他在望着那栋大楼时心中颇不平静。

在 TRW，他是位置比较高的华人。我好奇地问 Pete，作为一个华人，周博士何以在 TRW 这样一家大型国防企业中脱颖而出。“Well，I cannot give you the details，because we are a defense company.（我不能解释具体的细节，因为我们是国防企业。）”Pete 告诉我，“But I can tell that he once did something that nobody believed it's possible.（不过可以告诉你，他曾经做成了一件别人都认为不可能的事情。）”

Pete 讲的周博士的这段经历，尽管略去了所有的细节，但是对我的价值观影响非常大。他让我看到了一个活生生的事实：如果你认为自己优秀，就应该敢于去做他人做不到的事情。这一信念直接导致了我后来面对各种别人认为不可能完成的任务的时候，从来没有退缩过。而且完成这些不可能的任务，成了我工作的主要内容。

1996 年，在向一个朋友请教问题时，他对我讲：“弄斧一定要去班门。”一个人在年轻时，在还没有被自己的经验固化的时候，能够与一流高手共事过招，我认为意义极为重大。

真正杰出的人，其所做的事情通常是具有开创意义的。尽管后面会有大量的跟随者，但是开创者与跟随者之间的本质差距，不会因为跟随者后来更为出色的表现而减小。

开拓者与跟随者

1986 年在 IBM 苏黎世实验室工作的 G. Bednorz 及 K. A. Müller 发现镧钡铜氧化物在 35 K 时有超导转变。两人因这项发现在 1987 年得到诺贝尔物理学奖。此一发现引起铜氧化物的研究热潮。在很短的时间里，国际上许多国家，也包括中国的科学家们，先后发现了新的高温超导化合物，将长期处于液氦区的超导现象，革命性地提高到了液氮区，使得超导现象终于显现出实用化的前景。

在科学界，这种个体实现的突破带来大面积跟进的现象，并不少见。这一现象，也广泛地存在于其他行业中，包括企业界和体育界。

尽管大量跟随者的后续工作，远远超过了开拓者所做出的成绩，但是，第一次完成突破的人，他所具有的特质，可能是后来者永远也无法具备和超越的。当然这里不包括完全靠偶然机遇获得的突破。开拓者的成功，并非简单地因为一时之勇而去吃了一口螃蟹。

开拓者通常具有一种持续的顽强、对超越现实的不灭渴望，以及挑战“不可能”的勇敢。而且，突破的获得，常常脱离了现有的经验和理论，表现出开拓者们对客观世界的认识，有着超越他人的深刻和广博。当然，操作层面的能力，也是实现突破必不可少的基础，但是这不是区分开拓者和跟随者的关键要素。

开拓者的突破，之所以能够引发出大量成功的跟随者去完成，甚至是更好地完成了同样的结果，最重要的在于开拓者用事实为他人提供了一种无可置疑的可能性保证，再加上一些操作层面上方向性的暗示。这些，已经足够帮助那些有着良好执行能力，但是缺少眼光，洞察力，以及勇气和顽强的跟随者完成从 0 到 1 的过程。

用跟随者后来的成绩，去贬低开拓者所创造出的价值，只能说明自己的局限。

与高手共事过招，如果我们能够深入地去研究对方在做开创性工作时事情的起因和过程，而不仅仅停留在对结果的分析上，可以帮助我们打破许多潜意识中无形的束缚，发现我们自己的潜力，看到世界上存在的丰富可能性。我们意识中的自我束缚，常常是我们无法进步的最大障碍。它不只阻碍我们挖掘自己的潜力，而且障住了我们的双眼，使我们看不到这个世界给我们提供的各种可能。另外，通过与高手一起做事，我们可以学到作为一个旁观者，可能永远也无法体验到的真谛。毕竟隔岸观火与身临其境相比，在切身的体验以及引发的感悟上是有天壤之别的。

回首往事，我非常庆幸自己刚刚走上社会不久，便在周博士这样杰出人物的领导下工作。当然，并非所有的人都能接受周博士的风格。我回国以后，显然是受周博士影响很大，有一次李平向我抱怨："你怎么像周博士似的？"

周博士无意中帮助我比较快地从一个学生的角色和心态，转变到了一个社会人的角色和心态。使我不再自我陶醉地满足于坐而论道或品头论足，而是更看重自己能否做出有意义和有价值的事情；学会了作为一个主人，去倾尽全力担负起自己的责任。而不是作为一个旁观者，在遇到问题时满腹抱怨，似乎出错都是别人的，损失也与自己无关。从注重理论和逻辑推演，到注重实践，在实践中总结学习；从以一个旁观者的态度来看问题，到用主人的心态，去克服一切困难，这可能是从学生到社会人的转变中最为核心的内容。

周博士对我影响至深，以致后来我专门写了一篇短文。

果敢行动

近几年来，一直在IT行业做技术管理工作，不止一个人问过我是否曾经学过管理。管理上的培训倒是参加过不少，亦有很多收获，但是真正可以称为“学习”的经历，是1994年上半年我结束学生时代刚刚参加工作不久，在美国洛杉矶参加与一个著名的国防公司合作开发项目过程中发生的。

那半年的时间里，我有了两个重要的改变。其一是果断行动的习惯和实际操作能力的锻炼。这实在应该归功于美方公司的项目经理，出生在台湾的周博士。他是我至今亲眼见到的唯一一个我认为可以被称为天才的人。由于家境拮据，为了早日自立，竟然只用两年的时间在美国大学读完了本科。我自己感觉这要比用两年做完博士难多了。在共事的过程中，他绝顶的聪明得到了我们双方人员的一致认可。项目出现问题如果他不在场，大家心里就发慌。但是他给我最深的印象和影响，是他竟然能够将绝顶的聪明和果敢行动的作风近乎完美地统一在一起。在他身上，缜密思考和敢作敢为相得益彰。在推动项目的过程中，不论发生什么样的困难，他都会想尽办法来解决，而不是唉声叹气犹豫不决；一旦谁有了好的想法，他便马上推动付诸实施。正是他的这种素质和能力，使得我们这个项目几次绝路逢生。美方的人员对我讲，他们在公司多年，从来没有做过进展如此之快的项目。出于好奇，我曾问过美方人员，周博士何以以一个中国人的身份在一个美国著名国防公司内得到重用。美国朋友告诉我：周博士曾经做成了一个其他人都认为不可能的项目。这使我对他更多出了几分敬意，而这敬意也是基于自己多年做学生的感受。

从小学一直到海外留洋，自己都是个“好学生”。随着知识的增长，见识的扩大，对问题思考的深入，“无知无畏”的冒失确实少了许多。但随之而来的是瞻前顾后、犹豫不决和知难而退的毛病。遇到事情，首先是对各种可能的不好后果的盘算，还有个人得失的权衡。潜意识中对失败的恐惧常常最终导致自己放弃应该的尝试，然后用事后诸葛亮式的聪明，给自己的怯懦和自卑找一些安慰和借口。在洛杉矶的半年中，周博士带着我们将不可能变成了可能。让我亲身感悟到了一个早就懂得的再简单不过的道理：事情是干出来的，不是想出来的。“哲学家们只是用不同的方式解释世界，而问题在于改变世界。”（马克思语）我明白了，许多事情如果我们真的用心去做，其实并没有看起来那样难。面对新的挑战，我们固然应该深入地思考和全面地分析，但是我们不必退却，不必害怕，也不必自卑。生命的价值在于我们不断地去做有意义的事情，而不是作为旁观者去指点江山发表议论。这个世界上需要旷世奇才来解决的问题其实很少，我们碰到的恐怕都是我们只要倾尽全力就能解决的问题。即使失败了，我们依然会有有价值的收获，至少比白日做梦似的空想要有意义得多。

这是我生命中的一个重要的转变。从此开始，我便逐步摆脱了学生时代的“君子动口不动手”的毛病，更蔑视我们小时候就批判了无数遍的所谓“劳心者治人，劳力者治于人”的说法。哪怕是天大的事情，只要需要，我就毫不犹豫地去做。尽管实在没有做出什么值得夸耀的事情，聊以自慰的是在这个过程中，逐步又有了许多新的体会：产生伟大的思想固然了不起，但是能够将哪怕是不那么伟大的，甚至是平凡的思想变成现实则更了不起。更重要的是，一个没有能力将思想变成现实的人，其思想可能更接近于空想。因为尽管许多科学知识是可以通过文字学习的，但是对于生活和社会的理解和认识，却必须通过在现实中实实在在地做那些平凡的事情当中去感受。也许你感悟到的一切变成文字后，是那样的简单和平淡，有人在用嘴重复着同样的话，有人则不以为然。可是有过亲身体验的人是能够分辨出，同样的道理和语言，表达者是用心感悟到的还是在形式上学到的；在实践中这两者就更有本质的差别了。那些平淡和简单的道理背后，不是小聪明的卖弄，而是真实的生命在燃烧。

像周博士那样能够将深邃的思想和果敢出色的操作能力统一在一起的人，在现实中我发现实在不多。可能是因为一个人一旦拥有了一种突出的能力，便由于害怕失败等各种原因，而不愿意再去学习锻炼新的其他的能力。结果，有的人长于“思想”，以旁观者的超脱，去评价别人的辛苦，而不知道用心的当事者感悟到的真谛可能远比他自认为懂得的要多得多；也有人忙于行动，满足于自己的时间被不知是否重要的事情全部占满，以逃避独自面对自己心灵和内心真实时产生的一种空虚和尴尬，不习惯清闲片刻以反躬自省，去感悟一下世事纷纭背后那些并不复杂的道理。

真正能够将思想和行动统一在一起的人，即做到“知行合一”、“理事圆融”，我认为就是天才，乃至伟人了——如果他的思想超越了自我的局限。

（编辑后发表在《IT经理世界》2001年3、4期合刊）

1994年年底，周博士离开了TRW回到台湾再次创业。我失去了和他的联系。2000年，TRW的原亚太负责人方先生（也是台湾人），在北京看到了我在杂志上发表的《果敢行动》一文。尽管我用了笔名，文中也没有透露周博士的全名，他还是一眼就看出文章是我写的。他把文章复印后发给了在台湾的周博士。一年后，我在北京见到周博士的同事，得知周博士把那篇文章在公司内部张贴了出来。有我这样一个真诚的崇拜者，周博士可能也颇感自豪吧？

同学的提醒

秉性的转变之二：平等与尊重

初战告捷的喜悦，并没有持续多久，因为我们必须面临设计真正产品的挑战了。原理样机和产品还是有根本性差别的。

最后的产品，图像处理需要设计一个专用芯片，而不能再用价格昂贵的FPGA（现场可编程门阵列）。这首先涉及相关的知识产权问题。由于离开国内之前，这个项目并没有定下来，所以有一些合同条款需要补充谈判。总工程师是一个典型的传统知识分子，我不好意思让他太费心，自己便硬着头皮冲到了前面。

其实在此之前，我根本就没有任何谈判经历，更别说与国外企业的谈判了。对方有公司的法律专业人士作支撑，而我们总共只有六个人，还全是搞技术的，并且主要在做产品的开发工作。英文的法律语言，常常一句话长得可以有十几行，准确地理解其含义已经让我有些头痛，我们提出的修改建议还必须使用同样的语言风格。人在压力之下或许会有超常的发挥。在谈判的过程中，对方有一次看到我提出的修改文字后，有些好奇地问我是否学过法律。好在合同大的方面已经没有问题，谈判没有拖太长的时间。不过这段谈判，我却首次体验到了律师做事的风格：提出的建议一定把自己保护得天衣无缝，不管对方是否能够接受。这一点我至今也做不到，不知道是否是因为我还太过书生气，可是律师也应该算是知识分子吧。

产品开发开始以后，我便把微控制器编程的任务交给了吴志聪。我主要做一些管理工作。中间也帮助解决一些我搞得懂的技术问题。由于是产品样机，需要实现的功能远远超过了1月份开发的原理样机，软件控制功能也复杂很多。吴志聪的经验不足，工作进展有些拖延，我对他也逐步表现出了不满的情绪。大家工作的氛围有了一些微妙的变化，而我自己却全然不知。

有一天，李平找到我，“谢耘，大家感到和你一起工作比较有压力，这种状况好像不太对吧?”他客气地提醒我。话很短，语气也不激烈，可是却让我愣住了。是呀，我们这个担负着整个公司希望的队伍，只有六个人。公司远在国内，很多事情一时都帮不上忙。我们把吃奶的劲使出来，还未必能够完成任务，我有什么理由用一种消极负面的态度去对待别人的工作？没有谭自强的经验，我们怎么能在2月初完成原理样机？没有李平他们前期产品开发的基础，我们不知要花多少时间去解决产品外观等问题；即使吴志聪缺少经验，但是他任劳任怨，谁给了我权力可以蔑视他的辛勤劳动？我即使有天大的本事，也不可能自己把所有的事情都包下来，更何况至少当时在经验上，我在许多方面还不如别人。

作为一个管理者，我的职责是完成公司的任务，而要完成任务，我必须想方设法让大家把自己的潜能最大限度地发挥出来。要做到这一点，我应该给大家创造良好的工作条件和氛围。在出现问题的时候，我可以依靠的只有眼前这几个人。我应该做的不是去指责和抱怨，而是要建设性地帮助大家找到解决问题的办法。这和做学生有着本质的区别。作为学生，你只要自己努力，就能够学好；但是在工作中，没有大家的配合，你通常只能一事无成。

其实，当你向别人宣泄自己负面情绪的时候，尽管当时你可能得到一种轻松甚至是满足，可是，你负面的情绪一定会在别人那里引起一定的反应，而且通常会是同样负面的反应。如果你是一个组织的一员，这种负面的反应将会在你所处的组织中扩散，最终通常还会以某种形式反馈给你自己。更为糟糕的是，反馈回来的可能比你当初释放的，要强烈许多倍。这种循环，对于工作是没有任何好处的。如何用一种积极的、正面的态度去对待你周围发生的事情，确实是一个人走向成熟的重要标志之一。这不只需要心理的成熟，更需要自己对这个包括你自己在内的世界，有一个客观公正的评价和认识。

李平的提醒加上当时在国外特定的环境，引发了我最重要的一次秉性的变化。以至于后来回国后我的一个同事对我说："我女朋友的性格要像你这样该多好。"俗话说："江山易改，本性难移。"秉性的改变确实非常困难，但是如果你真的意识到其必要性，也并非不可能。当然这需要一段相当长的时间，特别是对于成年人。

十年过去了，至今我也不敢说自己的狂妄和傲气已经烟消云散，但是至少我在不停地提醒和反省自己，希望自己能够真正平等地与人相处，能够给别人带来的是尊重、支持和帮助而不是阴霾、抱怨或指责。只有播撒阳光，才能收获果实。

李平的这次批评，尽管并不严厉，但是对我的成熟起到了非常重要的作用。

后来经历了不同的工作环境，逐渐感到真正时时做到平等与尊重是一件非常困难的事情。

当我们面对领导或权威而诚惶诚恐的时候；当我们面对下级，展示自己居高临下的关怀和大度，或者颐指气使的时候；当我们对平级同事百般挑剔的时候；当我们因为自己拥有或欠缺某些能力、知识、经验、地位、权力或财富而产生优越感或自卑感的时候；当我们因为自认为，或者事实上拥有的良好道德修养或社会责任感而自视为社会良知或社会精英的时候，在这些意识的背后，或多或少地都可以看到不平等的心态，或对己对人缺少尊重的成分。

平等待人，便是平等待己；在一些场合不尊重他人，通常意味着对自己的不尊重。平等和尊重，不应该只是对他人的要求。

朋友的指点

秉性的转变之三：学习倾听

我们这代人的经历，使得我们对政治有着天生的兴趣。大家混熟了之后，有时也会和 Pete 他们胡侃一阵政治。有一次 Pete 带着大家外出看完一个有陈冲参演的、以爱斯基摩人为背景的环保类电影后，到一个酒吧喝酒聊天。聊到政治话题的时候，李平感叹道："谢耘，你真的应该去搞政治才对。"我在清华大学作了三年半兼职政治辅导员。清华大学的毕业生后来从政的，大部分是这批人。

李平出此感叹，我没有在意。不想在一边的 Pete 附和道："I agree that you can be a good politician.（我也认为你能成为一个好的政治家。）"这倒是让我吃了一惊。

“Why do you think so?（你为什么这么想?）”我问道。“I find that you are a good listener.（我发现你是一个不错的听众。）”“Why is it so important for a politician to listen?（倾听为什么对政治家那么重要?）”我们是在一种完全不同的政治环境中长大的，我们理解的政治家形象，好像最重要的是指点江山，而非倾听他人的呼声。我一时无法理解 Pete 的观点。“Because a politician has to face people from different backgrounds with different opinions.（因为政治家必须面对来自不同背景有不同观点的人。）”

这是我第一次听到美国人谈论政治家应该具备的素质，也是第一次听到有人认为我是一个不错的听众。

其实每一个人都有一种自我表现欲，尤其是自认为比较出色的人。这种倾向常常会妨碍一个人去认真倾听别人的意见和看法。我确实不认为自己以前是一个善于倾听的人。但是当时的环境，逼迫我不得不去认真倾听别人的意见和建议——因为我是外行，却要领导内行去完成任务——谭自强是当之无愧的电视技术专家，李平有着足够的产品经验，更不用说 TRW 的人了。从项目管理、产品开发到电视技术，我几乎都一无所知。我之所以成为他们的“领导”，唯一的原因是我读的书——大部分其实也没有什么用——比他们多，并且有一段留学经历和一段做学生工作的经历。

Pete 的无意点拨，使我从自发进入了自觉地学习倾听的阶段。开始有意识地学习如何理解不同人的不同意见，而不是只喜欢宣传自己的观点，或倾听和自己相同的看法。

其实不论别人的话是否正确，也包括那些针对你的、你认为不公正甚至是刻薄的批评意见，都一定有其形成的原因。如果能够理解他人的推理前提和过程以及其背后的原因的话，就会有收获，得到很多益处；我们不应该因为他人的话本身正确与否，就简单地排斥或接受，那样我们会失去许多宝贵的学习机会。

当然懂了道理，并不意味着我总能按道理做到。七年以后，依然有人说我太固执己见。值得庆幸的是，也有的同事告诉我，我的一个优点是能听不同人的意见，是一个“听劝”的人。

秉性的改变，是需要时间磨砺的，决非是一朝之功。在禅宗的故事里，讲过不少已经“顿悟”了的修行人后来再度误入歧途的案例，其缘由是否也在于缺少世事的磨炼？

外行领导内行

团队建设之一：被迫放权

改变性格的同时，我也在探索有效的管理方式。由于和谭自强及李平相比，我对于这个产品的开发不论在能力上还是在经验上，都不如他们，基本是一个外行，因此如何管理内行便成了突出的问题，因为时间不允许我先成为内行再开始工作。

当时的状况逼着我从一开始便不得不虚心地向他们学习，并且对很多我不懂的事情要尊重他们的意见，放手让他们去做，而我常常成了配角。做到这一点还是挺不容易的。我必须克服自己事必躬亲、自己不明白便放不下心来的习惯，去学习信任他人，甚至要把自己的脑袋交给别人去耍。这对我来讲，是一个非常大的挑战，也逼迫我的性格多了一些宽容和大度的成分。在这半年中，有意思的是尽管我是他们的“领导”，但是很多事情都是他们教会我做的。可以毫不夸张地讲，是谭自强教会了我项目管理和电视技术，李平教会了我产品管理。

我当时没有想到的是，我作为外行去管理内行，阴差阳错地竟然成了我后来工作的最重要的一个特征。在日后的工作中，我不仅不断地学习新的业务，更主要的是我迫不得已地去总结了一些更抽象、更具有普遍意义的管理规律。

这其中我感受最深的是，当你面对一个不可能完成，并且你自己也并不是很熟悉的任务的时候，其实你最根本的出路，只能是想办法让你的团队每一个成员把自己的潜力充分地发挥出来。而要做到这一点，你就必须学会放权和信任别人，而不是自以为是地去“指导”或“管理”别人。

在洛杉矶的半年，是我学习放权的开始，真正有比较全面的体验，还是 1998 年到联想以后的事情。

冲突

难忘的经历之一

进入产品开发阶段之后，专用芯片的逻辑设计依然由 TRW 的工程师负责。而我们做整机和管理系统的设计。当芯片生产的问题提到议事日程上来之后，一个重大的挑战悄悄地向我走来。

这挑战，竟然是来自周博士。

芯片的生产，我们原来一厢情愿地希望由韩国的三星半导体来承担，因为当时我们公司和三星半导体有良好的合作关系。可是周博士提出，应该多找几家做一些比较，这样更有利于保证我们的利益。道理听起来没有任何问题，我们也一致同意。整个事情是在周博士一手操控下由 TRW 的人员进行的。他们向几家候选企业发了邀请，提出了我们的边界条件。反馈的结果，却有些出乎我们的预料——一家在硅谷的小公司给出的条件最好，不论是价格还是流片时间。这家小公司是专门从事芯片设计的，其生产外包给韩国的 LG 半导体。

由于三星半导体在美国的总部也在硅谷，我们决定对这两家公司作实地考察。我们同 Pete 和 Mitch，乘飞机来到了 IT 产业发源地硅谷。飞机落地，硅谷掩映在一片绿色当中，就像一个大花园，极少见到高一点的建筑。当时泡沫经济还未形成，硅谷远不如现在这样拥挤和繁华。我看到三星的办公楼，有点鹤立鸡群的感觉。而那家小公司，只有十几个人，租了一个小地方办公。接待我们的是公司的老板，一个颇年轻的越南华裔。尽管他不会说汉语，我们还是感到了一份亲切。到了中午吃饭的时候，大家已经比较熟悉，他便聊起了过去的经历。原来他也曾在 TRW 工作，并且与周博士是朋友。听到他这段经历，中国人特有的敏感告诉我，事情好像不像我们原来想的那样单纯。

回到洛杉矶，我们内部马上开会商议，大家一致认为我们必须坚持用三星半导体。周博士显然胸有成竹地来听我们的意见。我们的反应让他有些意外。他提出了非常站得住脚的理由认为我们应该用那家小公司。对此我们只能以公司太小，缺少抗风险能力等为由，坚持我们的观点。“可是，”周博士道，“三星承诺的时间根本无法满足我们的要求，而且价格也高。”“这样吧，”我们的总工程师建议，“我们和三星总部再谈一下，请他们考虑我们双方的长远合作，重新考虑一下时间和价格问题。”总工是轻易不表态的，周博士只好同意。周博士建议让三家公司进行新一轮的报价。

一个星期过后，三家公司的报价都出来了，那家小公司给出了更为优惠的条件。事情有点麻烦。

看到这一情况，我们几个人分别与 TRW 的相关人员谈话，试图劝他们同意与三星半导体合作。但是 Pete 和 Mitch 等人态度坚决，希望用那家小公司。整个局面僵持住了。

我便找到周博士在这个项目上的行政助手英先生。他也是台湾人，正值不惑之年。在这个项目中，他没有介入技术工作，主要帮助周博士处理管理协调等问题。他对事情的过程还是比较清楚的，而且同为中国人，不像美国人那样看问题简单。所以他应该也察觉到了事情的蹊跷。“谢耘，我知道你们的意见是对的。但是我现在帮不上忙。周博士态度非常坚决，我不敢介入此事。他在 TRW 内部和很多相关的高层管理人员已经在讲：‘谢耘是个年轻人，没有经验，说话没准。’我真的希望你们能成功。就看你们的本事了！”英先生的话让我有点吃惊。在美国，工作上的事情是极少涉及“personal”的因素的，否则会被认为职业道德有缺陷。

周博士看到我们也很强硬，便又提出一个建议：为了降低风险，我们同时选两家来做。我们再次商议，大家建议我直接去找周博士的大老板，TRW 太空电子的副总裁 Paul Sasaki 先生——一个日裔美国人。事到如今，也只好这样了。我打电话给 Paul 的秘书，希望能和他有一个小时的谈话时间。

当天下午，Paul 来到了我们的办公室。我花了半个小时的时间阐述了我们的意见。主要是谈，像这样一个重要的项目，用一家只有十几个人的小公司风险太大，而两家同时做并不现实，因为我们没有人力同时支持两个合作伙伴。我只字未提那个小公司的老板曾在 TRW 工作，并且是周博士的朋友这两件事情，更没有把我们内心的猜测告诉他。我已经习惯了美国人的工作方式——在谈问题的时候，你必须以事实为依据，不能根据猜测做判断，否则大家会认为你是一个不负责任的人。Paul 只是问了一些情况，说回去会在他们内部开一个会。

第二天，英先生告诉我，在他们内部的会议上所有的人都表示，让三星做，让那家小公司做，或者同时选这两家，都可以。让我万万没有想到的是，周博士也是这个态度。根据他的性格，我原来认为他是不会退让的。Paul 约我们公司总裁通电话，以便做最后的决定。我们赶紧和老板通报情况，“如果 TRW 认为几种方案均可以，那我就建议选三星不就完了吗?”总裁告诉我们。

就这样，一场持续了一个多月的冲突，以我们的建议被采纳而结束。这是我上大学以后第二次和别人发生如此大的冲突。

在这个过程中，我在精神上的消耗相当巨大。双方达成一致后，我病了一个星期。

就我的个性来讲，我是非常不愿意和别人发生冲突的。这次我也实在是被逼无奈，为了履行自己的职责，只能面对冲突倾力一战。

我不知道周博士是如何看待这次冲突的。对我而言，尽管这是发生在我和周博士之间的一件非同寻常的事情，但是我心中依然对周博士充满了敬意和感谢。

我们按计划完成了产品工程样机的开发和测试，在美国的半年工作，很快就结束了。在美期间，我们的总工程师通过其过去的朋友，与加州 TVB 华语电视台签订了意向性合作协议。只要我们的产品能够按时生产出来，对方就会下订单。6 月中旬，我们准备启程回国，作最后生产样机设计和生产的准备，TRW 则准备专用芯片的投产。

回国前，当时在加州大学一个分校学习的一个大学同学来看我们。闲谈期间，他和李平都劝我留在美国。原因是“你已经不适合中国国情了”，这是李平的原话。他们的话，在我后来进入 IT 行业工作的时候被验证了。

第二章

奠定基础——企业工作入门

在从美国回来后两年左右的时间里，我开始积累在企业中工作的经验。集团公司在这个项目上投入的上千万元资金，成了我学习如何管理产品开发、产品生产和产品市场开拓的学费。在一个中型企业中，我用最短的时间，完成了产品全过程管理的扫盲，并有机会初露锋芒；同时，公司充满亲情的管理方式，也从反面给了我深刻的教育，让我开始从市场经济的角度，来理性地看待一个企业。

饥不择食

团队建设之二：起用新人

1994年6月中的一天，我们带着对洛杉矶的留恋，也带着回到自己所熟悉的环境的轻松，来到洛杉矶国际机场。没想到，离开美国的手续竟然如此简单。航班上播放了影片“*The Joy Lucky Club*”。飞机经停东京，晚上到达北京国际机场。公司总裁张云峰亲自到机场接我们。他是清华大学“文革”时期的工农兵大学生。

踏上自己所熟悉的土地，我才发现，半年以来，尽管洛杉矶气候宜人、环境优美，我们也没有生活的压力，但是我内心其实一直处于一种紧张忧虑的状态。这也正反映了自己心理还远不够成熟。不过，这半年的经历，是我生命中最重要的一段时间。

1981年离开长春到北京上大学，我学习离开家庭开始独立的生活；在美国这半年的经历，是我离开学校的象牙塔，面对社会的开始。行前，我在本质上还是一个学生；半年异国他乡的独立作战，我已经从本质上完成了向一个独立的、负责任的社会人的转变，初步具备了面对挑战和风险不退缩、不推诿、敢于直面危机、愿意承担风险的勇气和作风。

随后的岁月，发生了很多新的丰富多彩的事情，自己也在磨炼中不断成熟。但是，再也没有像这半年那样，命运把那么多刻骨铭心的经历，浓缩在了如此短的时间内，让我来品尝。幸好我没有发生严重的消化不良。

我们回国后，在北京马上开始了最终产品的设计和生产准备。我们的总工程师回到了位于广东惠州的集团公司总部，继续抓全局工作，我成了项目的第一负责人。同时在美国，TRW的工程师则在准备专用芯片的投片工作。谭自强也正式加入了我们公司。

我们的系统在美国的时候，只有一个用于测试的客户授权管理系统。但是作为产品，我们需要有一个完善的产品化授权管理系统。开始的时候，李平利用大学的假期，从我们系的研究生中找了一个学生，来帮我们开发。但这终究不是长久之计。随后，公司的领导为我们调来了在其他产品开发项目中工作的杨海平。他刚刚毕业于南京理工大学，没有相关的工作经验。李平显然对他没有信心，几次找我希望能够再找一个清华的毕业生，把杨海平换掉。但是远水不解近渴，我便找到杨海平了解情况。

由于我也没有做过类似的系统，没有别的办法，只能直来直去地问杨海平是否有信心完成这个任务。他明确地说："我认为没有问题，我能做好。"可能是我的天性比较愿意信任别人，况且他又是学计算机的，我就立即告诉他，这件事情就交给他了。为此，李平在相当一段时间，对我的这个决定有些看法。

可是后来的事实证明，这个决定是正确的。杨海平尽管不是毕业于名校，但是天资聪颖。在接受任务后，他迅速地进入了角色。他的工作，从来没有拖过整个项目的后腿。我对他如果说有什么帮助的话，只是支持和放权。两年以后，由于在合作中给对方留下了深刻的印象，广州新太公司的总裁亲自和他谈话，邀请他加入新太公司。

这件事情，是我逐步养成培养和起用新年轻人习惯的开始，甚至后来有点乐此不疲。在起用新人的过程中，我不太关注他们的"出处"，而是看重具体人的能力潜力和精神面貌。我后来的团队中，名校毕业的很少。在有出色表现的核心员工中，有几个是大专毕业生。其中一个是我后来管理的公司中一个事业部的总经理。

当然，这并不是说我对年纪长的人有歧视。理论上来讲，不同年龄段的人，有不同的优势和劣势。团队成员某方面特性的单一，是有很大问题的，不利于部门长期稳定的发展。但是，我后来成功的用人经验大部分是在用年轻人方面。这中间的缘由，不只来自年轻人所特有的可塑性强，有冲劲，比较虚心学习等优势，而且与我们整个社会与企业，都还处于快速剧烈的发展转型阶段，同时我们的从业人员整体上职业化程度过低等社会原因有直接的关系。如果一个人的职业化程度不高，而且又有了不少在特定工作环境下的特殊经验，从而也有了相当的自信，当他面对一个比较新的环境的时候，他的适应和生存能力通常会出现很大问题。在后来的工作中，我反复遇到了这些问题，其中的体验和感受也颇为复杂——面对现实，我有时不得不采取冷酷的手段去处理员工，有些还是我的好朋友。而这种做法，与我的天性是有直接冲突的。

当然，我后来一系列起用新人的努力，远不像第一次这样简单和轻松，也不是都这样成功。不过这些是后话。

绝地逢生

应对危机之一：瞒天过海

在 1994 年 11 月份，我们的专用芯片第一次试流片。Mitch 带着芯片样品，立即赶到了惠州。我们紧张地开始了芯片的测试。

之所以紧张，一方面因为这是我们产品的核心所在，更因为我们按照一次投片成功的预计，已经和美国 TVB 签订了供货合同。第一批产品预计将要在 1995 年 2 月份到达美国，届时 TVB 将在完成系统测试后，正式开通卫星电视付费频道。三天的测试很快就结束了。谭自强报告芯片一次投片成功。眼看产品经过近一年的研发，就要投放市场了，公司上下空前欢喜。Mitch 立即返回美国，准备正式生产投片。

没过两天，谭自强悄悄地找到我，“谢耘，有个不好的消息。我们刚刚发现芯片有一个致命的缺陷。”我大吃一惊。“是什么问题？为什么开始没有发现？”原来，当时测试时，技术人员只是注重了功能的正确性测试，没有去测试片上存储付费授权信息的存储器的电流消耗量。这部分存储器中的数据是不能丢失的，要能够用纽扣电池维持十年的时间。所以其消耗的电流要在纳安培水平上才行。Mitch 走了以后，他们才想起测这个指标。一测吓了一跳，电流高达毫安培量级。这意味着使用纽扣电池，数据只能保持几天，而不是原来设计的十年。“所有的频道你们都测了吗?”我焦急地问道。“一百个频道分为四组，每组我们都测过了。”“一定要封锁消息，不能再让更多的人知道，也不要报告给公司领导。我们赶紧商量一下。”我第一次用命令的口气和谭自强说话。

这个消息对我来讲如晴天霹雳。

我在心中紧张地盘算着如果芯片不能使用，将会产生什么样的后果。确定芯片的问题，重新修改设计再去投产，至少需要两个月的时间。而在客户那边，由于我们是新产品，所以没有系统可靠性方面的优势。一旦芯片的问题曝光，客户采用其他厂家的系统几乎成为必然。同时我们潜在的客户也将对我们系统的可靠性产生疑问，哪怕在我们改掉缺陷之后。而且，当时公司经营情况不好，从上到下对这个项目寄予厚望。如果丢掉第一个合同，对公司将是一个严重打击。一番盘算下来，我更加从头凉到了脚——因为我根本看不到任何能够补救这个缺陷的办法，而其导致的结果又如此严重。

几个人坐在一起，费尽心思，除了重新投片以外，也没有想到其他任何出路。我突然想到，除了那一百个正常的付费频道外，我们在芯片上还设计了四个“每次观看付费频道”(Pay Per View Channel，PPV)。“四个 PPV 频道你也测过吗?”“一百个都不好用，那四个怎么可能没问题?”谭自强显然没有信心。“我们还是测一下看看。”我坚持道。

我在旁边紧张地看谭自强的测试。出乎所有人的预料，奇迹竟然在我们走投无路的时候出现了——这四个频道的电流消耗与我们设计的完全一样！大家简直无法相信这个结果。反复的测试表明，这不是白日做梦。可是，最初的激动很快就演变成新的无助——TVB 准备上四个频道。但是通过分析，由于 PPV 工作方式与普通频道不同，四个 PPV 频道只能当作两个普通付费频道使用。真好像刚爬出泥潭，又跌入深渊。

显然，我们产品就是这个样子了。出路只能从客户那边来想了。我强迫自己静下心来，排除将要发生的灾难性后果对我的心理的影响，又开始了冥思苦想：从客户的商业计划分析，他们由于是第一次开通付费频道，所以尽管计划开通四个频道，但是开始只会先上一个。半年后再上第二个。看来我们只能在这其中找机会了。我把谭自强等找到一起，讲了我的设想：先用两个PPV频道作为一个普通付费频道用，让TVB按时开通第一套付费电视节目。随后的半年当中，我们有足够的时间完成芯片的修改。然后再用新的机器，换回前期交付给客户的装有带缺陷芯片的产品，当然到时候要找一个恰当的理由。这样，我们的损失最大也只有前期的供货，而得到的是第一个合同的顺利执行，以及市场形象的维护。

这个主意有点出乎大家的预料。大家还探讨了肖萌提出的，用授权管理系统，通过四个PPV频道来实现多个普通付费频道的可能。肖萌也是清华大学电子工程系的毕业生，比我低四级，原来在公司负责卫星电视接收机的产品开发。他在电视加密收费产品准备生产的时候加入了这个项目。

经过权衡，我们一致认为我的建议尽管风险很大，但是也只有这一条路可走了。否则后果不堪设想。

装有带缺陷芯片的产品，在客户和公司其他人员，包括总工程师和其他高层领导都不知情的情况下，抵达了美国，开始向客户销售。三个月后，卫星转发器涨价，TVB决定暂时只开设一个付费频道。自然我们也就不用更换新的机器了，尽管当时修改后的芯片已经投产。

一场灭顶之灾，以我们没有任何损失的结果，消解得无影无踪。是命运？还是天助？只是这个过程，让肖萌提心吊胆了几个月的时间——他同第一批产品一起，被派到美国做现场技术支持。

这是我第一次作为风险的直接承担人面对严重的危机，而且主动采取了以前我自己不可能采取的方式来应对。它让我相信自己确实从周博士那里学到了一些做事的真谛；大大增强了我面对挑战时的信心；也开始习惯在工作中应对各种出乎预料的险情。

几个月后，我大学的同学甄宏加入了我们的队伍。在得知这件事情的经过后，他不太赞成地说："谢耘，你的胆子也太大了。"确实，从公司的管理规则来看，我是没有权力在高层不知情的情况下处理这件事情的。可是当时的具体环境使我至今确信，我的做法是唯一能够保护公司利益的选择——如果报给高层领导，由于对新技术和新产品理解的局限，他们很可能否定我们的建议；而且，我设计的应对方案，也没有对客户不负责任。

这次经历把我的胆量练出来了，让我恢复了一些少年时代“敢说敢干”的性格。

邂逅死神

难忘的经历之二

1995 年春节假期还没有结束，出口美国的产品便开始生产。但是，产品马上出现了一些不稳定的问题。为了保证第一批出口产品的质量，我们采取了比较严格的质量控制措施。所有的产品，必须在 40℃的高温老化房内进行 72 小时老化，并且在高温情况下进行测试，合格才能出厂。

这种测试是比较辛苦的。所以我和我们的生产厂厂长老钱，带着工厂技术负责人李建平，一起在老化房内做产品的性能测试，没有安排其他的人员参与。我们三个人在高温老化房内测了一个小时左右的时候，当我左手拿着从下一楼层的测试室引上来的电视信号线，右手去搬动下一台待测试的机器的瞬间，我的右手一阵抽搐。在电流的作用下，右手没有离开机器，反倒紧紧抓住了带电的机器，左手也把与大地相连的信号线死死地攥在了手里。

在做电工的舅舅影响下，我从小就和电打交道，在中学还装过两台电子管收音机。我自然被电击过多次，但是每次都极为短促。这次可是大为不同，电流顺畅地从我的右手流入，通过我的身体后从左手流出。我在被电击的一刹那，大叫了一声。但是，随后便只能眼睁睁地看着咫尺之遥的老钱，任由自己向后倒去，对自己的肉体完全失去了控制，不再能发出任何声响，只是大脑出奇的清醒。老钱看我向后倒去，我右手抓住的机器也砸到了我的身上，他一脸的茫然，只是下意识地去接已经砸在我身上的机器。不知道为什么，他竟然一点都没有发现机器是带电的。

我的感觉，从两臂抽搐，迅速地变为心脏在电流的作用下开始收缩颤抖，并且闻到了东西被烧焦的气味。我想：糟了，肯定是自己的手被烧煳了。但是，当我看到站在对面的老钱漠然的表情时，我才意识到现在的问题远远比手被烧焦要严重，感到这次恐怕在劫难逃了。因为当时不知道为什么，我突然记忆起曾经看过介绍如何抢救遭电击伤人员的文章。其中提到，如果心脏停跳，必须现场立即抢救，恢复心脏跳动，否则必死无疑。老钱的表情，使我看不到任何在我昏死过去时，在现场能够得到有效抢救的希望。

小李当时在我的身后做测试。听到我的叫声后，转身看发生了什么情况。在我向后倾倒的过程中，他从后面扶了我一把，我即刻听他叫道："有电！"小李多年在工厂工作，比较有经验。发现我触电之后，他没有管我手中拿了些什么东西，而是迅速绕过我和老钱，关掉了老钱身后机架上的电闸。我也在那一瞬间跌倒在地。我的头脑依然清醒，迅速地摸了一下自己的脉搏，心脏竟然在断电的瞬间就恢复了正常的跳动。我知道自己没有危险了，便在老钱的搀扶下站了起来。

这时才想起低头看自己的双手，左手食指与电视信号插头接触的地方，被通过的电流烧成了呈白色的一小块，右小臂和机器接触紧密的地方，留下了近十厘米的一道不太重的灼伤，但是并没有被烧焦的地方。后来回到房间，我才发现当时烧焦的气味，是缘于机器砸到我身上时，电流烧穿了我的衬衣和背心而产生的气味。电流还烧伤了我右胸前的一小块皮肤。

事后，老钱问我："你是不是有特异功能？怎么被电击成这样，竟然没有事情？"他告诉我，我倒地时脸色惨白。其实我在小学四年级的时候得过心肌炎，后来心脏一直不是很健康。我不清楚整个事情准确地持续了多长时间；也不理解为什么我并不好的心脏承受了电流的考验，没有被击垮。不过按当时的情况推断，如果小李的动作再慢一两秒钟，我恐怕就进入另外一个世界了。

这是我至今唯一一次离死亡如此之近，与死神擦肩而过的经历。我也惊讶地发现，人在生死攸关的瞬间，头脑可以如此清醒，而且以平常无法想象的高速在运转。这次经历也让我对生死有了一点新的感受——生死其实会在我们不经意的一瞬间转换，我们是否应该更多地去寻求超越生死的价值？

后来检查发现，机器漏电是由于工人生产时，不慎将电源线割破所致。第二天，我在测试的时候再次遭电击。老钱马上要求工厂对所有的机器进行检查，结果非常有趣——只有我测到的那两台有问题。

小李救我一命。但后来他离开公司时，我也忙于换工作，忘记向他要联系方式，至今没有任何报答，心中留下了抹不去的深深愧疚。

“大难不死，必有后福。”此言诚乎？

再入困境

成长的故事之一：利益与友情

可以共患难，不能同欢乐的事情，不幸地落到了我们这团队头上。产品出口，初战告捷，谭自强似乎产生了新的想法。他与大家的配合开始出现问题。

1994年年中，我们参加了在北京的电视设备展览会。谭自强等携带相关设备参展。展会结束后，谭自强和设备均滞留在北京。可是，此时总工程师要带设备去上海给客户演示，几次催促谭自强将电视台端使用的图像加密设备送回惠州。开始谭自强坚持让总工程师调用生产线上的设备。后来在我们再三催促下，北京送回了一台图像加密设备。

设备一到，按惯例先要检测。结果发现设备不能正常工作。这个设备由于是电视台在发射端使用的，使用量少，不需要大规模生产。设备的制作一直是谭自强亲自操作，其他人对其知之甚少。看到设备无法使用，总工程师非常着急。我只能亲自处理。

事情比我们想象的顺利。我调用了一台生产用设备，仔细对比内部线路板的差别，很快找到了问题所在——加密芯片的一条地线断掉了。

这件事情对我的冲击不小。谭自强是我上研究生时最好的朋友之一。在我1992年留学回国之后，他送给我一条印有清华校徽的领带，这条领带我至今还在使用。1994年年初，看到我喜欢条绒衬衣，他特地让他爱人给我买了一件紫红色的。

我天性不喜欢和别人发生冲突，所以不愿意因为不必要的冲突破坏我们之间的友谊。因此等他回来后，我对他讲，如果他希望全面主管这个项目，我可以把我的职位（研发部主任）让给他，然后我离开公司。我是真心实意地说这段话的，谭自强对此未置可否。

随后，生产线又出现重大问题。当时，北京有线电视台（后与北京电视台合并）向我们订购了一套系统，准备进行开通付费频道的试验。系统包括2 000台接收机。这批接收机分为两个型号。机器生产完毕后，才发现产品输出图像质量不能达到要求，接收机的模拟和数字电路之间存在干扰。

谭自强经过一段努力，得出的结论非常不乐观。他认为印刷电路版设计存在本质的缺陷，必须重新设计。这意味着2 000台机器将要报废。随后，谭自强便回了北京。总工程师和我们的总经理非常着急，公司总裁张云峰也亲自过问情况。事到如今，我又被逼入绝境。2 000台机器报废，这个损失对公司非常严重——公司当时是靠贷款在支撑运作。可是这种电路之间的干扰，确实是非常难以解决的问题，没有一定之规，随机性很强。

作为技术负责人，尽管我对技术设计工作几乎没有介入，但是解决这个问题确实是我责无旁贷的。我只好背水一战，请领导给我两个月的时间，我来解决两个不同型号机型的干扰问题。

这时我的同事们来劝我，建议还是请谭自强从北京回来解决这个问题。我清楚他们的好意。大家共事已有一段时间，他们非常清楚我没有做过任何模拟电路的工作，更没有解决模拟和数字电路之间的干扰的经验。而且对于问题的难度，他们也非常清楚。他们不想看着我出丑。可是我知道，谭自强已经不太可能来解决这个问题了。作为技术负责人我没有别的选择，必须做最后的努力。

总经理和总工程师同意了我的建议。我便立即带着曾经救我一命的李建平作为助手开始了试验。没有经验，没有一定之规，更无人去请教，我只好从研究芯片的功能开始。能帮助我的只有在大学的时候，学过的电路和信号处理原理的知识，以及在过去的一年多时间里，向谭自强他们学到的一些电视原理。

我除了吃饭睡觉，就和小李泡在实验室里，试验各种我们能够想象得到的措施。三个星期过去了，在对电路做了五处改动后，我们一个型号的机器图像输出质量，已经超过了普通电视机的水平。有了第一个型号的经验，另一个型号的问题很快也解决了。

这件事情，使得我们总经理和总工程师又多了一份对我的信任。可是我和谭自强之间源自研究生时期，持续了八年的亲密友情，深深地受到了伤害。

同事们看到我努力的结果，对我讲："谢耘，看来只要是你学过的东西，你都能做好。这次大家真的都服你了。"其实在大学时期，我的同学们并不认为我是一个聪明的学生，尽管我的成绩很好。我的一个同寝室同学在大学毕业前，不知道因为感受到了什么，曾对我说："谢耘，其实你并不聪明，只是比别人用功。"我答道："你说得没错。"

如果说当时我的回答还有一些虚伪成分的话，八年之后的这次经历却让我明白，是否聪明其实并不重要，重要的是你是否真正努力做好自己该做的事情，并且真正竭尽全力。回顾过去，特别是遇到像周博士这样几乎天才式的人物后，我认为自己确实并不聪明，只是很努力而已。而我的这段工作经历让我看到，在这个世界上，真正需要天才来解决的问题极为稀少。我们面对的问题，都是我们这些普通人只要真正努力就能够解决的。

记得在清华大学读硕士的时候，曾经在《北京青年报》上看到了一篇关于一个北京大学留美学生的报道。报道的主人公是一个叫袁和的女学生，留学期间不幸被肝癌夺去生命。她说的一段话至今让我记忆犹新："只要努力，一个普通的灵魂也可以走得很远很远。"

谭自强这件事情，对我待人处世有很大的影响。它让我意识到，对于成年人来说，功利的因素常常会扮演一个重要的角色。它很可能在一定的情况下超越友谊等因素，去主宰人的行为，乃至出现违背基本道德的事情，哪怕他过去曾经是那样值得你信任。理性地面对这个问题，在维护公共游戏规则的情况下与他人和谐相处，而不是从一个极端——情同手足，亲密无间，走向另一个极端——反目成仇，势不两立，是一个成熟的人所必须具备的一种能力。这也是职业化的表现。

亲情幻境

成长的故事之二：超越传统文化

我们集团总裁张云峰和其他的几个核心高层管理人员，是某著名IT公司的创始人。当他们以外面请来一位"高人"出任那个IT公司的总裁后不久，他们自己便纷纷离开，创办了新的公司。新公司在20世纪80年代后期，利用当时社会转型的一些机会，曾经赚过很多钱。其财务软件产品，也曾做得相当出色，应该比当时的用友公司影响更大。所以后来新公司在广东省惠州市投资，在寿华科技园旁边，成立了集团公司。不过这个时候，公司的经营情况已今非昔比。为了让集团公司再有新的发展，张云峰三顾茅庐，请来了正在养病、刚刚离任的南方某市电子仪表局前局长，出任集团公司总经理。在他们共事的前期，两人之间非常信任，张云峰在北京每天早上第一个电话，总是打给远在惠州的总经理的。

总经理是清华大学“文革”前的毕业生，在校期间一直做学生干部。集团公司在惠州的建设，浸透了我们总经理大量的心血。总工程师、老钱等主要管理人员，都是她过去的老同事。为了理想，他们离开自己熟悉的环境，来到了广东惠州这个历史悠久的小城。总经理是把这件事情作为自己后半生的事业来做的。因此，她毫不犹疑地把自己的信誉作为“资本”投入到了集团公司。

我们在惠州的科技园，面积不大，但厂房、宿舍和食堂一应俱全。大家像一个大家庭一样，生活工作在这个园区内。工作的时候在一起，下班后还是在一起，亲密无间，团结融洽，共同奋斗。出现问题后，有工作纪律，还有思想工作。病了有人嘘寒问暖，加班食堂提供专餐，甚至个人生活中的问题，也有人关心。

尽管“文革”结束时，我才小学毕业，但是，这里的一切，与我成长的环境和习惯的文化如此相似，因此我刚到惠州，便有一种回家的感觉。而且，惠州这一有着悠久历史的小城，也处处流露出温暖的生活气息。

我们的总经理和总工程师几乎像对待自己的孩子一样，关心和帮助我们这些年轻的员工。我们在一起谈天说地，他们对我们未来的成长道路也给了很多建议。我被电击的时候，总经理正在上海。得到消息后，要我必须到医院检查一下。她也让我有幸结识了我们的学长，南方某大学原校领导罗老师。

正是集团公司的领导们为我创造了一个环境，帮助我在很短的时间内初步学会了从产品研发到能够稳定生产，并且走向市场这一完整过程的管理。这一完整的经验，成为我日后非常宝贵的财富。如果是在一个大公司，你需要花很长的时间才能学到这样一个完整过程的经验。

我之所以能够到美国与 TRW 一起工作半年，主要是得益于我们总经理拿到的一笔贷款。就公司当时的财务状况来说，靠自己根本就不可能支撑这样的国际合作。总经理一直非常重视我们这些年轻人的成长，希望我们能够与国外大公司进行交流合作，从而迅速地提高自己的水平。对于我们的总经理和总工程师，我永远怀有不尽的感激。

我们部门都是年轻的技术人员，基本是单身俱乐部。在这种充满了亲情的氛围影响下，为了把大家团结在一起共同奋斗，我平均每两周自己出钱请大家出去唱一次卡拉 OK。好在惠州是一个小城市，消费低，这笔费用不是太大的负担。况且当时我也是单身。

谭自强后来不常在惠州。有一次他从北京过来，大家出去吃饭唱歌。结果晚上一点钟左右才回来。我刚回到寝室后不久，他们急忙找我，说谭自强酒喝得太多，不行了！我赶到他的寝室，他已经不省人事。我急忙背他下楼。在我的背上他开始呕吐不止，四肢像毫无生命力的口袋一样晃来晃去。这一晚上我和另外一个同事一直在医院陪他。幸好第二天他清醒过来，没有出问题。甄宏也喝多了，第二天忘记了前一个晚上发生的事情。

杨海平有一次半开玩笑地给我讲："谢耘，我们没有音响听，又没有钱，你给我们买一台吧。听够了一定还给你。""想要多少钱的?"我问道。"三千就够了。"在去机场前往美国出差之前，我给他留了三千元钱。

公司办公室主任比我大几岁，我们称她为黄姐。她夫妇俩人，也是跟着总经理一起过来的。在我第二次要去美国时，临走前她和我一起去深圳。在佐丹奴专卖店里，她替我挑了几件衣服。"你是博士，不能总穿得'破破烂烂'的。要有几件像样的衣服才对。"这是我第一次买有牌子的衣服。在帮我出主意找个什么样的太太时，她说："谢耘，你应该找一个有钱的太太。"我奇怪地问为什么。"你应该把心思放在事业上，不应该操心去赚钱养家。"

大家陶醉于这种充满了亲情的管理文化和氛围之中。许多利益上、工作上的矛盾和冲突，被大家之间的亲情给消融了。

但是，这种富于亲情的管理并不符合企业本质和市场规则，在企业发展遇到重大困难的时候，便被经济法则无情地摧毁了。

面对尖锐批评

成长的故事之三：战胜虚荣

1995 年 10 月的一天，在和总经理聊天的时候，她突然说："谢耘，你这个人对人不够诚恳。"听到这句话的时候，我感到万分窘迫和尴尬，也非常吃惊。

一年以后，当我和我的一个非常要好也彼此非常熟悉的朋友，谈起此事的时候，他干脆地说："别听她胡说八道。"

总经理的话一直在我的脑袋里回响。她的话是蛮严重的，我希望知道为什么她会对我有如此的想法。这更多的不是因为她是我的领导，而是因为我一直要求自己做一个诚实和正直的人。总经理不肯多作解释，我只好自己苦思冥想。12 月的一天晚上，我和同事去唱卡拉 OK，坐在包房里，我突然意识到这其中可能的缘由。

我生性是一个不愿意和别人发生冲突的人，甚至不愿意让别人因为我的言行而不愉快。所以，如果我感到自己的一些想法可能不被别人接受，我通常会隐瞒自己的意见。但是总经理是个明白人，能够看出来我是有想法的。可能正因为如此，她产生了我不诚恳、不坦率的感觉。

总经理对我的批评，使得我开始试图改变自己的习惯。凡是工作上的事情，我开始全部放在桌面上来讨论。如果我因为一些原因，确实不想表达自己的意见，我一定保证自己的意见不影响工作。当然，不折不扣地做到这一点是极为困难的。不过总经理的话驱使我不断地努力去做。这对我后来面对复杂的工作环境，逐步走向职业化的做事方式，起到了非常重要的作用。

这次总经理对我的批评，使我在后来的岁月中，不论多么难听的话，我都基本能听进去，并进行思考，尽管有些话在心理上还是会引起一些不舒服的反应。

1996 年我从公司辞职。离开惠州回北京的时候，顺路去看望罗老师。罗老师给我的临别赠言是："谢耘，你的心还不够静（净）。我是说既不够安静，也不够干净。"他希望我在今后要注意这个问题。说实在的，当时我没有完全理解"安静"和"干净"之间的关系。我能接受自己不安静，但不是太理解不干净的问题。

后来读了一些佛学的书，对自己反思多了，才理解了罗老师的话所包含的道理：心中安静，是以心地干净为前提的。心地不干净的人，心是无法安静的。而心若不安静，深究下去一定是心地还有不干净的东西存在，不论它隐藏得有多深。当然，这里的干净，已经带有宗教色彩了，而不简单地是世俗的含义。

总经理和罗老师对我说的话，是我成年以后受到的最为"尖刻"的批评。最终我正面地接受了他们的批评，对我逐步走向成熟起到了相当重要的作用。

1996年我从惠州的集团公司辞职回北京之后，一天晚上和甄宏聊起这些事情。他在我之前也已经辞职回到北京。甄宏有些羡慕地对我讲："谢耘，你真幸运。总有人愿意批评你。"

其实，在我们的一生中，我们都会经常遇到别人的批评和建议，只是有时候直白，有时候隐晦。如何从别人的批评中吸取到有益的东西，取决于我们自己是否能够正面而积极地面对他人的意见。如果一个人真的听不到他人的批评了，那通常说明别人已经对他失去了信心，或者，他已经成为无过的圣人。

在我自己的经历中，对我影响最大的批评与教诲，发生在我高中的最后一年，来自我当时的班主任彭延新老师。那是一段决定了我人生观和价值观的时光。

终生的教诲

我的中学时代，正是中国"文革"刚刚结束，教育进行不断调整的时候。那时我们年年要分班。高中最后一年——高中二年级，我们又再次重新分班。教语文的彭延新老师做我们的班主任。刚分班完毕，他便来和我们见面。一进教室，他就说道："我刚看了一下咱们班的名单，发现有一个叫谢耘的。谢耘我不认识，不过我教过谢耕。哥哥学得很好，想来，弟弟也应该不错吧。"他的话让我有些受宠若惊。因为我在中学一直不算是最最顶尖的几个学生，属于"第二"梯队，并不太得到老师的"宠爱"。彭老师对我的偏爱，并没有妨碍他日后对我的严厉管教。正是在他悉心调教下，我开始懂得了一些基本的做人道理，学会了对自己负责。

十七八岁的我们，当时正处于半懂事不懂事的时期。面对高考的压力，我们依然懒惰贪玩，即使是学习的时候，也难以长时间集中精力，坐在教室里满脑子胡思乱想。在我们尚未褪去稚气的脸上，充满了浮躁、无奈和迷茫。针对这种状况，彭老师在班上讲得最多就是："你们已经不是小孩子了，马上就要走上社会了，要学会对自己负责任。要培养自己的理智和毅力，用理智来管住自己的感情和情绪。没有理智和毅力，你们将一事无成。"这些话我们很快就倒背如流了。但是说归说，做起来就是另外一回事了。有一次，彭老师在课堂上念了一位女同学的作文中的这样一段话："我下决心要听从老师的教导，理智地生活和学习，要有毅力每天不再睡懒觉。第二天早上，我被闹钟吵醒，可是眼皮沉重得还是让我睁不开双眼。我便鼓励自己，在口中不断地念道：'我要有毅力，我要有毅力。'念着念着，我竟又睡了过去。"

我的表现也没有好到哪里。高中二年级基本是复习准备高考。复习课上的内容难以引起我的兴趣，我便经常在后面开小差，和同学搞别的名堂。尤其上代数课，老师讲得有些沉闷，我又对数学一直不感兴趣，代数老师显然有点无法忍受，便告到彭老师那里。

接连两天，在上自习的时候，彭老师面对全班同学不点名地批评我："后面几个大个儿，一瓶子不满半瓶子晃。老师辛辛苦苦地讲课，你们还不好好听！高考的时候你们能出好成绩吗?"眼镜后面严肃的眼睛里，带着一些气愤。坐在最后面的我，颇感没有面子，只能硬着头皮任老师在前面发火。有一天中午，我出去打排球。一会儿我的同学史俊找到我："谢耘，你不知道，彭老师刚才又在班上骂你。我都替你脸红！"彭老师看来是真的气坏了，也没有看我是不是在教室里上自习就"发泄"他对我的不满。

我确实感到了压力，开始努力认真地上课。

但是，如果后来没有出现一次数学考试灾难性的结果，彭老师的批评和教诲，对于我来说可能也只是一些字面上似懂非懂的道理而已。那场"灾难"产生的巨大压力，把这些批评和教诲融入了我的血液中。

高考前的最后一次模拟考试，我终于尝到了恶果，得到了报应：我的数学考了72分。我如被五雷轰顶，整个世界在我眼前开始沉沦。这是我一生中遇到的第一次"灾难性"的打击，是我至今为止生命中最黑暗的一段时间。每天早上醒来我都恰似进入了地狱，在发愁如何度过这新的一天。这个时候，彭老师的批评起了决定性的作用。除开要有理智之外，彭老师还多次告诉我们："考试成绩不好，不要讲'题难了'、'没发挥好'、'马虎了'等等，一定是你们没有学好。出了问题不要怨天尤人，必须从自己身上找原因。"高考近在眼前，我知道逃避解决不了任何问题。这个"72"分，逼得我不得不面对现实，反复咀嚼彭老师的教导，并根据他的指点，去分析自己到底哪里出了问题。近一个星期的反省与苦思，我分析的结果是，我太不踏实，练习做得太少了。

我鼓起勇气，硬着头皮，去找代数老师。让我深深感动的是，老师"摒弃前嫌"，把前一年毕业班用的所有的综合练习题都借给了我。我按照彭老师的教导，用自己那尚不健全的理智，勉强约束着自己，强耐着性子，一口气做完了这几十套题。

1981年7月初高考期间，长春正逢阴雨天。三天考试结束，我的自我感觉和当时的天气一样，相当不好，精神极为沮丧。可是结果与我的感觉相反，我考得全省第九，全校第一的成绩，被清华大学无线电电子学系（后改为"电子工程系"）录取。这个成绩是我做梦也没有想到的，而且是我五年中学时代中最好的一次考试成绩。我不清楚这里有多少运气的成分，不过无论怎样，我没有让彭老师的预言落空。

我想，如果没有彭老师多次的批评和不厌其烦地灌输教诲，运气再好，我也不可能有这样的成绩。因此我真正体会了别人的批评对我的价值。彭老师的教诲和那次 72 分的经历，无情地撕掉了我那“高贵”的自尊心，使我懂得了应该用一个什么样的态度，来面对真实人生中发生的挫折和困境。

上大学前向彭老师辞行，他两眼认真地看着我说：“你和你哥哥不同。他以后会比较顺利。而你在以后的生活中将要遇到很多麻烦。”当时 18 岁的我对他的话没有什么感觉。很多年以后，我才猛然发现，在我身上发生的事情被彭老师言中了。临别时，彭老师赠给我的另外一句对我影响至深的话，是他以前曾经无数次重复过的“日参省乎己”。

如果说“传道，授业，解惑”是三个不同层次的话，彭老师无疑是达到了传道的高度。我的人生观和价值观，就是在他反复教导下最后定型的，并且一直受用到今天。在他那双严厉的眼睛逼视下，我开始学习面对真实的自我和现实，不再逃避和自我欺骗——不论内心有多么难堪。在后来的岁月里，我逐渐明白了，如果我们能够放下“自尊”，有勇气多面对一分真实，便少了一分作茧自缚，获得了一分新的自由。

挑战东芝

难忘的经历之三

当年惠州的集团公司创建后，主要负责设计生产卫星电视接收机。而销售由北京公司负责，直接向张云峰而不是惠州的集团公司总经理报告工作。卫星电视接收机的市场，由于政策的原因，也由于销售是另外部门负责，所以情况一直不好。随后总经理和总工程师对有线电视加密收费产品寄予了巨大的希望。总经理利用自己的关系，从中国投资保险公司那里得到了一笔较大金额的贷款，保证了项目的启动。但是，这个产品的市场又由于政策的原因，没有按照我们期望的那样启动。及时顺利拿下并执行第一份出口合同，并没有能够让我们进入良性循环。我们在国内只拿到了几份小规模的订单，根本无法支撑公司的运作，更谈不上发展。

不过在国内打市场的过程中，在北京和上海发生的两件事情还是颇值得我们自豪的。

在北京，当时的北京有线电视台迟迟下不了决心开通收费频道。但是，中南海却有了需求。结果我们的产品进入了中南海，为中央首长提供特别保密电视节目的服务。

在上海有线电视台，我们首先用价格优势把欧洲最大的电视加密收费系统制造商 Eurodec 公司挤出局。随后我们和日本东芝公司展开了激烈的竞争。在完成了系统的详细性能测试之后，台里安排我们双方进行入网测试试验。我们租了一辆出租车，在上海市几个不同的地点和东芝的系统作对比测试。到晚上结束时，出租司机有些好奇地问我们："我看下来，你们的图像质量好像比东芝的好呀。"

事实确实如此。上海有线电视台最终出示的测试报告显示，我们系统的技术水平要高于东芝的。在上海，张云峰总裁告诉我们："作为技术团队，你们很好地完成了自己的任务。"在电视台做测试的时候，东芝的技术人员看到我们发射端设备精致漂亮的外观时，好奇地问我们设备是不是美国 TRW 公司做的。其实，除了里面的核心芯片外，全部是我们自己设计生产的。而东芝的设备，和我们的放在一起，看上去就像是当时中国乡镇企业的产品。但是上海还是选择了东芝——东芝答应把更多的产品生产线放到上海。

尽管如此，这次我们在技术上超越了东芝公司的事实，极大地帮助了我在以后的工作中、在与国际一流公司竞争时，建立与其一争高下的勇气和自信。

“资本家”式的管理

管理入门之二：走向职业化

公司不能从市场上得到回报，压力便不断地加大。内部的矛盾也开始显现，亲情是无法从根本上解决这些问题的。总经理和张云峰之间的信任也出现裂痕。双方在资金的使用等问题上出现了原则性分歧。

1995 年 8 月，张云峰总裁决定撤销总经理的职务，请来他中学的同学，某著名 IT 公司在深圳的副总经理柳志雄出任惠州的集团公司总经理。当时，那家 IT 公司正遭遇由于计算机芯片大幅降价而带来的巨额亏损。

柳志雄过来，对于前任总经理以及跟随她过来的人员来说，是一个巨大的打击。尤其是对前任总经理个人。不仅因为这支骨干队伍很大程度上是因为她才加入我们公司的，而且中投保高额的贷款也是她争取到的。这里面有太多她个人的信誉和感情，曾经寄予了她自己后半生的理想。

柳志雄从深圳的公司带来了几个高层生产管理人员，公司面临巨大的震荡，议论和传言四起。柳志雄和原来主要的管理人员分别谈话；管理层的工资也做了上调；公司管理的风格变得与以前大相径庭，明显地体现出纪律、规范、赏罚分明等刚性的特征。

管理层绝大多数人，并没有因为工资的上涨而对柳志雄有什么感激之情。两拨人之间的不信任看不出改进的迹象。特别是生产管理的人员，原有的人和新来的人存在必然的冲突。当时，大家议论最多的就是柳志雄“香港式”的“老板”管理方式。这种管理，与大多数人的信念和习惯相去甚远，大家不自觉地将其与“资本家”、“剥削”、“压榨”等这些我们曾经从书本上学到的，觉得只存在于罪恶的资本主义制度下的概念联系在了一起。

或许是因为我不是前任总经理带过来的人，没有太大的感情冲突；

或许是因为在亲情管理下，我也不自觉地承担了过多的工作以外的情感负担，已经感到身心疲惫，精神上有些不堪重负；或许是因为我毕竟在国外有过一些经历，对于现代市场经济下的企业行为，有了一些感性认识；或许因为我是管技术的，而柳志雄等人都不是技术出身，双方的互补性较强；或许还有一些我自己也不完全理解的原因，我和柳志雄的配合，从一开始就没有太大的矛盾。后来，只要与技术有关的事情，没办法时柳志雄都让他们来找我，包括给客户做售前演示等。而每次我基本都比较好地完成了任务，也从来没有抱怨过。柳志雄等对我逐步建立了信任。

随着时间的推移，我和柳志雄及他带过来的其他的管理人员建立了较好的工作关系，尽管没有像我和前任总经理及总工程师的关系那样亲近。我从新的管理团队身上也学到了不少有益的东西。

柳志雄不仅带来了严格的管理方式，而且不会像我们以前那样，经常要很费心思地去琢磨员工的思想活动，也不刻意去和员工建立个人的关系。尽管和柳志雄一起共事的时间很短，但是他让我体验到了一种与我自己成长的文化环境不同的管理方式，一种“缺少人情味”但是却是比较理性的文化。这在一定程度上促使我后来改变了自己的管理模式。

许克明是跟柳志雄一起从深圳过来做采购经理的。我不仅和他学了很多采购方面的知识，更重要的是他改变了我一个非常重要的观念。

一次和他聊天时，谈到公司的一些管理问题，当时公司的经营情况依然没有好的起色，照例我自作聪明地发表了一番议论。许克明坦率地讲：“谢耘，在企业中老板永远是对的。”听到这句话，我非常惊讶，许克明好歹也是研究生毕业，怎么有着这种“下贱”的想法？

许克明耐心地给我解释：“我们和老板处的位置不一样，他一般来讲掌握的信息比我们多，情况也比我们知道得更全面。所以，他通常是站在更高的层面来看问题的。”他的这个解释固然有值得商榷的地方，但是，其中包含的一些道理，确实对我冲击不小。

当时公司情况不好，我的心情也比较郁闷，所以经常以看南怀瑾的书来消遣。南怀瑾在他的一本书中，对于我们认为的贬义成语“不在其位，不谋其政”做了正面的解释。这与许克明讲的“老板永远是对的”在很大程度上有相通之处。

南怀瑾的论述——不在其位，不谋其政

中国人说“天下兴亡，匹夫有责”，人人都应该关心。但是，有个原则，如孔子所说：“不在其位，不谋其政。”不在那个位置上，就不要轻易谈那个位置上的事情。

…………

所以孔子这两句话，“不在其位，不谋其政”，是为政的基本修养。表面看来，好像帝王可以利用这两句话实行专制，要人少管闲事，事实上有道理在其中。因为自己不处在那个位置上，对那个位置上的事情，就没有体验，而且所知道的资料也不够，不可能洞悉内情。

…………

很不幸，孔子的这句话常常被人用来做话头话，作推托词。甚至，有些人看见别人用这句话做挡箭牌，都误认为是跟孔子学滑头。所以打倒孔家店的人，也把这句话列为“罪状”之一，把罪过弄到孔子身上了。事实上这句话是告诉我们，学以致用，真正的学问，要和做人做事配合。孔子也是告诫学生们，对一件事情，有一点还不了解，还无法判断时，不要随便下断语，不要随便批评，因为真正了解内情太不容易了。

许克明的话和南怀瑾的文字以及柳志雄的管理方式，使得我开始学习从职业化的角度来理解自己在一个组织中的职责和作用。不再不知天高地厚地去做“主人”；学会经常提醒自己不要自以为是地认为真理总是在自己一边；也明白了一个道理，只有在其位的人，才是承担相应责任的角色。即使你出于好心，即使你的看法确实比对方更正确，你也没有权力去代替别人行使职责。你拥有建议权，而在其位的人，有权不接受

你的建议。你不应该因此而感到郁闷，因为这是职业化体系的基本运行规则。

这种行为准则，与我们从小受到的“以天下为己任”，甚至是要“解放世界上三分之二的受苦人”的教育，确实有很大的不同。但是，对于个人而言，国家、民族也确实与公司是有本质不同的。

公司是市场经济中，以经济利益为目标的经营实体，它不能够也不应该承载太多的经济利益以外的责任，何况几乎所有的公司都是“有限责任公司”。而国家和民族远远不只是一个经济实体，她承载了经济，但还有历史、文化和很多精神价值，她是无限责任的。

一个人不能将对自己国家和民族的态度，简单地应用到对待自己供职的公司上面。那样的话，你很可能不自觉地将公司变成自己的精神寄托。而任何市场经济中的企业，都无法承担这种责任。你很难逃脱幻灭的结局。当然，我们也不应该把自己的国家和民族简化为一个经济实体。这样做，你将从根本上失去自己的精神家园，很难避免沦为一个“经济动物”的下场。

而一个公司的管理者，应该十分注意不要将国家政治的一些理念和管理方式，简单地应用在企业的管理上，从而在以经济活动为核心主体的企业身上，不适当地添加许多神圣的内涵，乃至给企业戴上一个超凡脱俗的光环。那样他会在无知中，深深地伤害一个企业。

企业家固然可以有超越经济利益的社会抱负，但是企业本质只能是经济实体，而且企业中的绝大部分员工，注定是主要按照经济利益原则行事的普通人。企业只有在履行好了自己的经济角色的基础上，才能谈经济以外的事情。

在后来的工作中，我的这个态度遭到了一些朋友的非议，也引出了有趣的故事。2004 年，我在为一个企业做培训的时候，当谈到企业的第一本质是经济利益共同体的时候，一个总经理当时便站起来反对这种说法，并摔门而去，以示抗议，认为我亵渎了企业的神圣。2005 年春节期间，一个朋友发来了吴晓波发表于《经济观察报》的一篇文章《被夸大的公司使命：从丑陋的资本家到艾柯卡崇拜》，此文讨论的也是这个话题。

转眼到了 1996 年新年，柳志雄在公司组织联欢活动，要求我来做男主持人。我之前还真没有这方面的经历。不过我没有拒绝。这又不是什么大事，而且大家也都不是外人。活动结束后，原来的同事对我说："你怎么这样，让别人当傻子耍。"我一笑了之。我真的没有认为柳志雄有这种恶意。

2003 年我到南方出差，去看望在总经理带领下曾经满怀理想投身惠州的过去的同事。惠州这段经历对于大家的影响还明显可见。我作为外人来看，觉得公司后来发展到这个地步，给大家朋友兼同事关系造成了明显的伤害。他们受到的伤害，不仅有经济上的、时间上的，更有感情上的、精神上的。我作为变故的直接经历者，清楚地看到，当时我们大家在一种不适合市场经济的意识影响下，把亲情变成了企业管理的重要手段，这在相当大的程度上，加重了企业的负面变故对大家造成的伤害。

惠州的集团公司的这段饱含亲情的管理实践，从反面促使我转向了职业化的行为方式。

无奈的告别

1995 年 10 月，不知道是什么原因，我连续一个月发低烧，柳志雄安排我回北京检查，也没有查出原因。回到惠州后，柳志雄告诉我："我没法让你休假，但是你每天可以晚一点儿上班。"

尽管我们付出了巨大的努力，柳志雄最终还是没有能够挽救我们集团公司的破败。市场无法启动，公司没有盈利，形势迅速恶化。1996 年中，我的大学老师山秀明找到我，告诉我倪光南和联想分裂，大庆市将给倪光南投资，“再办一个联想”。山老师和大庆市负责这件事情的副市长很熟，希望我过来做这件事情。公司破败无疑，我也必须另谋出路，所以我接受了这个邀请。它让我有幸和倪光南院士共事一段时光。

柳志雄知道后说：“谢耘你背叛了我。”我只好实话实说：“柳总，你不可能挽救公司，你也得想自己的出路了。”财务部总经理也说：“你要走了，公司就真的不行了。”我答道：“如果你们把我剁成肉泥，便可以救公司的话，我一定让你们把我剁了。”我真的不认为自己在当时的情况下还能做什么。

我们的项目是中国投资保险公司投资的。中投保的人知道我要离开，同情地对我讲：“这个项目就像你自己的孩子一样，你现在离开，别太伤心了。”出乎他们的预料，也出乎我自己的想象，我在离开的时候，还真的没怎么伤感，只是有些无奈。我认为这是成熟，但也许是麻木。

我离开惠州不到一年，柳志雄也离开了惠州，张云峰去了加拿大，我们的项目卖给了一家著名家电厂商。

作为我当时的最高领导，张云峰对我个人最大的帮助之一是，我在他的影响下开始学习控制自己的情绪表现。每次和他开会时，不论在会上他的情绪如何，会议气氛如何紧张，只要有电话来，他总是用愉快平和的语气来接电话。那时我还年轻气盛，情绪波动大。所以在我刚认识他的时候，他的这个特点给了我非常深的印象。

尽管这个公司是一个不成功的企业，张云峰也不能算做一个成功的企业家；尽管我们开发的产品没有结成正果，但是，我在这个公司两年多的这段经历，是我自己极为宝贵的一段体验，我从中获得了许多宝贵的对人、对社会、对企业的认识。它成了我后来在 IT 行业工作最重要的本钱之一。

1995 年春节，我们都在惠州加班。大年初一，张云峰带着我们上了罗浮山。山上香火很旺。一个同事拉着我们一起在黄大仙的庙里抽签。我以前从来不参与这类事情。那天，我第一个抽。拿起签一看，竟然是一个下下签。因为是大年初一，大家来抽签，都想图个吉利。当庙里管抽签的人看到我抽的是下下签时，非常不好意思，要我重新抽。我说不必了。便去解签的地方要来解释，发现此签讲的是孔子出游，在异乡陷入困境的故事。

我到现在也不清楚抽签的道理——如果有的话。但是，我一直相信，人世的境遇是不应该简单地用“祸”或“福”来标定的。阳光灿烂，固然令人心旷神怡；狂风暴雨，难道不也是另一番风光吗？甚至可能更动人心魄。况且，人确实是在磨难中才更有长进的。

惠州，这个苏东坡曾经生活过的南粤古城，小巧而温馨。我在这里生活了近两年的时间。经过一些年以后，我才感觉到，离开的时候我从这里到底带走了些什么。

第三章

独立操练——领衔产品创新（一）

在联想主持掌上电脑开发工作的这段时间，是我在过去积累的基础上，全面演练比较独立地去建立、培养一支技术队伍，并带领大家向国际水准冲击的一次难得的机会。在实战中，自己的综合素质得到了进一步提高，也获得了更多的经验，认识了更多的规律，对企业有了更深的理解。在实际工作中，自己也开始初步接触企业战略层面的管理。在联想的这段时间里，是我的直接领导贺志强为我提供了这次机会，同时他还给了我巨大的帮助、指导和支持。

初入IT行业

我生性喜欢安静，一直希望能认真踏实地做一些事情。热闹而又变化非常迅速的IT行业，对我并没有什么吸引力，况且自己也不是学计算机的。我自己是带着些许无奈进入IT行业的。不曾想，正是IT行业使我有了更大的收获，即使从名利的角度看也是如此。当然我收获的绝不只是名利。

倪光南和大庆的合作，持续不到一年，便无可奈何地夭折了。现在几乎无人知晓曾经存在的“中庆集团”。在公司行将消失之前，跟随倪光南从联想来到中庆集团的刘晨晖和我商量去向，我极力劝他再回联想。“男子汉大丈夫，能伸能屈，何必死要面子活受罪?”我“开导”他。

他很快回到了联想的技术中心，反过来也劝我加入联想。这样我便结识了联想副总裁曹之江老师。当时根据联想“贸、工、技”的发展思路，曹老师正在管理刚刚组建的“联想工业投资公司”，希望发展类似广东代工厂那样的业务。

或许因为我的书生气，曹老师见过我之后就非常喜欢我，极力劝我加入联想。当时我也没有其他的选择，便到了曹老师下面做新项目的立项评估工作。

由于对公司环境不太适应，也由于我一直希望做技术方面的工作，在联想工作四个月以后，我便辞职去了摩托罗拉（中国）半导体技术部。

曹老师认为我是个人才，所以向柳传志汇报希望挽留我。柳总当时和我谈话，他对我的评价是：你是一个脑袋比较清楚的人。他非常希望我能留在他的身边，帮助他做三件事情：第一件事情是重新建立联想的技术中心。原来的联想技术中心在那一年的 4 月份解散了，技术中心的总经理离开联想，刘晨晖也因此去了联想做 PC 主板业务、总部在南方的 QDI 事业部的北京研发部。第二件事情，科学院当时要求联想整合计算技术研究所，柳总希望我协助他做这件事情。第三件事情是研究联想的技术发展方向。柳总还说："听说你在租房子住。特殊人才我有特殊待遇。我马上让他们给你解决住房。"

柳总说我头脑比较清楚，我当时真的不知道这算是什么评价，感到非常奇怪。在原来的工作经历中，我感到我周围的同事头脑都还是清楚的。我对这个评价的确切含义，直到我后来在神州数码工作一年后，才真正理解。不过，我能感到柳总挽留我是真心实意。

出于对 IT 行业的"恐惧"和在国际一流企业中从事技术工作的渴望，我还是推辞了柳总和曹老师的好意，离开了联想。

也许冥冥之中有种力量在起作用，我最终还是没有逃脱 IT 行业。我在摩托罗拉工作三个月后，又回到了联想。这次又是刘晨晖出面，把我推荐给了联想 QDI 常务副总裁贺志强。

当时我在摩托罗拉的老板对我非常不满意，准备辞退我。我投了一些简历出去，都没有回音。我便接受了贺志强的邀请，于 1998 年 1 月重新回到联想，出任 QDI 北京研发中心的总经理，刘晨晖是副总经理。我当时只是想先找个地方做一段，回头再另做打算。

在企业工作了一段时间，对于企业政治有了一些感受，不喜欢那些鸡飞狗跳的事情。所以在与贺志强见面的时候，我提出了自己唯一一个要求："我只想做事情，希望不要有太多'政治'的干扰"。贺志强答应我："你放心，我这里只做事，决不搞'政治'。"后来果真如此。

当时 QDI 北京研发中心只有十二三个人，贺志强给我们的任务是开发掌上电脑。我们的办公地点和联想工业投资公司在同一个地方。曹老师看到我又回到联想非常高兴。

从此我正式开始"混迹"于 IT 行业，直到今日。

首战告捷

研发管理：打破僵局

在我离开联想工业投资公司之前，刘晨晖他们便已经开始研制掌上电脑的探索。我曾去看过他，他拿了一个 HPC（与掌上电脑类似的一个带小型键盘的掌上计算机）给我看，说要自己开发类似的产品。我当时就问他："这么精巧的东西，我们自己能做吗?"我做过的电视加密收费产品在精巧程度上，根本无法与掌上电脑相比。我对自己不了解的东西，总是有一种神秘感。刘晨晖当时倒是满怀信心。天性乐观是他最明显的一个特点，也是后来他对我帮助和影响最大的方面。

我当时没有想到的是，几个月后，我便来负责这个自己毫无概念的产品的开发工作了。我再一次投入到了一个对我来讲完全陌生的领域，开始了又一次新的跨行业转变。

QDI 北京研发中心成立于 1998 年 4 月份，当时只有十二三个人。成立这个中心的原因主要是原联想技术中心解散后，一部分人被分到了 QDI，而他们又不愿意到深圳工作。研发中心成立之时，总经理缺位，刘晨晖以副总经理的身份主持工作。人员主要由三部分人组成：被撤销的联想技术中心的一部分人；联想程控机事业部的几个技术人员；部门成立后新招进来的员工。

进来以后，部门的状况有点让我吃惊。不仅大家都没有相关产品的开发经验，而且开发部硬件负责人，在联想程控机工作多年同时也是程控部门主要技术人员的于小童，连项目计划都不太会做。部门基本不开会商议事情，员工几乎从来不加班。

当时我们的工作环境也比较差，用的办公家具是从公司其他搬走的部门留下的家具中，挑选不太破旧的来使用的。我们这个部门的待遇也比较低。无形中大家有一种"后娘养的"感觉。

外部环境也挺困难。这个产品在国外也处于开发阶段，尚未投放市场。我们拿不到别人的样机，而且需要的一些关键器件都很难找到。我们的产品将要采用的微软 WINDOWS CE 操作系统，当时还没有开始中文版的开发。

但是，贺志强对我们的要求非常明确：与微软 WINDOWS CE 的中文版同时发布我们的产品。我刚一到位，他就催促我立即开始开发工作。1998 年春节期间，于小童打电话给我，高兴地告诉我终于找到了可以用于我们产品的液晶显示器。春节假期一过，我们便正式启动了开发工作。

在春节前近半年的时间里，刘晨晖带着于小童他们一直在研究类似的产品，在评估不同的 CPU 性能，可是就是下不了决心确定整体方案。贺志强非常着急又没有办法——他总不能亲自插手来干预这些具体的工作。选择，有的时候对于没有相关经历的人，显得那么困难，因为大家总想找一个“最优解”，害怕选择错了导致全盘皆输。在现实中，我们只能在可能的条件下，包括在一个限定的时间内，依靠我们当前的认识能力，去选择一个相对最好的结果。我们不能因为条件的不具备，包括自己经验的不足，就不断地拖延决策，那样我们其实是自己把自己给吓得裹足不前。还是那句话，很多工作，需要我们在探索中学习和前进。我们不必因为自己的经验欠缺而失去勇气，更不应该因为众多的成功者在事后对自己的辉煌成就给出了一个值得置疑的、近乎完美的过程描述，而自我贬低、丧失信心。

有了曾经在美国的半年经历，打破这种停滞不前的局面，对我来说已经不是难事。我要求于小童把前期的工作向我做了详细的汇报。根据他们对于三种 CPU 的评估结果，尽管我从来没有相关的直接经验，我还是立即拍板，决定采用飞利浦的产品。整体方案由此也基本确定，工作马上便走出了反复论证的僵局，开始了实质性设计。

在做这个决定的时候，我并没有比于小童他们有更多的依据。我只是按照他们的分析，确定了一个相对好的方案而已。而他们一直犹豫不决，原因无非是看到不论哪一个方案都有不满意的地方，所以感到有风险，不敢做出选择。

我们决定采用飞利浦的嵌入式应用 CPU 后，对方很快就派技术支持工程师，一个出生在新加坡的华人 Neehua，3 月份来北京给我们做培训。第一天的培训结束后，Neehua 找到我，相当不满地问我："你们的人到底能做什么？你想让他们做什么？"显然，我们的技术人员离他的期望，和他在其他国家遇到的技术人员的水平相比差得有点远，问了很多他认为不需要回答的、很基本的常识性问题。我多少有点儿硬着头皮安慰他，并和他套近乎："你别着急，现在你帮我们一下，几个月后我们一定能够在中国的市场上帮助你们。"他恐怕没有相信我的话，勉强把培训做完了。

1998 年 4 月份公司新财年开始，贺志强让我把下面员工的工资做了一些调整，我的工资由他另行考虑。大家感到公司还是重视我们的，情绪向好的方面有了一些改变。

项目在重重困难中向前推进。微软从西雅图派任建到微软中国技术开发中心，主持 WINDOWS CE 的汉化工作。任建原来任职于联想，与贺志强是同事，1989 年后出国留学。

按计划，我要求我们团队在当年 6 月底必须做出一个实际产品大小并且能够工作的样机。当时大家不太理解为什么要做这个样机。因为有许多技术问题我们还没有在大的实验板上解决，做这样一个样机，在技术上意义并不大。6 月下旬，我去美国出差。其间几次打电话叮嘱样机的开发进度。

在我的坚持下，1998 年 7 月 2 日，第一个样机做了出来。尽管软件有很多问题，尽管机器的外壳是用手工做出来的，样子不好看，但是使用两节五号电池，机器可以工作三四个小时。这使得大家相当兴奋。因为台湾一家公司在 1998 年 4 月份和我们谈 OEM 合作时，他们带来的同类产品的样机，一旦放入电池，电池便会很快发热。演示一结束，他们就要马上把电池拿出来。

我们的样机出来后，飞利浦负责日本和大陆市场的 Hugh Cree 从日本夏普来到北京。当时日本夏普也在用飞利浦的 CPU 开发同类产品。Hugh 看到我们的样机后，高兴地告诉我："Your team's work is no worse than SHARP's，either in speed or quality（你们的工作不论是速度还是质量，都不比夏普差）。”由于我们的工作，后来国内同行在开发基于 WINDOWS CE 的掌上电脑时，都采用了飞利浦的 CPU。我兑现了自己当初对 Neehua 的承诺。我们逐步获得了合作伙伴的信任，后来飞利浦对我们的支持力度大大增加了。

贺志强当时常驻深圳和香港。7 月 15 日，他从深圳来到北京。在我们的会议室里，我给他看了我们的样机。他拿着样机，看了很长时间，听着我的汇报，一言未发。然后他简单地对我说：“谢耘，我们一起去向老板汇报。这可是我们真正完全靠自己开发出来的整机产品。”看得出来，这个还存在很多技术问题的样机，给了他相当的震动。

他离开的时候，走到门口时突然说道：“对了，我忘了给你涨工资了。我马上会通知人力资源部，会从 4 月份开始算起。”

7 月 17 日，我们去向柳总等集团领导汇报工作成果。在我们开始开发工作的时候，集团并没有抱什么期望。因为 5 月份，柳总率集团领导去台湾访问，台湾的同行已经知道我们在开发掌上电脑，他们便劝集团的领导：“你们在大陆很难开发出这个产品的。我们在台湾开发，是借助了很多美国公司的支持才可以的。”他们根本就没有把大陆的公司放在眼里。

集团领导听完汇报，看了我们做的样机后，说道：“看到你们做出这样的成绩我很欣慰。目前在集团内，还很难找到这样一支能干的队伍。”我们这个只有十几个人的队伍，由于这个小小的样机，引起了公司最高层的注意。

贺志强在集团内与许多人都谈到，掌上电脑的开发之所以能取得这样的成绩，主要是因为找对了谢耘。这话有些片面，但是确实为我未来的发展做了有利的铺垫。

这个小小的样机，标志着我们阶段性的成绩，它使我们赢得了贺志强比较充分的信任和支持；它帮助我们在合作伙伴那里建立了信誉；

它的出现鼓舞了开发团队的士气和信心；它让我们在集团内证明了我们的价值，使我们得到了高层领导对这个项目的支持和关注。总之它极大地改善了我们内外部工作环境。这便是阶段性成果可以起到的一种重要的作用。

如何适当地利用阶段性结果去推动影响工作的因素向积极的方面转化，是管理中的一个重要技巧。

引人注目

价值取向之一：理想与现实

第一个样机的初步成功，极大地鼓舞了我们的团队。大家全力以赴争取按计划在 1998 年 10 月开始产品的试生产。为此我们又做了几轮样机，反复测试和试验。

在 1998 年 9 月，“1998 中国计算机世界展”（COMDEX BEIJING 1998）在北京国际展览中心举行。我们展出了自己最新的样机。当时的样机已经是生产样机了。从性能到外观，和第一个样机相比已有天壤之别。在展览会上，不论是海外厂商还是国内人士，看到我们的样机，没有一个人认为是我们自己开发的，无一例外地问我们：“你们的产品是从谁那里 OEM 过来的?”许多人需要我们反复讲解，才肯相信这是真正属于我们自己的产品。

当时国内还有两家公司和我们几乎同时在开发这个产品。一个有着多年 PDA 开发经验，另外一个是总部位于山东的著名家电厂商，开发团队也是由一名博士牵头。但是他们的产品迟迟不能与外界见面。

展会开始后的第二天，贺志强从香港给我打电话。他高兴地告诉我在香港的《大公报》上，看到了我们的员工在展会上，手持我们产品的大幅特写照片。他通知我，他会马上批一笔钱，用于奖励我们部门的员工。

《北京青年报》在展会结束时，评价这个展览会有五大热点，其中之一就是联想在国内率先成功开发出基于WINDOWS CE操作系统的掌上电脑。记者们纷至沓来。路透社的老外记者也扛着摄像机，到我简陋的办公室对我进行采访。这一切为我创造了条件，开始逐步学习与媒体打交道。

有一天，当时在上海工作的我的一个童年时期的朋友柴亮给我打电话。他兴奋地在电话中说："小耘哥，我在东方台的电视节目中看到你和嫂子在溜你们的小狗了！"当时的小狗，今天已经是一个有26斤重的"小熊"了。

尽管我的小狗都上电视露了脸，我自己对我们做的事情和媒体的热情，还是保持了比较清醒的头脑。

当《中国青年报》记者郑琳来采访我，问我对于成功开发出这个产品，并在IT界引起强烈反响有什么感想的时候，我说了自己的心里话："说实在的，我没有特别兴奋的地方。我不觉得这是一个特别值得炫耀的事情。我们开发出这个产品，用的是国外的芯片和操作系统，竟引起这么大的震动，其实这是中国IT产业的一种悲哀。"

这话或许有些刻薄，但是我认为确实是我真实的感受。与我曾经参与开发的雷达系统，以及后来主持开发的电视加密收费系统相比，这个小小的掌上电脑，我们自有的技术含量和我们跨越的技术难度是最低的。

> 中国的计算机产业的发展，至少在当时看来确实好像有些问题。其实在计算机行业有很多事情，国内的企业是有足够的实力去做的，也应该能产生经济效益，可是却没有人去做，或做成功。
>
> 而在电信行业，与计算机企业几乎同时起步的国内电信设备制造企业却可以孤注一掷，在行业的核心产品和技术上历经千辛万苦，取得突破，与国外厂商一拼高下，令对方刮目相看，被对方视为心腹大患。他们的收获不仅是名誉上的，更是经济上的。

中国的计算机产业，好像长期以来有一种投机的色彩，而缺少一种对企业核心价值追求的锲而不舍的顽强和置之死地而后生的勇气。即使在这个产业刚刚兴起的时候，仅仅用企业的“生存压力”过大、经济实力不够、技术储备不足等来解释IT行业的问题也是不能完全让人信服的。毕竟电信行业的一些企业在同样的时代，同样面对国际巨霸的残酷竞争，在同一片中国的土地上，演绎着另一番景象。当国家从20世纪50年代就开始投入建设的一汽工业基地的老总们，旁征博引，理直气壮地宣称，按照他们现在的市场能力、资金积累和技术储备，完全没有能力自主开发新车型的时候，奇瑞这个比一汽小很多的安徽省企业，不仅从一开始就自主设计车型，而且已经远销国外，在异国他乡建立合资企业了。

我们固然可以按照我们的意愿来解释这个世界，但是客观事实，却是我们无法用语言来随意扭曲的。

历史，不总是一个可以任人随意打扮的小姑娘。

当然，行业的普遍情况，不能够简单地归咎于某些个别人的作用。

到了2004年6月，我在准备给北京软件协会下面的一个业余组织PKSPIN做讲座的时候，再次反思中国企业的核心竞争力问题。我感到，恐怕是中国20世纪80至90年代社会的实用主义，乃至机会主义的价值观，从根本上制约了当时中国企业的发展。这不仅仅是某个企业家、某个企业或某个行业的问题。

价值观，简单地讲就是一个人或一个群体在关键时刻、重大关头，乃至生死攸关的瞬间，面对未来做出选择时，所遵循的那些最基本的、一成不变的原则。如果说企业的战略在核心意义上是对未来的一种郑重选择的话，那么企业的价值观，就在根本上决定了企业将作出什么样的选择。随着“文革”的结束，理想主义在中国从顶峰被打入了万丈深渊。物极必反的规律，使得中国社会自然地走向了实用主义。实用主义作为方法论有其宝贵的价值，但是一旦成为终极价值观，则几乎不可避免地演变为机会主义。

在中国经历了百年屈辱之后，是中国共产党理想主义与现实主义相结合的价值观，成功地启动了中华民族复兴的伟大历程。在过去的20年间，机会主义的价值观和实用主义的方法论无可争辩地给中国带来了空前的繁荣，在民族复兴的道路上，把中国带到了小康社会的门槛。但是，机会主义不可能成为一个民族复兴的核心动力；机会主义也不可能造就一流的企业。

机会主义在本质上是没有未来的。它从根本上鄙视在建设一个强大国家和一流企业的过程中，不可或缺的埋头苦干、默默耕耘；它也不可能具备在面对艰难困苦的时候，所必需的置之死地而后生的勇气与决心。中国，经过了30年的改革，正面临价值观的新的变化。民族的复兴，需要理想与现实结合的价值观来支撑。理想主义如果不以现实为根基，就会演变为盲目冒险，乃至走向疯狂；现实主义如果不以理想为目标，则将蜕变为投机取巧，或碌碌无为。

从另外一个角度来看，个体的行为和表现，并非绝对地受社会潮流的制约。毕竟，真正意义上优秀的人，正是那些在自觉地把握社会发展客观规律的基础上，能够不断地超越自我和外部环境局限的勇士。他们百折不挠的顽强奋斗，他们摧锋于正锐、挽澜于极危的英雄作为，是人类文明得以不断进步的核心动力源泉。

我的老板

良师益友之二：倾力扶持

QDI是联想集团内部专门做PC主机板业务的子公司。其产品面向国际市场，当时是全球第五大主机板供应商。QDI总部设在香港，研发和制造在深圳。贺志强是常务副总裁，负责技术和生产。贺总是中科院计算所的硕士，毕业后即加入联想。倪光南事件以后，贺志强好像是唯一留下来的技术出身的高层管理人员。

随着我们工作成绩的显现，贺志强对我表现出了高度的信任和支持。我们通常每个月只是简单地通几分钟的电话，我还会定期给他文字的工作报告。他曾经告诉我，当时聘用我的一个重要的原因，就是看了我的经历后，感到在当时的情况下，找到一个懂技术、懂管理，而且还懂如何做产品的人是很不容易的。他一直鼓励我在这条主线上不断努力向前发展，去做得更好。

1998 年 7 月以后，他在集团内部的不同场合经常谈起我，帮助我在集团逐步建立起了一定的知名度，并在后来得到集团领导的重视。

当记者来采访我的时候，我总是要从贺志强开始谈起。我会向记者介绍，掌上电脑的立项是贺志强克服重重困难推动起来的，我只是一个执行者。这确实是实情。没有贺志强，便不会有联想的掌上电脑这个项目，自然也不会有后来发生的一切了。我始终认为，真正有价值的决策，其作用要超过执行层面的工作。

集团人事部曾经告诉我，他们看到我和贺志强之间的关系，“非常感动”，认为是上下级之间默契配合、成功合作的一个难得的案例。

贺志强对我另外一个重要的帮助，是使我学会了如何集中精力做有限的事情。1998 年下半年，任建在微软内部推动了一个当时引起非常大的反响的“VENUS”计划。它是一个基于 WINDOWS CE 操作系统的机顶盒产品，比尔·盖茨曾经来深圳为此计划摇旗呐喊。当时任建和联想电脑公司都希望我们介入此事，而我以前有过做电视相关产品的经验，所以有些蠢蠢欲动。而且，在我最开始给部门做的规划中，也明确地提出将“计算、通信和家电一体化”作为部门的目标。

当我向贺志强请示这件事情的时候，他非常明确果断地否决了我的建议，并告诉我：“你们现在只有 30 人。要想做好掌上电脑，至少要 100 人。你们先别想别的事情。”尽管当时不完全理解而且心有不甘，我还是遵从了贺志强的指示。

后来当我们的产品投产，我们所有的人都被迫疲于应付的事实证明，贺总的决策是非常正确的。这件事情也让我体验了如何集中资源和精力去做好一件事情；它让我对于如何有效地使用资源开始有了清晰准确的感觉。

正是在贺志强充分的信任和放权，无私的鼓励、帮助和指导下，我才逐步进入了 IT 行业，由一个技术管理人员逐步成长为一个比较综合性的管理人员，并取得了一些成绩。

在贺志强领导下工作的那段时间，他给了我充分的支持，几乎没有任何不必要的干扰。我好像也从来没有必要去揣摩他的心思。所有工作上的事情，都直来直去简单明了。他兑现了当初的承诺，从来没让我为不必要的企业“政治”花心思。我们之间的合作，成为了我的经历中十分美好而又富有成果的一段时光——尽管这段时间只有短短的 12 个月。

“青云直上”

价值取向之二：回国动因

1998 年 8 月初的一天，我接到柳总的秘书小宁的电话。他告诉我柳总要来我们部门看我们。我赶紧说：“柳总有什么事情的话，我还是到总部去汇报吧。”但是柳总坚持要自己过来。

20 分钟后，柳总的“奔驰”沿着弯曲的小路，开到了我们的楼前。他只带着秘书跟着他。看望了大家后，我和他一起进了会议室。柳总莫名其妙地开始和我谈起了科学院计算技术研究所的问题。原来，科学院在体制改革，其中的一个想法是把“计算所”和联想用某种形式整合在一起。“计算所”将既是科学院的研究所，同时也是联想研究院。

介绍完背景，柳总便征求我的意见。我只好硬着头皮应对。其实不要说对“计算所”，就是对联想，我当时也几乎一无所知。我只好说：

“您要整合计算所，总要派个人进去吧。”“你说派谁合适?”柳总问道。我一下就明白了柳总的意思，但是我只能继续装糊涂：“我不了解联想内部的人员情况，不好说。”“我想让你过去做副所长兼任联想研究院副院长，你看怎么样?”回想一年前，我谢绝了柳总的好意，这一次话说到这个地步，我是无论如何只能接受了，否则还如何在联想继续工作?也对不起柳总的信任。

时隔一年，柳总还是把我给圈了过来。在别人看来，我是“青云直上”。刘晨晖开玩笑说，我是联想的“王洪文”。

柳总没有在乎我以前的“不识抬举”，亲自提拔我进入联想比较高的管理层，让我非常感动，也对我的个人成长帮助很大。

从此，我不仅开始介入计算所的工作，更重要的是和柳总有了半年的密切接触。这为我的提高和成熟创造了非常好的条件。我也把我后来写的一些针对工作中出现的问题的分析文章给了柳总。当时任联想企划办总经理的朱立南曾和我说：“柳总现在就喜欢听你说话。”

这期间，柳总也多次针对我的毛病，毫不客气地批评过我。这些批评的一个最重要的作用，是让我开始养成“说到做到”的作风。仅此一点，就不枉我在柳总身边工作的这段短暂的时光。说到做到，是一个社会人非常重要和核心的素质。

1999年春节前，联想的一个内部会议期间，柳总和我做了一次短暂的交谈。他首先严肃地批评了我有时说话太随便，不够负责任。最后说道：“联想现在的领军人物，像元庆、郭为等都是做市场销售出身的。我希望能有做技术出身的人进入他们的行列。”柳总的这句话，意味深长。这不只是对于我个人在联想的发展而言。显然，他心中对于技术在企业中所应该发挥的作用的认识，并非像“贸工技”三个字表述的那样简单。或许是由于和倪光南之间的矛盾，这一切都变得只能意会了。

在我被柳总突然提拔起来的时候，联想的很多高层管理人员还不知道我是个什么样的人。

那天柳总和我谈完计算所的事情，从我们部门离开后，我部门软件部经理，一个年过五旬、曾经在联想原来的技术中心工作的老员工对我说："谢耘，柳总可真看得起我们。你知道吗，联想技术中心从成立到解散柳总只来过来两次。一次是成立，一次是解散。"当时我的部门不是集团的直属部门，才只有20人左右。而联想技术中心是集团级的部门，有几百人。我和柳总之间，当时至少间隔着两三级管理层。

1999年联想与计算所整合失败，我便不再兼任计算所的副所长。所长兼联想研究院院长高文也转到科学院研究生院做常务副院长。联想研究院由贺志强出任院长，重新组建。我亦不担任其中的职务。这件事情，曾在媒体上引起了震动，被提升到柳传志为什么难以和科学家合作的高度。

在工作上取得一些成绩，并且有机会时常在媒体上露面之后，很多新结识的朋友称赞我当初回国"有眼光，有远见"。甚至有国内出去，在国外工作的同学和朋友对我表示羡慕之意。

回忆——说不清的承诺

其实，我在1992年回国的时候，中国尚未走出"六四"政治风波的阴影。当时美国等西方国家还在对中国进行制裁，也没有人会料到再过七八年，在美国股市崩溃前后，会形成一个留学生回国的风潮。

我们这批公派留学生，选拔工作开始于"六四"政治风波之前。动身于政治风波之后。国家没有因为政治风波取消这个计划，只是教委规定不许我们去北美。"对中国而言，派遣留学生从来不是简单意义上的'文化交流'，而是一个民族的忍辱负重，发愤图强——这是今天的留学生仍然不得不面对的现实。"①

1990年8月初，我在国家教委奖学金的支持下，作为清华派出的联合培养博士生到悉尼大学学习。1992年8月下旬，当我结束了两年零两个星期的留学生活，登上国航航班的时候，我心里对未来将会怎

① 钱宁：《留学美国——一个时代的故事》，杭州，浙江文艺出版社，2003。

样，一点概念也没有。两年的留学生活，我带回来的只有用英文写好的博士论文和几篇在国际刊物和会议上发表的文章，没有外国永久居留权，也没有悉尼大学的学位。

回国前，我的导师 Marwan Jabri 让他两个新来的博士生来找我，就他们的博士研究方向来向我征求意见。Marwan 也非常希望我还能再回来，并把邀请我来做研究的材料都准备好了。

在我决定回来的时候，一个通过互联网认识的在美国的中国留学生，曾认真地问我："你真的就这样回去不再出来了吗?"我告诉他是的。他问我到底是什么原因，当时我实在难以清楚地解释，便半开玩笑地告诉他，我这个人比较认命。此生生为中国人，就打算认认真真地做一个中国人；如果我这一辈子中国还是没有大的变化的话，我下辈子一定直接投胎到美国去，也省得办绿卡了。后来看到钱宁写的《留学美国》一书。在书中，他对自己回国的原因是如此描述的：坐在飞机上飞越太平洋上空时，我在想这个问题。为什么要回国呢？我感到很难回答。在我，那只是一种说不清的感觉——好像有一个承诺要完成。

1992 年 8 月，我从冬天的悉尼回到夏末的北京，当老朋友见到我的时候，几乎都相当惊讶地问同一个问题："你怎么回来了?"开始我只是应付。后来这个问题问多了，我便不自觉地开始理性地思考其中的答案。作为国家公派人员，按时回国自然是理所应当，不过这确实不是我回国的最主要原因。当朋友们不断地提问的时候，我头脑中常常会回想起从小学到大学教过我的老师们。

扪心自问，自己如果有一点本事的话，绝不敢认为主要是自己奋斗的结果。我一直认为我能有今天，那些教过我的老师们起了决定性的作用。

我的小学班主任李秀云老师教了我四年的时间。那时中国尚在"文革"时期。带领我们这些小孩子"批林批孔"，自然是必需的活动。但难能可贵的是，在"文革"的环境下，对于我们的课程学习，她一直紧抓不放。在我们升入四年级以后，每次考完试，她都会用红纸把我们的成绩公布在教室的墙上。在成绩单的上面，是"比学赶帮超"几个大字。以此来督促我们好好学习。这让我初步懂得了人应该守“本分”。特别值得一提的是，她当时要求我们这些学习好的同学要定点地帮助学习不太好的同学。这一做法在尚处童年的我心中，种下了互帮互爱的种子。由于经常给同学讲解，一个意外的效果是培养了我较强的表达能力。以至于我的大学老师后来评价我道：“只要是你明白的事情，你总能给别人讲清楚。你天生是做老师的材料。”

我的中学最后一个班主任彭延新老师，在我的头脑中印下了基本的做人做事的原则和方法——尽管我当时还不能完全理解。在他一年的反复教育下，我开始养成出了问题不去抱怨而是从自己的身上找原因的习惯；他培养了我面对困难，不消极退缩而是积极寻求解决办法的勇气。最为重要的是，我牢记住了他的教导：“你们不是小孩子了，要用自己的理性，管住自己的情绪和欲望。”我的价值观主要是在他当班主任时期明确形成的。

中学时代，另外一个对我影响至深的，是政治课老师李杰。当时他是省特级教师，后来任我们中学的校长。李老师在教学的过程中，非常投入、认真和用心。他上课，从来不鼓励我们把政治课的内容作为教条来死记硬背。而是教我们如何从原理出发，用分析的方式去得出结论。对于那些抽象的哲学内容，他则用各种生活中的事例来帮助我们理解。或许当初他讲的很多内容，在今天看来已经失去了意义；或许他对哲学的理解，在哲学家的眼里还非常初级，但是，他让我初步体会到了分析复杂社会现象的方法，掌握了基本的辩证法原则，尤为重要的是引起了我对哲学的兴趣。为我日后超越自然科学思维方式的局限，深入学习和理解社会科学的知识，提高对社会问题的分析理解能力，打下了一个极为重要的基础。

在大学，身材不高、湖北籍的英语老师萧家琛对我们要求严格而不苛求，堂堂课上要考试，但是期中和期末的考试却从来不难为我们；萧老师的严厉，让许多同学在每次上课之前都感到相当紧张。18 岁上下的我们，正处于浮躁期，他在课堂上放下正常的教学内容不谈，来教训我们 20 分钟是经常发生的事情。给我影响最深的，是他一段曾引起我们哄堂大笑的话："学习只有一条路，那就是下苦工夫。不像生孩子，还有无痛分娩法。"为了在课堂上能让我们听到原声录音磁带，他几乎每堂课都要用自行车驮来一个笨重的大录音机。他背着将近有他半人高的大录音机走进教室的形象，永远地留在了我的记忆中。他不仅帮我们打下了一个良好的英文基础，而且身体力行地给我们诠释了什么是敬业。在 2004 年给母校捐款 1 000 万元的邓锋，当时和我在一个英语班。读硕士研究生的时候，他曾感慨地对我说过："我现在能有这点儿英语水平，全靠当初在萧老师的高压下打下的基础。"

刚刚从军校转业过来的基础物理课老师高炳坤，多数时间都会背着"小军挎"，身着旧军装来到教室。他的身体不好，讲课经常虚汗淋漓，却把物理原理讲得深入浅出，我认为已经达到了大师级水平。他的一句名言我至今记忆犹新，并奉为经典："世界上任何问题，都是有解的。只是有的时候，那个'解'的形式，或许你不太喜欢。"2001 年，我们入学 20 周年。回到清华，我又见到了高炳坤老师。我有些好奇地问他，他是如何能够把课讲得那么好。我以为他是受过"高人"的指点。他平实地告诉我："我无非是多下了工夫而已，没有什么诀窍。讲了这么多年课，但是我每次备课还都很耗神。"

这些老师在教我的时候，中国或者还在"文革"当中，或者还没有真正进入市场经济。我认为他们培养我们，决不仅仅是为了提职或奖金等个人目的。"文革"当中不存在这些问题，"文革"后为了这些，他们也不必如此卖命。他们完全可以找到"投入产出比"更高的方式达到那些功利的目的。

他们用语言、用行动、用心血在教我们做人，在传授知识。我知道在自己的身上，留有他们的心血和期望。我现在如果还拥有一些"价值"的话，那也不完全是属于我个人的财产。因此我无法安心地长期留在异国他乡。

记得在悉尼大学的时候，我们系有一个从马来西亚来的华裔留学生。一次他好奇地问我，为什么大陆来的留学生都不打算回去。我告诉他，因为中国现在的情况不太好，问题挺多。他反问道："那不是正需要你们回去吗?”面对他这十分简单而清晰明了的推理逻辑，我竟无言以对。透过他那双清澈明亮的眼睛，我仿佛看到了半个多世纪前，在中国硝烟四起的抗日战场上，南洋归侨青年出生入死的身影。那个时候国家的情况，从任何角度来讲，都应该比现在我们面对的要糟糕很多。

对这个国家而言，我清楚自己渺小得还比不上沧海一粟。但是这个国家对于我个人来讲，却几乎是自己现世生命意义的全部。

我决定回国做些力所能及的事情，并不是以天下为己任的使命感的驱使，而只是因为希望对自己的灵魂负责，才做出的一种选择。因此，这个选择与回国后工作上将会发生什么情况、得到什么样的回报没有太大关系。

1993 年 1 月 3 日晚，做完了论文答辩的最后的准备，我到学校图书馆阅览室浏览报纸。碰巧在当日的《人民日报》上，看到了一篇我爷爷的学生们写的纪念他的文章。20 世纪 30 年代前后，为了国家，他做了自己能做的一切。第二天，我通过清华大学博士论文答辩。3 月毕业，就职于一个只有 60 个员工、为海军做雷达的国防企业——因为我的专业是雷达信号处理。就这样，我平淡地开始了自己的职业生涯。

其后的岁月，我的绝大部分时间也并不光彩夺目，有时甚至相当落魄。即使在我的小狗都沾我的光上了电视的时候，我依然住在一个租来的、没有任何装修的、位于北京海淀区上地开发区内的单元房中。那时候，我的积蓄还不能够支付上地一个普通单元房的首付款。但是我确实从来没有反问过自己，当初是否应该回来。

我相信，人这一辈子，尽管不必超凡脱俗，但是心中应该拥有一些，哪怕只是一个，确实是超越个人、超越功利、不带先决条件、不可改变、不计代价、必须兑现的承诺。否则，生活纵使充满阳光雨露，人生哪怕历尽沧海桑田，生命终究似无根浮萍，如一缕轻烟，随波逐流，过于轻飘。

打造出色团队

团队建设之三：共同进步

我刚刚到任的时候，我们部门的状态是无法完成我们承担的任务的。当时首要的一个问题便是招募人员。在这方面我原来没有任何经验。在惠州的集团公司工作的时候，我带领的队伍是早就组建好的。如果需要人，集团公司会安排招聘，根本不需要我自己操心。而现在不同了，我必须自己主动想办法。刘晨晖便来教我如何借助集团人力资源部来找我们需要的人。

我们从集团拿到不少简历，但通常是别的部门挑剩下的。看到这种情况，我便和集团人力资源部联系要求直接参加他们的招聘活动。人力资源部非常热情。在接下来一年左右的时间里，我几乎参加了集团人力资源部组织的所有招聘活动。我成了集团内业务部门参加招聘活动的最高级别的管理人员，尽管当时我的级别其实很低。我当时很自然地认为，招人是我这个总经理必须亲自参与的事情。

不过，我最得力的一个员工实际上是“捡来”的。4 月初，我部门的员工李建邺问我：“咱们还需要人吗?”我说当然需要。他告诉我，有一个哈尔滨工程大学毕业的硕士生刘晓炜，分配到船舶总公司船舶系统工程部，正在等待进京名额，现在暂时住在他的宿舍中。刘晓炜被李建邺请到公司，我和他简单地谈过后感觉不错，便聘用了他。后来发生的一切证明，这是我在做掌上电脑期间，做的最重要的决定之一。

由于我们这个团队绝大部分人都很年轻，缺少相关的经验，而又要去做相当困难的事情，我不得不花大量的精力，用各种方式，来培养年轻的员工。这与我在惠州工作时候的情况截然不同。我在这段时间里培养员工的本钱，大都来自我在惠州的集团公司工作的经历，来自李平、谭自强、两任总经理、总工程师和周博士等当初对我的帮助和培养。

从一开始，我就发现这个团队缺少信心、士气低落。也难怪，不论是从联想技术中心，还是从联想程控机事业部过来的人，他们原来部门的结局都不好。在事业上大家是受到过挫折的。而新来的人，基本上都是刚毕业的学生，没有什么工作经验。再加上我们远离 QDI 总部，工资待遇也不高，大家感到我们这批人以及做的事情不受领导重视。

为了尽快改变局面，我首先为部门做了一个初步的规划。规划的题目是“追求卓越”。当时我还不熟悉“理念”、“愿景”等带着洋味儿的管理名词。我明确提出要在两年内，使得我们部门研制的产品达到国际一流水平。我当时对大家承诺，只要大家真心努力，我一定帮助大家成为优秀的人才。为了使大家相信我不是信口开河，我在不同的场合反复给大家介绍我过去工作的经验——我们当初产品如何出口美国，如何与东芝一较高下。

同时，我也给大家反复讲了我自己的一个非常深的感受：不论是什么事情，既然做了，就应该认真地做好，这样你一定会有收获，也才对得起自己。否则，岂不是在浪费自己的生命？与其混日子，还不如去找一个自己喜欢的工作去做。我们每一个人的生命，难道不就是由一分一秒构成的吗？我明确地告诉大家，我可以接受任何一个人的辞职，但决不允许一个员工拿着工资、满腹牢骚、敷衍工作的情况发生。因为这对员工自己、对同事、对公司都是极为不负责任的，也有悖于基本的职业道德。

当然，仅仅靠说教还远远不能真正改变局面。士气是要靠自己的成绩来激发的。所以我花了更多的时间，帮助大家迅速地展开和推进我们每一部分的工作。从做开发计划开始，到寻找器件、解决结构设计人员问题、寻求合作厂商的支持、规范开发管理、建立管理机制等等。

在建立管理机制方面，我制定了周报和每周例会的制度。我刚来的时候，技术人员是要包打天下的，不仅做设计，还要自己骑着自行车到中关村买器件，自己布印刷电路板。为了提高效率，我们专门招聘了实验室管理和印刷电路板布线的人员，以便让开发人员的精力能够更集中在自己的开发工作上。同时，我们补充了一些必要的开发设备，而且我要求大家买质量最好的。结果他们买来了一千多元一把的电烙铁。这使得他们原来的同事看到后非常羡慕他们，说我们的员工有了一个懂行的领导。

情况很快有了一些变化。大家开始自觉地加班，并经常开会讨论问题。因为我们和工业投资公司共享会议室，所以我们的变化很快就被曹老师发现了。1998 年 3 月份，有一次曹老师碰到我时说："你还真有点儿本事，这么快大家的精神面貌就变了。"我来到这里以前，工业投资公司的员工看到我们这个部门的人天天不声不响，好像死水一潭，认为这帮人不会搞出什么名堂。

到了 7 月初，我们的第一个样机出来了，大家因自己的成绩而备受鼓舞，士气问题基本解决了。

团队建设，固然有很多共性的内容和通用的方法。但是，我们不应该因此就把团队建设当作一件独立于团队日常工作以外的事情来看待；团队建设，不是一劳永逸的事情，因为团队内外部环境都在不停地变化；我们也不可能建设一个万能的团队来应对任何工作，任何团队有长处必有短处，适合创业的团队未必善于守城。团队建设，要立足团队的现实状况，面对团队在实际工作中出现的问题，以完成团队的核心工作目标为导向，融入团队的日常工作中。这样才能取得实际的效果，才能实现团队建设的目的：完成团队承担的任务。

改变精神面貌有时候可以很快，但是提高能力却是一个长期的过程。当然，建立部门文化和共识，彼此能够默契配合，就更难了。

为了帮助大家尽快提高，我只好花大量的时间关注主要员工的工作细节。发现问题，马上给他们帮助和指导。幸好我的部门最大的时候也不过才有五十名员工。在这个过程中，我在惠州那段时间的经验，起了重要的作用；而我的精力消耗也非常之大。那段时间，除了睡觉，我想的几乎全是工作上的事情。员工说我的耐心好，而且奇怪为什么他们心里想的一些事情我都能猜到。我的朋友看到我帮助员工分析问题的情景，说我挺像幼儿园阿姨。

在每周一次的例会上，我会把本周部门内发生的有典型意义的事情拿出来，给大家分析，从现象到原理，从特殊情况推广到一般规律，层层剥离。这样做是希望大家不只要知其然，还要知其所以然，也要学会一些一般性的分析方法。许多问题，我会不断地用不同的事例，从不同的角度来反复地给大家讲解。可能是给大家说得都有点儿烦了，有人说我是在“布道”。

这种结合工作中真实发生的问题的讲解，针对性好，而且实时性强。用开玩笑的话来讲，就是我一定要抓“作案现场”。否则，一旦时过境迁，大家不仅对事实的认定会有很大的差异，而且也难以获得感同身受的体验。

当然，这种培训讲解方式，对于管理者提出了比较高的要求。因为实际工作中发生的事情多种多样，要想分析清楚，你必须有广泛的管理经验和丰富的相关知识，如心理学等。为此，我不得不花很多时间去咀嚼反思过去的工作经验，学习和琢磨管理中的问题及有关的专业知识，也包括其他人的经验教训。这是一项颇为耗费心血的工作。在这个过程中，从中学开始就培养起来的唯物主义哲学的分析能力，给了我很大的帮助。它使得我能够由特殊案例看到一般性规律，透过现象去分析本质，并且可以系统全面地解剖问题。这种结合现实一起来总结提高的做法，对于大家也包括我自己的成长，起到了比较好的作用。

在给大家分析实践中出现问题的原因的过程中，我逐步发现了大家，也包括我自己，在对外部世界的认知过程中存在的一些共同的问题。几经总结提炼，我写了一篇短文《认知模式的影响》发表在《IT经理世界》上面。有一位曾经在 IT 行业叱咤风云的朋友看过后，不以为然，她认为我有卖弄的嫌疑；也有不认识的读者，给我发来电子邮件，说我这篇文章就好像是专门针对他遇到的问题写的一样，对他帮助很大。

认知模式的影响

一个人的能力，或者用时髦的话来讲，一个人的素质，是由多个方面构成的。以前社会上流行用“智商”来衡量人的能力，后来又流行“情商”。但是这依然不是全部。在近几年的工作经历中，我感受较深的还有另外一些因素，其中比较突出的是一个人的心理认知模式。

在近两年的工作中，通过不断地分析我的员工和我自己出现的各种问题的内在原因，我发现很多情况下我们没能很好地完成工作，并不是大家的智商不高，也不是专业知识不够，当然更不是我们不想做好工作。问题经常出现在我们对外在世界的认识模式上，即大家在分析处理问题时，心理反应过程有缺陷。其中比较典型的有下面几种情况。

1. 分析与经验。随着人阅历的增加，我们头脑中的经验会不断地丰富。这其中有感性的，也有通过我们大脑分析抽象出的间接理性经验。经验的丰富是件好事，但是经验永远是相对的、有条件的。而且经验在我们的头脑中，其准确性是有时间性磨损的。面对新的情况，经验——不论它曾经被证明是多么的正确，应该也只能作为参考。但不幸的是，我们常常在不知不觉中，将经验变成了绝对真理，或者是判据。在面对新问题的时候，只是简单地通过将新的问题与已有的经验相比较去做判断，甚至常常在一点远非完整的信息基础上，便自信地根据经验推论出了自认为真实客观的结论。而不是通过对客观现实的详细了解，结合过去的经验进行系统深入的分析，从而把握事物的客观真实本质。更坏的情况是，当新的问题与我们原有的经验发生冲突时，出于自我意识等复杂的心理原因，我们会不自觉地通过曲解现实来适应自己的经验。这样我们不仅没有根据新的情况去修正我们过去的经验，反而逐步在我们的头脑中建立了一个偏离现实世界的虚幻世界。一个人能否保持活力和创造力，不断地适应新的环境和挑战，非常关键的一点是在认识世界时，如何正确地使用自己的经验和分析问题的能力——是将经验作为真理，作为判断的主要依据，还是将它作为参考协助我们的分析，并不断地修正我们的经验？成功经验多的人尤其要小心出现这方面的失误。

2. 实际问题与边界条件。我们做任何事情都是在一定的边界条件下进行的，包括资源和时间等。经历多了之后，特别是困难遇到多了之后，我们会不知不觉地养成一个习惯：遇到问题，先去想边界条件容许我们做什么和怎么做，而不是先去客观地分析需要我们解决的问题其实质是什么，客观上应该做什么，然后再结合边界条件决定实际如何做，乃至是否需要争取和创造新的边界条件，从而使问题得到更好的解决。从边界条件出发思考问题，你可能会不自觉地排除许多本来存在的可能；从问题本身出发开始思考，你会对现实有更深刻和全面的了解，看到更多的机遇，做到别人认为不可能的事情。一个人对于企业和社会的价值，更多地在于你能否超越边界条件的限制，发现新的可能，并将其变为现实，而不是拘泥于现实条件的限制，做些修修补补的事情。“有条件要上，没有条件创造条件也要上”的气魄，正是以从问题出发来进行思考为基础的，这也是一个人的激情和创造力的理性基础。

3. 应急措施与系统调整。我的一个很好的合作伙伴，曾经认真地对我讲：“你的员工确实能力很强，也很能干。不论出什么样的紧急情况，他们都能很快地处理解决。可是你们为什么总是不断地出不应该出的问题呢?”总结下来，原因其实很简单。每当我们出了问题后，我们会全力去应急，一旦问题解决，便万事大吉，甚至还挺得意：“看我本事多大，什么难题我都能处理”，而没有从我们自身的工作方式、业务流程设计等多个角度去全面分析问题产生的原因，找出从系统的角度做出改变的解决办法，从而不断减少我们工作的漏洞，使我们的工作更加严谨。出现问题不做深刻系统性的反思，不采取相应的行动调整系统，那么不论我们有多丰富的经历，也只是一个量的积累，不会发生“更上一层楼”的本质性变化。而企业整体能力的不断提升是由本质性转变来实现的。其实，这个道理对于我们每个人的成长和进步也是一样的。

4. 对未来的预期和现实的行动。我们的很多现实行为，常常会受到我们对未来可能结果预期的影响或左右。当预感到未来的结果可能不理想的时候，我们常常会不自觉地降低我们在当前工作中的努力程度。

如果不理想的结果确实发生了，我们或许还会夸口道："我当初就知道是这样！"不过事情或许完全存在另外一种可能——如果你当初没有受到对未来预期的负面影响，而在工作中非常努力和投入，结果很可能是另外一个样子。不要聪明到只相信自己对未来的猜测，不相信自己的努力对未来的影响。对未来我们必须进行预测，"没有远虑，必有近忧"。可是，不论我们的预期如何，既然决定投入，就要不遗余力。否则，我们的失败可能只是因为我们在关键时刻没有再咬一下牙。即使我们努力后依然失败了，我们至少没有遗憾。也只有这样，我们才有可能得到真实的经验教训。

5. 直观反映和系统分析。没有经过严格系统思维训练的人，对于周围发生的事情，常常只是根据自己的直观反映去认识。在工作中，我们需要解决的问题是多方面的，可是人的直观反映，通常只是对那些非常突出的、自己感兴趣的，或者是与自己已有经验发生关联的事件产生关注。这样我们通常注意到的是那些"急"的，我们认为重要的，或我们"熟悉"的"显性"事情，而漏掉很多事实上"重要"的或"潜性"的事件或问题，从而使我们的工作经常性陷入被动。要避免这一情况，就要学会持续不断地对你主管的业务和团队，做全面、综合和系统性的分析，而非只是依赖于自己的直观反映；不仅及时处理那些"紧急"和"显性"的问题，"重要"和"潜性"的事情也会得到应有的关注，从而保证你的工作和事业能够持续健康发展。企业存在问题是必然的，并不可怕，可怕的是我们不知道有哪些问题。这或许就是国内一个著名公司总裁不厌其烦地强调"自我批判"的原因之一。不断全面发现问题的工作是难以用流程规范的，更多的是需要你自觉和持续的心力投入。

认知模式，可以说是能力，但更准确地讲是我们对外部客观世界的心理反应方式。能力会随着实际经验的增加而不断提高，认知模式却未必，甚至会由于经验而变得更加不科学。建立科学的认知模式，不是一个自然的经历，而是一个自觉的过程，需要长期的系统培养和训练。我们要改变已经习以为常的习惯，包括那些已经沉淀在我们潜意识中的秉性。我们过去的经历，随着时间的流逝，有些会消失，而有些则进入了我们的潜意识。潜意识会在不知不觉中影响着我们的行为，使得我们不自觉地偏离理性和科学的思维方式。学会深入细致地审视自己的思维过程，就能够逐步看清自己的潜意识活动和认知模式，从而使自己的思维方式，更具有理性、科学性和可控性。这是我们建立科学的认知模式的一个基本的训练方法。一旦建立起科学的认知模式，你会发现，面对客观世界，你获得了前所未有的自由、主动和和谐。

（编辑后发表于《IT 经理世界》2000 年第 16 期）

为了更好地培养员工，我就是在这个时候开始，逐步养成了把工作中的体验总结成文字的习惯。后来发现这是一个对自己和别人都非常有价值的做法。

在例会上分析问题的这个习惯，我一直坚持到我离开这个部门。我顽强“布道”的努力，逐步出现了效果。不论是集团的一些管理人员还是合作伙伴，在半年多以后多次向我反映，他们一到我们部门就能感到有“一阵清风拂面”的爽快，大家在“用心”地工作，而且做事的风格逐步一致起来。

两年后我和大家分别时，负责生产采购管理的白宇轩遗憾地说：“每周一次的免费培训再也没有了。”她曾经告诉我，她用了一年左右的时间，才真正听懂我讲话的含义。刘晓炜的副手移民到了加拿大之后，在给我的电子邮件中告诉我，到当时为止，对他影响最大的有两个人，其中一个就是我。在与分别后辞职去了朗讯的一位软件工程师吃饭时，他有些眷恋地说：“原来咱们在一起的时候，每天上班进办公室，我都有一种干事的兴奋。后来咱们部门分到了联想电脑那边，换了环境，这种感觉就没有了。”

大家都挺高兴的事情还有，这两年中，在联想集团组织的许多文体比赛中，我们这个小部门多次获奖。

我想，自己的努力，哪怕对别人有一点的帮助，也是值得的。在这方面，恐怕不应该用商业化的“投资回报”观点来衡量。在这两年中，在培养员工上面，大概消耗了我50%的精力。

后来，我把在带队伍的过程中如何面对员工出现的问题，作了一个总结。

员工的问题

人非圣贤，孰能无过？每个人都会有自己的问题。当然这既不应该成为自己不求上进的借口，也不应该构成我们对员工无原则使用和评价的原因。

员工的问题常常会通过其他人反映到主管那里。员工之间的各种反映，通常可以分为如下几类：真实客观的情况；由于不了解情况等原因而产生的误解，这种情况并不少见；相互之间的嫉妒和排斥——在同级别、同资历或者同年龄的员工中，最容易发生这种情况。恶意攻击和中伤别人的员工必须要严肃处理。对于员工之间的反映，一定要慎重处理。即使反映情况的是你十分信任的员工，或者许多员工有同样的反映，主管都不应该不加核实地轻信。这其中一个基本原则是，除非是你认为可以置之不理、实在是无关痛痒并且不影响你对该员工的评价的问题，否则一定要亲自与有关的当事人进行多方核实甚至在工作中实际考察，必要时让当事人面对面地交流看法。这样会避免由各种原因引起的虚假反映，保证对当事人的公正评价，同时也可以使部门员工之间公平公正相处，养成好的风气。

当员工的问题经核查属实后，要根据具体的情况选择不同的处理方式。通常可以从其产生的原因和对工作的影响两个方面来分析。

从员工的自身来看，其问题产生的原因会有多种可能。首先可能是由于秉性或习惯造成的。俗话讲，江山易改本性难移。如果一个人的秉性严重影响了他履行自己的职责的话，可能就不是用批评来解决问题了，而是要认真考虑如何重新安排该员工的工作。试图很快改变员工的秉性，通常难以有好的效果。如果你面对的是一个有一定阅历的成年员工，任何企图改变其秉性的想法可能都是愚蠢的。当然，如果一个人能够改变自己的秉性，通常他会成为一个相当出类拔萃的人。习惯的改变会相对容易，并且也应该让员工清楚地认识到自己不适应其承担的职责的习惯，并不断努力地改进。

问题如果产生于员工的人生理念和价值观的话，如果对工作影响不是太大，则应该及时给员工指出，并通过平时的工作，不断施加影响。至少要让员工明确地知道自己的价值观与企业的理念是有冲突的，而且已经对工作造成一定影响，并可能对自己未来在企业内的发展构成障碍。这样基本可以将问题控制在可以接受的程度内。如果问题严重影响了工作，恐怕在严肃批评之外，也要考虑如何重新安排工作的问题。价值观的形成是长期熏陶的结果，改变也绝非是一朝一夕的事情。这也是为什么众多的管理者在使用员工时，首先要从其人品方面进行考察。

问题还可能产生于员工的阅历。不同的人生阅历会产生对同样事物的不同看法；阅历不够，境界和视野便受局限，有些事情也自然很难处理好。如果由此产生的问题影响不太大，作为主管，最好能够对其问题有足够的宽容，并创造条件帮助部下逐步弥补自己阅历上的缺陷或不足。阅历是在做事的过程中，在不断地成功和失败的过程中积累丰富起来的。从本质上讲，这一过程别人是无法代替的，而且在这一过程中出现问题也是必然的。但是及时有效的指导，可以帮助员工少走弯路。如果问题很严重，说明该员工目前还不能完全胜任自己的工作，需要对其责任和权力做适当调整。可能将其部分责任由他人分担即可避免问题再次发生，而不一定非要将其调离岗位。

另外两个比较简单的原因是意识的盲区和能力不够。解决的方式是显而易见的。当然，实际中发生的问题，可能比上面做的分析复杂得多。比如，员工的问题并不是由单一的原因引起的，而是由性格、阅历等多种缺欠造成的；问题对工作的影响，可能目前不严重，却有恶性的潜在影响，如对企业文化和团队建设的破坏；或者问题对工作的影响尽管较大，但是可以通过其他外界条件的调整而基本得以消除。所以，在处理问题之前，要结合员工和工作的具体情况，做全面细致的分析。

对员工的问题作仔细分析之后，不论你决定采取什么样的措施，都需要与员工就其问题谈话。谈话时，应该首先将出现的问题本身谈清楚，即使对方有不同的看法。然后将问题对员工个人的发展和公司的工作已经造成的，和未来可能造成的影响及后果分析清楚。这时，应该注意一定要将两方面的影响结合在一起谈。事实上，任何对公司工作造成影响的问题，必然会影响这个员工的自身发展。这样员工会清楚地知道，之所以要求他做出改进，不是出于某个人的个人喜好，而是出于对他和公司负责。至于问题如何改进解决，则需要首先帮助他分析问题产生的原因。找到原因，解决方法也就自然有了。必要时，还要明确地提出改进的计划和时间表。有许多问题是不能无限期地拖下去的，特别是对承担了较大责任的员工，否则就要考虑调动其工作了。对于这类问题，一般要多次谈话。如果员工没有按要求改进，则谈话的力度需要不断加大。这样，即使最后不得已采取极端措施，也让当事者清楚为什么会走到这一步。

在整个谈话过程中容易出的问题是：主管碍于面子等原因，没能清楚地将自己的意思传达给有问题的员工，使得谈话没有达到应有的效果；其次，容易仅从工作的角度去谈问题，而忽视了问题对员工自身发展的影响，让员工产生不必要的抵触情绪；另外，就是只谈问题和影响，而没有谈问题的产生的原因及改进的建议，变成了单纯的上级对下级的批评。不论员工出现的问题性质和影响如何，谈话都应该从员工发展和公司工作的角度出发，以帮助员工提高、进而改进公司的工作为目的。以人为本，不应该只是一个口号，或者只体现在待遇上。因为我们要处理的都是会影响工作的问题，它必然与其他的员工有某种关系。所以如果可能的话，尽量在有多人参加的内部会议上公开地谈这些问题。这样不仅可以培养员工的心理承受能力，使得员工变得更加理性，也会有助于消除问题对其他员工造成的影响，并对其他员工起借鉴和帮助作用。公开的工作方式可以从处理简单的问题开始，逐步深入。事实上，我们要处理的问题，很少有不能公开的，因为我们不会关心与工作无关的个人隐私。

在处理员工出现的问题时，要避免出现两个极端。一个是员工一有问题，不分析原因，也不考虑轻重缓急，就批评对方。搞得大家神经紧张，不知所措，终日惶惶不安。如前面分析的，员工有些问题是不需要处理的，有些问题可能需要一段时间和条件才能解决，急于解决反倒不会有好的效果。另一个极端是由于害怕发生冲突等原因，对问题的现实或潜在的影响不做深入的分析，认为是小事而不闻不问。结果有些员工的问题不断发展，最后大家都不得不面对这些问题时，只能对员工采取极端措施了。而员工可能还不服气或不理解。其他的员工可能也因此看不懂主管的做事原则，甚至导致部门没有明确的是非标准，职业道德体系混乱。严格管理，不是不分青红皂白的吹毛求疵；宽松宽容，也不是没有原则和是非的无边纵容。

出现问题并不可怕，也是必然的，关键在于我们如何对待。我们每一个人都有自己的问题。那些真正有培养前途的员工，在成大器之前，存在的问题可能比其他员工还要多、还要严重。我们每一个人正是在解决自己问题的过程中不断进步的。团队整体的提高，也正是源于每个员工的不断进步。

撑起一片天

团队建设之四：自觉放权

> 知识和经验可以有效地传授，但是人的能力在根本上并不是别人教出来的，而是靠自己在实战中打出来的。

所以，我一方面在大家工作关键细节方面的改进上投入很多精力，另一方面非常注意如何放权，给大家一个足够的空间自己去发挥，去在实战中提高。

如果说4年前我在与TRW合作时候的放权，更多的是迫不得已的话；那么这次放权，却是我为了建立一个优秀团队，为了把这个团队带到超越对手的高度，而采取的一个自觉行动。

一个管理者，应该给部门的员工提供一个舞台，撑起一片天地。在这个空间内，员工不仅能把已经具有的能力发挥出来，而且还可以不断地遇到新的挑战、激发新的潜力，从而也使得整个部门能够不断地得到提升。能够根据情况做好放权，将会使一个团队充满活力，在有惊无险中，不断地超越自己。“无惊无险”不应该成为一个管理者追求的目标，因为那样一个部门，其员工的潜力没有被充分挖掘出来，也不会不断地向新的高度去冲击，去为企业和社会创造更新更高的价值，从而也难以实现员工自身新的价值。

在放手让员工充分发挥这方面，副总经理刘晨晖起了很大的作用。他生性乐观，敢闯敢干；而且上山下乡过，年龄已近50岁，具有长者所特有的宽厚，非常愿意看到年轻的员工能够迅速地成长起来。每当员工遇到压力或困难，畏缩不前的时候，他常说的一句话就是：“你怕什么，干不好还干不坏吗?”当一个管理者对员工说出这样的话的时候，员工通常会感到这是一种莫大的鼓励和信任。他只会更加负责任地去面对挑战，而不会真的不在乎做好做坏。

在这样一个既有很大工作压力，同时又有宽松气氛的环境中，年轻的员工迅速地成长了起来。

白宇轩是首钢出来的大专毕业生，开始的时候只是安排她做些行政方面的工作，兼顾一下印刷电路板的布线。刚来两天，她就因为一件小事被一位做硬件的技术人员给气哭了，准备辞职回首钢。我只好来劝慰她留下来。在不到半年的时间里，她全面地承担起了产品元器件采购、外包生产厂的管理等工作。工作中不论出现什么困难，都敢闯敢干，从来不退缩抱怨。后来她从联想辞职来到神州数码，从后台管理到前台营销，换了几个岗位，表现一直非常出色。

陈静是对外经济贸易大学学财会的，开始的时候基本不懂得IT技术和产品。半年多的时间里，他便成为了产品策划和对外合作的负责人。后来他也来到神州数码，集团领导曾要求把他调到自己的身边工作。

成长最快的要数刘晓炜，他在非常短的时间里成为了我们部门的顶梁柱。他和小白主要是靠自己打出来的。而在陈静的身上，我花了比较多的精力。

在回顾这段经历的时候，白宇轩有一次感慨地说："谢总，现在回想起来，当初你为我们撑起的'天'差一点被我们给捅塌了。"我感到满意的正是毕竟"天"没有塌下来。如果禁止大家去捅那个"天"，大家如何成长？如何能知道自己的不足？如何能找到新的努力方向？我们何以能每一天都有进步？我在这方面的体会，基本都反映在了《如何放权》这篇短文中了。这是我写的第一篇关于管理的供他人阅读的文字。这特别要感谢《IT 经理世界》当时的编辑石俊。是在她的鼓励下，我才开始用可供他人阅读的文字来整理自己在管理上的收获的。这比只供自己使用，难度大了很多。

如何放权

任何一个公司和一个部门，在其发展的过程中，都不可避免地会面临放权的问题。LG 的总裁在其《道路只有一条》的书中，主要讨论介绍了在 LG 的发展过程中的放权过程。简而言之，放权是企业和部门发展的必要过程。

在放权的开始，放权者首先遇到的挑战是能否克服自身的障碍。

我曾遇到过一些管理者，他们将很多权力集中在自己的手中，忙得一塌糊涂，还耽误了很多事情。问他们原因，并非是不想放权——当然也有许多贪权者——而常常是"找不到称职的人"。在一个高速发展的社会和行业中，我们面临的常常是全新的问题，确实很难找到"称职"的人。何况真正"称职"的人，通常也是从不"称职"开始逐步变得"称职"的。下放权力的前提之一，不应该看是否有"称职"的候选人，而应该看你的部下是否具有潜力和基础成为“称职”的责任承担者。

放权，必然意味着自己直接掌握的权力的减少，至少在开始时通常是这样。而且你会发现在某些场合，你由主角变成了配角——更糟的是主角竟然是你的部下！学会在适当的场合做你部下的配角，是你决定放权之前必须进行的一项心理训练。

在放权的过程中，特别是在开始的时候，你会遇到许多原来不存在的新问题。其他的部下会出于各种客观的和主观的原因，向你反映真实的或虚构的问题。接受权力的部下，表现也未必让你满意，可能还经常惹出些如果你亲自管理完全可以避免的麻烦。甚至有些其他下属，会故意给他出难题。这一切通常会导致你部门的近期表现没有因为放权而提高，相反是降低了。面对放权引起的这些麻烦，你如何决定？如何面对？如果继续向前，你该做些什么来改变这个状况？

倒退显然是不可取的。向前则要解决你以前不曾面对过的问题。度过这段不稳定期，你的部门将会进入一个新的发展阶段。

首先，你要替你的部下承担责任或不好的后果，而不是倒过来。如果将责任和权力从一开始就同时下放的话，你的部下第一次面对这么大的责任，他很难用一个比较平静的心态来适应新的工作。如果你愿意替他承担（哪怕是一部分）责任的话，他可能会更有信心地去面对新的挑战，也会更快地完成从不“称职”到“称职”的过程，当然也会更快地替你承担与他的权力相适应的责任。

对于你选择的部下，你要能够全面和发展地评价他。没有承担责任的时候，他的一些弱点可能没有机会暴露在大庭广众之下，现在他的许多毛病都被“压”出来了，甚至是一览无疑。但这并不意味着他没有了你原来看到的那些优点，更不意味着他无力改正自己的弱点。这时他更需要你多一点宽容和理解——这当然不容易，因为他坏了你的事。可谁让你是他的上级而又放权给他呢？不要指望你的部下马上就能适应新的定位，也不能要求你的部下马上就能改掉自己的毛病——有些毛病即使别人给他指出后，他可能一时还难以理解。除了权力，再给他一些适应新的角色和在实践中学习需要的能力和知识的时间——包括从新的角度重新认识自己和周围的同事的时间；在实践中，给他多一点针对性和操作性强的全方位指导（从具体的业务，到心理乃至文化。当然上级对下级的指导应该是持续而且长期的，但在放权的开始，强度要更大）；针对他出现的主要问题，及时地给他建设性的批评和建议——千万不要抱怨和指责，不要没有重点地把他出现的一些无关大局的问题都提给他，那样会使他不知所措，甚至丧失信心；对于他的进步和成绩，适当地给予鼓励，帮助他建立信心——但也要小心别让他产生飘飘然的幻觉，而失去对自己的客观认识。这样经过一段时间后，用一句俗话来讲，他可能会“给你一个惊喜”——如果你对人的判断力不是很差，你的运气也不是太坏的话。

如果你的其他部下不理解你的做法（也许实际上是不服气或出于其他不那么好的心理）——自然在工作中会有一些言语和行动上的反应。那你还要想办法替接受你放权的部下建立威信——当然这主要靠他自己。但是你的一言一行，特别是你与他有关的言行，都会影响其他部下对他的态度。没有必要替他掩盖什么，只要你能够客观公正全面地评价他的人品、能力和作用就够了。

放权并且取得成功，需要你有一点境界——主动为公司的发展多承担一些风险和责任；愿意为部下的发展，在符合公司利益的基础上，用自己的信誉和能力，替他们撑起一个能够不断发展而且允许他们犯错误的空间——当然不能是太致命的错误。

成功的放权不是放羊——绝不是一个简单推卸或转移责任的过程，不是将你不知道该如何做或不喜欢做的事情，连同责任和风险简单地推给你的部下。然后你只去用结果考核他们。而且在开始放权的时候，你恐怕会遇到比原来还多的麻烦和风险。如果你感到这样做还不如将就现状的话，那你就安心地维持现有局面吧，在未来你可能不会获得更多的机会，也不要过多期望自己有一天会有更大的作为——因为你的能力、修养和境界难以支撑你去做更大的事情。

放权，是一个企业发展的必经之路；是企业管理人才培养的一个十分重要的途径。企业人才的成长，从根本上讲要靠在实践中无数成功与失败的锤炼；放权也是企业员工，特别是管理层，建立共同愿景的一个有效手段。

（编辑后发表在《IT 经理世界》2000 年第 9 期）

脱颖而出

良师益友之三：悟性与用心

刘晓炜算我半个老乡，是大连人。而我是在大连的海边学会说话的。他天资聪颖，悟性极高。在他的试用期内，我便任命他为硬件部的副经理，做于小童的副手。不久，于小童辞职，他便做了经理。

聪明的人往往心胸不够开阔。况且当时他刚刚毕业，几乎没有任何社会阅历。所以，在一年左右的时间内，他在和大家共事的过程中出现了一些矛盾和问题。

他刚刚做部门经理后，引起了部门内个别老员工情绪上的不满。一次刘晓炜找到我，谈到一个在他手下工作的我的清华校友在工作上的一些表现。我听出他对这个员工有点儿没办法，便明确地告诉他："你全权负责这个部门，如果你认为她不合适，可以辞掉她。"因为既然我让他做这个部门的经理，我就必须赋予他用人的权力，否则他无法开展工作。至于在他的权力范围内发生的一些问题，有些是用人的时候我们必须承受的代价。任何一个人，都有其负面的作用，我们应该努力减少这种负面的作用，但是不可能消灭。在管理中，不符合实际地去追求完美，只能导致一事无成。从个人成长的角度来看，犯错误是其走向成熟必不可少的环节。不允许别人犯错误，从根本上讲，是剥夺了他人进步的权利。当然，这中间有个度的把握问题。一个管理者，需要不断地观察团队成员的表现，根据需要做出调整，而不是一劳永逸地相信或否定一个人。

其实我知道，那个员工只是有点情绪和不服气，她也向我抱怨了一些刘晓炜的不是。当时，根据我对刘晓炜个性的认识，我认为我没有办法劝说他，只能授权给他自己处理。由此产生的损失，从部门长远发展来看我可以接受。一个出色的经理，尽管有缺陷，但是其对部门的作用和价值是要显著超过一个表现不错的员工的。随后事情的进展，有点儿出乎我预料，也让我感到欣慰。刘晓炜再也没有提起此事，而且这个员工逐步成了刘晓炜手下的一个骨干。

通过这件事情，刘晓炜的自我学习、自我调整的能力给了我非常深刻的印象。这促使我日后对刘晓炜更加信任、更加放权。

近半年以后，又有在深圳工作的、我过去在惠州时期的同事——负责我们产品结构和模具设计的梁祖光，写给我了一封长达 10 页的信，用特快专递寄给了我。信中许多地方都谈到了刘晓炜的“问题”。其中有两整页，专门谈如何“正确使用”刘晓炜。

梁祖光对刘晓炜的“控告信”摘要

谢总：您好！

…………

关于刘晓炜的使用，我有些想法，不知正确否？

我在电话中与您说过，刘是比较有心计的，表现在：

1. 于小童为正，刘为副时，刘在底下说了于的许多问题。目的希望别人向您反映。现在于已走，刘已为正。

2. 许克明。刘曾当面、电话要我向您反映许的问题。由于许确实有问题，我也就向您反映了。现在许走了。

…………

6. 在设计中，出现电子方面的工作差错，对自己要求不严，能瞒过去，就瞒过去。

总之，刘是有能力，我反映以上问题，只是希望您在用他时，要能控制住，给他的权力要控制在一定的范围，发展到失控就晚了。

…………

梁祖光

1999.12.5

老梁显然并不是无中生有，但是对这些问题的性质和产生原因，我的看法与他有些本质的不同。所以看过老梁的信后，我也只是从侧面去提醒刘晓炜注意一些事情。联想拆分以后，我一个人去了神州数码，刘晓炜成了大家的主心骨。他担心梁祖光在深圳的工作被调整而被公司辞退，特地把他调到北京来工作。

白宇轩在负责生产之后，也多次和我抱怨刘晓炜太小心眼儿，而且“有点儿坏”和“自私”。我几次耐心地劝小白：“你别拿刘晓炜和我来比。实话告诉你，我在他的那个年龄的时候，还不如他呢。你以为我以前就像现在这样‘好’吗?”我这话是真的。我确实认为刘晓炜按年龄来看，很多方面都比我强，包括心胸方面。20多岁的人所特有的内心冲突、外在行为的矛盾等问题，我还记忆犹新。我能够理解刘晓炜和其他的员工在成长过程中出现的各种问题，也要求自己有足够的耐心，尽可能地多给他们一些帮助和在实践中成长的机会，而不是心理上的压力。

人生剧本

1999年，工作不是非常紧张，公司为高层经理安排了一个系列管理培训。在一次培训中，老师讲了心理学上的一个人生剧本理论（我没有查证其出处）。

该理论的大意是，我们从生下来长到18岁，不断接受教育和熏陶，实际是在编写自己的人生剧本；18岁到25岁的经历，是在修改和演练这个剧本；过了25岁，我们就义无反顾地按照这个剧本的安排去完成自己的人生旅程了。老师讲的核心是，人过了25岁基本的东西几乎是无法再改变了。根据我个人的经验和对周围人的观察，这个理论确实有相当高的可信度。不过这个理论恐怕是西方人总结的。基于从本科高年级做政治辅导员开始的做人和工作的经历，我更愿意从中国的文化和价值观的角度，而不仅是从心理学的视点，来看待人的成长历程。

我们成年人常常会被孩子的纯洁和真诚所感动。但是，孩子的这种纯洁和真诚，其实是以幼稚和对社会的无知为前提的，更多的是一种单纯，所以也注定是脆弱的。当我们步入青少年时期，开始接触社会后，曾经非常相似的心灵，就沿着不同的方向走向“成熟”。但是这种“成熟”，却常常与我们少年时代的纯朴本性和价值标准发生冲突。我们整个青年时代，几乎都是在这种冲突中度过的。功名利禄的诱惑、现实生存的压力、尔虞我诈的现实，迫使我们不再浪漫，更无法继续单纯。美好的事物，在现实中显得那么稀少而又得不到应有的承认，特别是在一个处在转型期的社会中。我们感到困惑，但是又必须做出自己的判断和自己的选择。青年时代，注定是一个内心混乱的时代。在我们真正走上社会的时候，我们不得不最终确定自己的选择，以便有一个固定的价值体系作为我们在社会上的行为准则。

每个人的选择不尽相同。有人选择折中，试图将单纯和复杂糅合在一起。结果他们可能面临终生的内心冲突；也有人“豁然开朗”而“重新做人”，放弃曾有的真诚和纯洁，拥有万物之灵性的生命退化成了欲望的奴隶。

当然还有人做了另外的选择。他们面对困惑，面对内心的冲突，面对社会上种种难以理解和接受的现实，试图去找到造成这一切背后真正的原因。这将是一个极为艰难的历程，由青年时代延伸到成年，延伸到他们走上社会后相当长的一段时间。他们内心的混乱，因此也显得比其他人持续得更久。

但是，在社会上经历了成功和失败后，一旦他们通过对人世的感悟而从内心的困境中走了出来，寻找到了他们孜孜以求的人生答案，他们便完成了内在统一人格的塑造，并且恢复了少年时代的纯洁和真诚。这是对纯真辩证的回归。这时的人格和其表现出来的纯洁和真诚，不再是源于无知和幼稚，也不是离群索居的软弱与孤傲和愤世嫉俗的无奈与清高，而是来源于智慧，基于对历史、社会和人生本质的透彻理解，对于现实世界的一种辩证超越而非简单的否定。

因此，这种人格和与之相伴的纯洁和真诚便拥有了无比的顽强。他们在现实中真正能够全身心地投入，因为他们并不挂牵于最终形式上的成败得失，正所谓以出世的心态尽为人一生的职责。他们的这种外在看似矛盾的表现，或许让许多人感到“不合常理”和难以理解。但是正如中国台湾海峡彼岸一位历尽世纪沧桑的百岁老人所言：“当人们发现自己呕心沥血所追求的东西，竟是几片一文不值的破纸时，有的人很颓废，试图从红尘中超脱出去。只有一部分意志坚强的人们，明知道人生到头来不过是一个盒子、两把骨灰，他们仍努力超越自我，也就是忘记自我，忘记肉身。这部分人活得顽强，活得勇敢：或经商，或从政，或为文，明知不可为而为之。他们才是人类的精华。”（由一个朋友转述，未经查证。）

一个人只有建立了内在的统一人格，才有可能使自己外在的行动和表达的思想具有完整的内在一致性。否则，思想即使有闪光之处，也只是一些互不关联甚至自相矛盾的一闪即逝的火花而已。由此而产生的行动，也大都是盲目而混乱的冲动。

面对外在的世界，我们有许多无奈；但是，我们能够也应该担负起对自己灵魂所必须承担的责任。这才是真正意义上的成熟。

对于刘晓炜自身的问题，我一直采用侧面提醒的方式，从来没有用正面乃至高压的手段去批评他。因为我相信他具备聪明和悟性。而且自己悟出的道理，也更深刻。

1998 年 10 月份，我们开始了产品的试生产。由于我们的产品精巧，QDI 生产部门不敢接生产任务，我们便找到了为美国得州仪器和日本夏普生产计算器等产品的南太公司。南太是一家香港公司，工厂设在深圳。

由于只有我有相关的经验，所以一开始我亲自带着刘晓炜他们开始试生产的工作。一个多月以后，南太负责安排我们生产任务的 Robert 好奇地问我："刘晓炜是不是在生产线上干过?"我也奇怪地问他："你为什么这么想？他才刚毕业不久呀。他是学声呐的，与生产制造没有任何关系。""他没有在生产线上干过，怎么会对生产线上的事情这么熟悉？好像比我们都内行。"Robert 反问道。

这就是刘晓炜的聪明和悟性。

12 月的一天，南太的市场负责人 Karene 给我打电话，商讨生产中出现的一些问题，提到刘晓炜的时候她称赞道："晓炜非常出色，是一个用心来做事的人。"

不是每一个人都知道如何"用心"去做事的。

当然，我们的看法并不总是一致。有分歧的时候，他会据理力争。他曾经抓住我不放，就一个问题和我谈了一个多小时才罢休。

我们分开后，刘晓炜领导这支队伍在联想继续工作，他尽了自己最大的努力帮助大家，包括安排好梁祖光和刘晨晖这样的老同志的工作。

在掌上电脑这件事情上，如果说贺志强高瞻远瞩，甘冒风险做出了关键决策的话，刘晓炜则是呕心沥血，在把理想变成现实的过程中，起到了中流砥柱的作用。没有刘晓炜，我们不可能做出当年的成绩。他确实是国内的顶尖人才。他提出的对员工要"严格而不苛求，宽容而不放纵"的原则，成了我日后给员工作培训时必讲的内容。

在关键时刻和关键岗位上，用对关键的人，对于事情的成败，会起到至关重要的作用。这不是对被重用者的偏爱和对其他人的否定，而是对整体利益的尊重。

尽管刘晓炜如此出色，我们之间的配合难得地默契，尽管他事实上是我们部门的顶梁柱，但是因为我们两个人的性格和思维方式过于相似，在我们共事的两年时间里，我并没有让他来做我的副手。因为我不希望我的副手是和我同一个类型的人。那样的话，我们很可能失去平衡，犯灾难性的错误。两年里，我的副手一直是比我们年长很多、性格和我反差很大的刘晨晖。

第四章

独立操练——领衔产品创新（二）

管理风格的改变，是我这段工作经历中最重要的收获之一。其实，这不仅是一种管理风格的改变，它也深深地影响了我整体的处世方式。使自己对自身、对他人乃至对社会的理解，都更深了一层。

奇异的巧合

团队建设之五：沟通与共识

在1998年度的年终总结会上，刘晨晖和一个部门经理都给我提意见，说常常不能很好地理解我对他们的工作安排。此事令我也相当困惑。因为我在工作中与他们的交流是最多的。随后不久发生了一件有趣的事情，引起了我对这个问题的进一步思考。

在我们第一个型号的产品投产以后，我们不断推出新的型号。这时，产品线的管理出现了混乱。一个产品从定位，到研发生产，再到推向市场，不仅要经过一个比较长的时间，而且不同的环节要完成不同的工作。所以，中间会出现沟通、误解、信息丢失等问题。更为严重的是导致最终产品的模样与开始的设定有一些差异，给市场工作带来困难。

我们当时是一个只有30～40人的小规模的部门，并且大家都是缺少经验的年轻人。在这种情况下，如何来解决这个问题，还真的不太容易。为此，我专门召开会议，和大家一起做了深入地分析。经过半个小时的讨论，大家达成了一致。

两天以后，刘晓炜从深圳出差回来，主动来找我，谈的也是这个问题，并且提出了他的建议——与我们在两天前商量的结果完全一样。这样类似的巧合，不止一次。更早的一次，发正在他刚刚担任部门经理的时候。

那时他刚刚毕业，参加工作还不到半年。因为感到他经验不多，我时常会考虑一些他的部门内可能被他疏忽的问题。那天我在一张纸条上写下了五个要请他注意的问题。去找他时，碰巧他在开部门会，我就先坐下来旁听。一个多小时的会议结束后，我把纸条交给他，彼此都笑了。会议上他谈的正是这五个问题，而且问题的次序只有两个与我写的不同。当时他半开玩笑半得意地说："你想的问题被别人也都想到了，是不是特丧气?”

丧气倒是没有。只是一年之后，当出奇的巧合和默契再次出现，而其他部下却感到沟通和理解的困难时，我仔细地回顾了我们之间一年多的合作，分析了我们之间默契的根源，其实原因似乎并不复杂。

1. 用心做事。刘晓炜担任部门经理后，要负责产品的试生产。仅仅和工厂交往了一次后，工厂的负责人就给了他很好的评价。并特别向我反映，他是一个真正用心做事的人。如何才算真心做事，很难用语言来描述和解释，也不能简单地用是否加班加点来衡量。但是，你是否在真正用心做事，你周围的人会心中有数。心如果没有用到，对问题的认识和理解的深度就难说了。靠耍小聪明，对问题常常只能是一知半解。

2. 在同一个参考系内思考问题。他加入我的部门后不久，便能够主动地从全局的角度来看待自己的工作，而不是仅从局部的角度出发。涉世浅的人做到这一点常常并不容易。这样，我们便是在同样的时空范围内，用物理学的语言讲就是我们在用同一个参考系思考问题。基点一样，交流沟通自然不会有根本的冲突。阻碍大家站在同一个层次看问题的主要因素，常常是个人或局部小团体的利益。

3. 就事论事。他尽管刚刚毕业，年轻气盛，工作中难免意气用事，但是，每当真正面对问题的时候，他通常能比较好地做到抛开个人的喜好和情绪，就事论事。这与他能够真正用心做事有很大关系。当双方都在努力不带主观色彩看问题的时候，沟通和共识便有了一个客观的基础。导致一个人做不到就事论事的原因有多种，比如性格的情绪化或固执、过分相信自己的经验、对人对事存在个人偏见、无法拿到桌面上的个人考虑等等。一旦有无法拿到桌面上的考虑，共识基本上就无法用沟通的方法来达成了。而且，这个时候沟通的效果，也与沟通能力和技巧无关。

4. 系统全面辩证的思维方式。可能是学生时代的努力结果，他的思维相当系统和缜密，并有一种独特的在复杂纷纭的环境中，准确地抓住主要矛盾的能力。这是非常难得的一种素养。正是因为有了这种能力和素养，我们的交流常常只需要点出关键的几句话，就能彼此理解对方的用意，而不必做过多的语言上、逻辑上的解释和推演。这种素养的形成，决非是一朝一夕的事情，基础通常是在学生时代打下的。在几年的工作中我发现，在罗列现象时，大家通常没有争论。分歧基本上总是出在对主要矛盾的认定上，而这种认定，常常是无意识的。如果对事物的主要矛盾没有统一的认识，共识又从何谈起？

我与刘晓炜之间发生的默契，可能是一个小概率事件。但是，当人们交流沟通发生问题，而不能达成共识的时候，究其主要原因，通常不外乎是在上述四点中出了问题。当然一个员工如果在上述四点上出了问题，并非是能很快解决的。为了达成共识，可以考虑采用对其工作重新安排等技术手段。职责改变后，心理和素养的适应能力都可能改变，心态也会变化，由此可以使得沟通和达成共识变得容易。

有一个最通常的简单做法，就是将内部的对一项活动的旁观反对者变成活动的实际参与者，由此使其改变立场，达成共识。不过，这样做即使达成了共识，为此而做的工作调整是否合理并且适合他，却要另当别论。如果一个团队经常要通过这种手段来达成共识的话，这个团队恐怕有严重的潜在危机。长期这样做，一方面会在不知不觉中使做事的方式偏离客观规律——例如不恰当的责任分割和由此被扭曲了的不同部门彼此的逻辑关系；另一方面可能导致不称职的人在组织中不断增加，使组织慢慢地变得愈加不健康。最可怕的结果是，这被我们扭曲了的现实会反过来使我们逐步相信，这就是合理、科学的状况和解决问题的正确方式。我们会逐步习惯于仅仅依靠权术来维持共识，而没有意识到如果不有效地控制和改善这种对客观规律的偏离，潜在的风险将演化为更严重的现实危机，甚至导致组织的崩溃。

由于当时我们的部门基本都是年轻人，而且人数也不多，沟通和共识的困难不是很大。当几年以后我管理几百人的公司，并且大家都是成年人的时候，如何达成共识就成为了一个非常艰巨的工作。解决上面四个问题，远比我当初想象的复杂和困难。

广泛合作

团队建设之六：开放的关键

我们的产品交给南太生产后不久，对方提出要求，希望得到完整的硬件设计资料。这明显超出了正常的工作需要。他们以前从来没有生产过这么复杂的产品，显然是想借这个机会学习一下。他们的要求当时被我们的工程师拒绝了。

当我知道了这件事情后，便劝大家："你们想想，在与南太的合作过程中，我们向他们学到了多少有用的东西？他们不是产品厂商，不会和我们有直接的竞争。我们教他们一点事情，有什么不可以？何况，我们的竞争对手真的想要得到这些资料，只要买一台我们的产品，花些时间就可以做到。"

后来，我们在国内，有近 30 家合作伙伴给我们提供各种软件产品。这些合作伙伴基本都是小公司。开始合作的时候，我们的人员经常有些抱怨，认为对方做的东西不行。很多错误还要我们来替他们测试才能发现。我就给他们解释，如果我们全部自己来做，就我们的资源和能力来讲，恐怕还不如人家做得好。尽管我们替人家做一部分产品测试的工作，但是我们的收益还是要远远超过所有的事情都自己包下来的做法。

适应期一过，在后来的合作中，大家相处得一直挺好。我们没有"仗势欺人"，各方在合作中都从对方那里学到了许多有益的东西。在与多方的合作中，整个部门逐步形成了一种开放合作的文化。

刘晨晖是一个很开放的人，在与其他厂商的合作过程中，在建立一个开放的文化方面，他起了很大的作用。他积极联系各个合作伙伴，直接处理了很多双方合作中发生的问题。

开放的必要性，可以说已成为常识。可是在日后的工作中，我还是不断遇到这个问题，而且发现，我们常常指责别人不开放，认为自己没有问题。为此我颇费了一些心思，从自己和周围人出现的问题中，考虑如何能够切合实际地把这个问题讲清楚。2004 年 8 月，在给内部员工做培训时，讲到如何才算“开放”的时候，我总结了三个我认为比较典型的、值得反思的问题，以帮助大家形成开放的心态和文化环境：

1. 当自己非常熟悉，甚至被公认为非常擅长的领域内出现问题的时候，哪怕我们的看法确实是“久经考验”的真理，我们是否还能够自觉主动地征求其他人的意见和建议？

2. 面对不同意见的时候，哪怕这些意见按照我们自己的经验是“荒谬”的，我们是否还能够认真地探寻对方提出意见的深层原因？

3. 在我们给自己制定目标、作自我评价的时候，是否是自觉地采用社会共用的价值标准，而不是自说自话，自以为是？

从我的工作经历来看，如果在上述三个方面能够做得比较好，就可以认为自己是一个比较开放的人了。

败笔

团队建设之七：性格与心理

团队建设的一个核心的内容，是建立核心管理团队。在这方面，我的努力是成败各半。

于小童离开之后，刘晓炜接管硬件开发部，部门很快走上正轨，成绩显著。我们产品的一个关键指标——电池使用寿命，显著地超过了国际上的同类产品。这就是刘晓炜他们钻研的结果。

但是，软件部门的情况不太理想。我便提拔了一个年轻的员工孙彬做部门的副经理，承担了部门的主要管理工作和关键的软件开发任务。

在我刚刚到任的时候，QDI 深圳研发中心看到孙彬很能干，曾经想请他过去，并答应给他工资加倍，他拒绝了。

孙彬和刘晓炜同龄，非常敬业，和刘晓炜很快就建立了非常好的关系。所以整个 1998 年，我们的开发工作推进得一直比较好。但是，到了 1999 年，我们的产品投放市场，部门进入了一个新的发展阶段，孙彬发生了很大变化，他与刘晓炜之间几乎到了势不两立的地步。

尽管孙彬对我依然非常尊重，可是只要与刘晓炜有关的事情，他便无法控制自己的情绪。产品上出现了问题，两个部门都指责是对方的原因。而刘晓炜的聪明再加上他伶俐的口齿，使得双方在发生争执的时候，孙彬常常处于被动，这又使孙彬更加恼火。我苦口婆心，没有任何效果。

无奈，在 1999 财年开始，我选择了到我们部门不久，在软件部工作的转业军人杨元中来担任部门的经理。孙彬依然做副经理。杨元中是 40 多岁的中年人，转业前是南京某军事院校的一个教研室主任。尽管任命他的时候，刘晓炜等人是有保留的，但是，根据他的经历，我认为他管理这样一个小部门应该没有太大的问题，况且又是中年人，也不会像年轻人那样意气用事。

没想到的是，杨元中没有改变孙彬，而是和孙彬很快就达成了高度的一致，共同对外。而且杨元中的脾气常常比孙彬还要大。

我做了大量的工作，始终没有效果。部门的工作陷入了困境。白宇轩来问我："谢总，咱们部门是不是快不行了？"产品的很多问题迟迟得不到解决，部门的氛围也开始紧张。大家开始相互攻击，互相指责。我不得不在部门内部发布"天条"，来制止形势向更坏的方向发展。

几个月过去了，尽管我给杨元中和孙彬的压力越来越大，情况却依然没有改善。我只好另寻出路。

当时我兼任科学院计算技术研究所副所长。我请求所里帮助，招来一个刚刚毕业的软件博士。然后，解散了软件部和硬件部，按项目和产品组合部门，全部归刘晓炜管理。

解散软件部之前，我和部门的人员做了不少沟通，希望大家理解。

当时大家最担心的是孙彬。他掌握着软件的核心，如果他不配合，后果很难预料。刘晓炜和小白都不太同意我的做法。但是我认为不会有大的问题。因为和孙彬相处一年多，我了解他是一个人品值得信任的人，他的问题是出在心理和性格上。

结构调整后，孙彬果真非常配合。工作迅速有了进展，产品中存在的长期解决不了的问题，很快被一一解决。事实上确实主要是软件的问题。部门的氛围很快好转。

年底我在看部门一年的费用时，非常奇怪上下半年的出租车费相去很远。我原以为是下半年管理有问题，后来才想起来，上半年部门的内部矛盾，使得部门处于半瘫痪状态，工作受到了严重的影响，所以出租车费都不多。

1998 年 9 月，我们开始准备生产。我们需要找一个懂行的人专门来管理这件事情。当时白宇轩在做这件事情，但是她基本没有经验。

10 月的一天，我又参加北京国际展览中心召开的招聘会。在会上我碰到了许克明。我真是喜出望外。惠州的集团公司后来无法支撑，大家都离开了。他在南方转了一段时间后，希望回北京工作。让他来管理这件事情，真是再合适不过了。

许克明当时已是不惑之年。我希望他的加入，不仅有利于管理生产的事情，还可以改善我们管理团队的年龄构成，使得团队更加平衡。我对他寄予厚望，一来因为他相关的经验丰富；二来在管理上他曾给过我重要的指点。

开始的时候，许克明确实也给了我一些有益的批评和建议。比如，他曾经严肃地批评我有时候说话由着自己的性子，太不注意影响。当工作出现问题时，有时控制不住自己，会说一些打击员工积极性的话。

但是不幸的是，许克明很快让我们大失所望。问题不是出在他的专业能力上，而是出在了他的工作态度上。用刘晓炜的话来讲，许克明完全是一个甩手掌柜。开始我还不太相信。后来我在深圳生产厂，亲自看到了他是如何处理问题的，确认了大家确实没有冤枉他。而许可明出现的这些问题，任我如何批评劝说，都不见改进。1999 年下半年，他便离开了我们部门。我到现在也不明白，作为一个成年人，当时他为什么会是那个样子，或许与一个人的心理周期有关？

好在就在这段时间里，白宇轩迅速成长了起来，她带着一个更年轻的新员工，担负起了所有生产采购的管理职责。Karene 曾经问我，是否可以把小白“送”给她到南太工作——因为“小白一个人顶我们四、五个人”。

在孙彬、杨元中和许克明身上的失败，促使我对员工的培养和使用进行了一些深入和全面的分析和思考。我逐步变得更加重视一个人的性格和心理素质，而不仅看其德行和能力。刘晓炜对孙彬当时的表现也百思不得其解，说“他好像在一个幻想的世界中生活”。1999 年 5 月，我写了一篇短文《摆脱虚幻》，记录了我对这段时间内发生的事情的一些思考。但是对于人的成长极限，我还是在后来到了神州数码以后才有更为深刻的理解和认识的。

摆脱虚幻

在几年的管理工作中，接触了不同背景、不同阅历的同事。为了在部门内外达成共识，我曾费尽口舌。但是，有时依然不得要领而见效甚微。我仔细分析之后发现，除开能力、主观动机和利益导向等因素外，还常常有心理认知上的原因在妨碍大家建立共识。其中一个主要的原因是，客观事物在我们每一个人的头脑中的映像，是不完全一样的。当这个映像与客观世界有较大的偏离时，它便在我们的头脑中产生了一个虚幻的世界。这在一定意义上是一个与心理学有关的问题。当我们用不同的主观图景来解释客观世界中发生的现象时，达成一致的努力，更像是驴唇不对马嘴的拼凑，共识失去了起码的共同客观基础。

虚幻世界的产生：随着人的成长，每个人都会逐渐形成自己的主观世界，这个世界不仅有他的价值观，他的信念和他的理想，而且包括了在这个客观世界中，他所认识的所有对象的映像，及他所理解的这些映像的性质和它们之间的相互关系。在某种意义上来讲，这个主观世界才是他生活中对他真正有意义的世界，甚至可以说这就是他生命的全部意义所在。一般来讲，每个人的主观世界与真实的客观世界是不会绝对一样的。当我们将自己的本来就有局限的感性经验，用理性的方式进行总结抽象后，我们的主观世界难免与客观世界有所偏离。如果我们进一步盲目地外推我们的经验，甚至是将它们固化为我们对新事物的评判标准时，我们的主观世界将进一步与客观世界分离。基于我们过去的成功经历，我们很容易犯这样的错误。当一个人的主观世界与客观世界偏离到一定程度时，他的主观世界实际上已经成为一个虚幻的世界，而这个世界会进一步沿虚幻方向发展下去。某些精神病患者便是极端的例子。

虚幻世界的发展：要想不让自己的主观世界变成一个虚幻世界，就要不断地修正自己的主观世界。但是主观世界与客观世界的偏离，常常是在不知不觉中发生的。没有深刻自省能力的人，是不容易发现和意识到的。当他发现自己的主观世界与客观真实之间发生冲突时，他将面临巨大的内心压力：承认现实，意味着要否定自己的某些过去，自己的某些信念，乃至自己某些成功和辉煌；否认现实，用自己的主观世界去曲解现实，可保全自己的内心的完整，而这个完整有着自己过去经历的支撑。并不是每一个人都有勇气直面这个真实的，也并不是每一个人都清楚地意识到自己内心的冲突，以及自己所采取的态度的。许多事情是在潜意识下发生的。我们常常会在不知不觉中，放任自己的主观世界逐步与客观世界分离。固执和刚愎自用，常常是因为我们没有勇气面对这个真实。而一个人如果到了偏执的程度，则通常表明他的主观世界已经成为一个虚幻的世界了。当我们的主观世界与客观世界偏离到一定程度后，我们会变得失去活力和创造力，难以适应新的环境和迎接新的挑战，进而心理逐步开始衰老。越是有成功经验、能力强的人，越要注意这个问题。

虚幻世界的突破：这需要建立一个科学的心理认知模式，去正确对待自己的经验和成功。经验需要科学的总结，但经验永远只能是作为参考，不要把它变成信条乃至教条。面对每天新升起的太阳，我们应该更多地依靠自己的分析感悟能力，去感受它与昨天的相同和不同之处。而不同，正代表了世界的演化和我们的进步。科学认知模式的内在基础，则是我们的勇气。我们是否敢于并能够自觉地面对真实，特别是自己内心的真实？是否敢于正视自己主观世界相对与客观世界的偏离？是否敢于承认自己过去的辉煌也有局限之处？是否能自觉地树立一个稳定、开放的心态，愿意认真考虑那些与自己的经验和信念有冲突的看法和建议？否定自己内心的虚幻，我们并不失去任何有价值的东西，相反会得到一个更丰富的世界，活得更加真实和有意义。

人是自然的一部分，是社会和组织的一部分。每一个人的主观世界，应当在最大的可能上符合客观世界。如果甘于生活在自己的虚幻世界中，你将自己把自己从自然中、从集体中分离出去，你的价值将失去实现的土壤，从生命的意义上看，你实际游离于社会之外。摆脱虚幻，走向真实，方能成大器。

从感性到理性

管理提升之一：职业化实践

在惠州走过的那段沉痛的亲情管理经历，促使我在担任 QDI 北京研发中心伊始，就下决心摆脱亲情和感性的方式，走职业化的理性管理之路。

这种改变，对我自己是一个很大的挑战。我将要采取的管理方式是我所不熟悉的；它可能引发的后果，也没有定数。在这种探索的过程中，我不仅要不断地在摸索中学习提高，更要克服自己许多心理上的障碍。在本质上这是一种主动发起的对自我的挑战。可是，如果我们不能够自觉地不断挑战自我，当在环境的逼迫下不得不做出改变的时候，我们可能就难逃惨遭淘汰的命运了。

到任之后，我首先做了部门的规划。在规划中，没有煽情的内容和对未来的“画饼”，但是确实制定了一个非常高的目标：两年内我们研制的产品要达到国际水平。在明确员工责任的时候，我把职业道德和敬业放到了第一条，而没有谈“事业心”、“做主人”的概念。同时，我在规划中明确地提出了员工的权利。按顺序如下：要求得到公平的待遇和评价的权利；适合自己的工作；明确的工作目标；必需的工作条件和环境；自身发展需要的基本培训；反映意见和建议的渠道。

员工责任和权利的同时提出，目的在于在部门内建立一个平等的文化。大家之间需要关心和帮助，但是我不希望自己或其他的任何人是以“上级”或“长者”对“下级”或“晚辈”的俯视的姿态出现的。在给员工解释职业道德的时候我强调，我不会关心更不会干涉大家下班以后的活动，我只要求大家在工作的时候要尽心尽力。

在任命刘晓炜做部门经理的时候，我专门和他谈了一次话。我告诉他，我任命他是因为需要有人来做这个工作，而且我认为他能胜任。这不是我们两人之间个人的事情。如果以后任何时候，他因为任何原因要离开这个部门，都不必有一丝的歉意。我只需要他提前通知我，并把工作交接好。但是，只要他还在这里工作，就必须认真负责地履行自己的职责。

坦率地讲，我在和刘晓炜说这番话的时候，是克服了很大的来自自己内心的心理压力的。毕竟这是一种我未曾采用过的管理方式。我不清楚它将导致什么样的后果。

两年内，不论是哪个员工辞职，我或许会试图挽留，但绝不勉强。在这两年内，我从来没有和包括刘晓炜在内的任何员工做过私人聚会。大家会餐、春游等，都是以部门的名义进行的。下班以后，除非是工作需要，我们几乎没有来往。

在工作中摆脱了个人的因素之后，大家便开始学习坦率地面对各种工作中出现的问题。经过一段时间的适应之后，部门内部基本没有了什么谣言和小道消息。因为大家已经习惯了有问题摊在桌面上来谈、来解决。

2001 年 7 月，在确定 2000 年的年终奖的时候，刘晓炜他们已经到了新的联想，我则去了神州数码，但是奖金依然由我来分配。我分别给刘晓炜和白宇轩打电话，听取他们的意见。我问刘晓炜，如果他的奖金是“1”，他认为小白的应该是多少。刘晓炜说应该是“0.8”。我反过来问小白同样的问题，她说刘晓炜应该是她的两倍到三倍。两个人都充分地肯定了对方的贡献，这样他们两个的奖金我就好确定了。当时正好有一个我在神州数码的下属在我办公室，听到我的电话后，她非常吃惊地说道：“我还没有见过像你这样的老板，用这种坦率直白的方式和下属讨论奖金的问题。”

孙彬是我亲自提拔起来的，许克明是我的老朋友。因为工作不力，我处理了他们。这使得大家明白，和我在一起工作，搞关系一点儿也没有用，唯一需要当真的是把自己的工作做好。大家尽管没有太多的私交，但是在工作上却配合得越来越默契。部门的“正气”逐步形成了。

这种做法看上去大家关系“冷漠”了，但是，那些无形的内耗因此而减少了很多。效率提高了，部门工作自然容易出成绩；而成就感的获得，给部门注入了一种持续的发展动力。这种持续的动力，不是简单的物质刺激和人们之间的亲情能够相比的。

我以前有一个心理问题，那就是如果我感觉员工不是满怀热情、全力以赴地工作的时候，心中自然升起一种不安的感觉。尽管自己有时也有疲倦的时候，也有心里厌倦的时候，但是当下属出现类似的情况时，我的心里还是会产生很大的焦虑，因此我会不断地采用各种手段，来促使员工像一台永不疲倦的机器那样工作。这种心理状态，在管理人员中并不少见，而且常常会掩盖在对工作的责任心之下。

人不是机器，需要休息和其他的满足；人的表现必然有起伏，一个管理者对此要有适度的理解和接受，并且在管理中事先做好相应的准备。对人的需求和特性的理解，是职业化管理的基础。根据我个人的理解，职业化管理，正是面对真实的人，在对人的尊重的基础上，来有效地管理企业的方式。

在 IT 行业工作，加班是必然的，特别是当产品要在适当的时间推向市场时，大家会超负荷工作。在惠州的时候，我们曾经两个春节都没有回家过年。公司也没有补我们的假期。但是在 QDI 北京研发中心，我从改变自己的心理开始，很快就尝试了一种新的管理方式：当员工加班一段时间后，我会给他们放几天假，让大家的身心有一个放松的机会。我当时还有一个硬性的规定：不容许员工周末连续加两天班。尽管这样不可避免地会“耽误”一些工作的进展，但是却能够使大家尽可能少地进入一种身心疲惫的状态，工作时的效率得到了比较有效的保证。

为了尊重大家的个人生活，我从来没有安排过在周末开会。周末加班，主要是由大家自己安排的。刘晓炜等人要休年假，只要没有非常特别的原因，我都会批准。所以，尽管我自己从来没有休过年假，我们共事两年的时间，他们大都享受过公司的这一福利政策。

当我的管理变得理性之后，我发现我增加了对员工的宽容和理解。而且部门的工作，因为这种理性的宽容和理解，事实上变得更加有效率，表现也更加稳定。

2000 年，神州数码和联想分拆。其他部门人心惶惶，而我们这个部门，大家依然在正常地工作，不大关心那些自己左右不了的事情。我想，这是一个组织在职业化的道路上比较成熟的标志。

如果说在开始的时候我还提心吊胆的话，两年之后，理性的职业化管理尝试的结果，使我非常欣慰。这两年，我基本摆脱了当初在惠州带队伍的时候那些不必要的各种焦虑和担心，没有了那许多感情和心理上的负担和纠缠。我看到了在中国，现代市场的规则一样是可以适用的，尽管你可能要冒一定的风险，付出一定的代价，甚至要忍受许多的误解。但是，一旦走了出来，你会发现自己进入了一个新的天地。

管理风格的改变，是我这段工作经历中最重要的收获之一。其实，这不仅是一种管理风格的改变，它也深深地影响了我整体的处世方式。使自己对自身、对他人乃至对社会的理解，都更深了一层。

当后来我们与集团其他部门有了更多的接触后，刘晓炜的副手曾经向我提出过质疑：“我们的部门确实挺好，但是和别人不太一样。这样的话，我们以后离开这个部门，还能适应其他的环境吗？”

我理解他的问题有两层含义。其一，我们是否是在关起门来“培养一代社会主义新人”。这一点显然是不存在的。大家都生活在社会当中，每天都在接触社会环境，我们与超过 30 家国内外的企业有着密切的工作关系，我也从来没有干涉过员工工作以外的任何事情。我们的经验恰恰说明了一个问题，那就是在中国现实的环境下，我们可以做得更加职业化。而在这个方向上的任何一点进步，都会有助于我们的工作做得比别人更好。其二，离开部门后，他们能否适应其他的环境。我坚信，职业化是中国企业乃至社会发展的必由之路。一个人具有良好的职业化训练，在中国这个高速成长的社会环境中，应该有更好的前途，而不是相反。

职业化，是一个比较难以用语言表述得非常清晰的话题。我对职业化这个问题做系统的总结，是 2004 年 5 月份的时候。当时一个上市公司邀请我为他们做管理上的培训，其中的一个话题就是职业化。我只好硬着头皮，努力地把自己对职业化的理解，比较系统地表述出来。有朋友看过后依然认为过于空泛，可能因为我对职业化的理解还不到位吧。

职业化杂谈

职业化是一个在企业中经常被讨论的话题。有人极力推荐，乃至提出“不职业化就没有价值”的论点；也有人以各种国有特色为由，或因一些“职业经理人”的不良表现，而对职业化或直接或委婉地发出不同的质疑，甚至明确的抵制。

职业化到底意味着什么？这条路是否是企业发展的必然选择？

职业化不只是人的职业化，也包括了企业的职业化。两者互为因果。没有企业决策层的职业化意识，企业不会必然地走向职业化的方向，员工的职业化也无从谈起；反过来，只有有了员工的职业化基础，企业才能真正地成为一个职业化的企业。

职业化，在本质上是一种标准化。是在现代市场经济环境下，按照社会产业和价值创造分工，社会对从业人员的基本特质，如道德、素质和技能等，及企业的基本特质，如基本管理过程等的标准化要求。

市场经济竞争的核心是效率，而效率的基础便是标准化：部件的标准化、产品的标准化、流程的标准化，乃至人和企业的标准化。现代经济所强调的个性化，也是在高度标准化的基础上实现的。不建立在标准化基础上的个性化，只能是低效率小而全的小农经济，决不会是建立在高度专业化分工基础上的高效率现代经济。我们在大街上看到的那些个性化的汽车，其基本部件，如轮胎等，无一不是标准化的产品。甚至有些看上去非常不同的车型，使用的却是相同的底盘。

在市场经济条件下，员工不是可以被企业随意支配使用的不动产，而是在社会上自由流动的资源。如果一个企业需要的人的基本特质，不是社会上普遍的要求，那么这个企业在获取、培养、发展和使用人力资源的过程中，必然要付出比职业化企业更高的代价。而且这些人的实际工作效率也难以保证。这就好像我们要造一辆汽车，但使用的螺丝钉等基本部件都不是标准件，完全要自己设计加工。显而易见，这样的汽车在市场上不太会有竞争力。所以，在现代市场经济环境下，职业化是企业必须走的一条路，不论这个过程有多漫长，不论我们有什么样拒绝它的理由。

从另外一个角度看，非职业化企业中的员工，离开企业走上社会后，其价值和生存能力也会出现问题。在这个意义上讲，非职业化的企业对员工是不够负责任的。

当然也会有例外。当一个企业需要的个性化人才能够为其创造出超值的价值时，企业便会自己培养和获取个性化而非职业化的人才。不过这种情况比较少见。

就个人来讲，职业化包括了四个方面的内容：自己明确的职业定位；职业道德；职业素质和职业技能。

对于企业而言，职业化也包括了四个方面的内容：企业在社会价值循环中的明确定位；职业道德；职业化的管理体系以及职业化的业务运作方式。

职业化是社会发展的必然，社会的基本运行规则决定了职业化的内涵。现代社会的主要经济生活，可以简单地概括为在法制社会中，自愿的、基于契约的价值交换过程。

所以，个人的职业道德，首先不可缺少的要素应该是法治精神，即法律和游戏规则面前人人平等的自觉性；自觉遵守游戏规则的基本意识；以及在游戏规则出现问题时，通过“立法”的程序去修改规则，而不是用各种理由去违反游戏规则的行为准则。游戏规则的严肃性，是现代商品社会正常运行的基础。如果失去这个基础，企业乃至社会都会陷入混乱，最终导致个人的利益也无法保证。

个人职业道德的第二个要素便是信守契约和承诺。员工和企业，社会中各个法律实体之间，在法律意义上都是契约关系。信守契约和承诺，是保证企业正常运行和社会生活正常开展的最基本的条件。在现代法制社会中，契约关系是最平等的关系。一个人有充分的自由拒绝接受一个契约和做出承诺，但是却没有随意违反自己接受的契约和做出的承诺的自由。那样做，你可能要受到法律的惩罚，至少将被公认为“缺德”。

职业道德，还意味着一个人要清醒地认识到他必须接受社会价值体系的评判，而不是自己关起门来自说自话，然后向企业或他人去漫天要价。价值只有在交换的过程中才能实现，而在现代社会中，交换必然是个社会化的行为。

在职业道德方面，另外一个比较常见的问题是公私不分，特别是在一个人掌握了一定的权力以后。不仅有人会利用权力谋取具体的个人私利，而且还可能把权力范围内的公共资源变相地私有化。而这种做法，有的时候是掩盖在“责任心”之下的。

职业素质是比道德更表层一些的行为准则。

团队精神自然是职业素质中最重要的一个要素。目前有很多团队建设的培训课程在开展，其中不乏用一些简单的、有启发性的游戏来教育大家。但是事实上，对于成年人来说，并不存在理解什么是团队精神，以及团队精神的重要意义方面的困难。真正的问题在于我们是否能够让企业的员工在实际工作当中，在各种现实利益的漩涡里，真正不断地认识到团队成员所拥有的共同利益，并且在个人利益和团队成员的共同利益发生冲突时，能够理性地面对并合理地处理这些冲突和矛盾。脱离对现实工作中团队成员共同利益的认同和理解，团队建设只能成为空洞的道德说教，变得苍白无力，或者成为儿童化的游戏。

另外一个影响团队建设的重要因素是人的性格和情绪。这也是一个无法用培训和说教就能在短期内解决的问题。俗话说，“江山易改，本性难移”。人的性格和情绪反应方式都是多年形成的，而且还与社会整体的文化有关系。消除这方面的负面因素，是需要个人和整个团队长期努力的。

与团队精神相关的另外一个职业素质，是在工作中员工应该有足够的自制力，不让自己的个人喜好和感情等个人因素对工作造成负面的影响。没有任何一个企业，可以保证它所提供的工作是能够永远让员工满足自己个人的喜好和感情的。但是，企业和员工之间的契约，要求员工在任职期间有基本的正常工作表现。

开放的心态，毫无疑问是现代企业员工所必须拥有的一个基本素质。开放的必要性，不言而喻。但是做起来的时候，还是会有很多问题。如果我们能够经常反省自己，我们或许会有更多的改变。当我们在做自己非常熟悉的工作的时候，也许在这方面我们是公认的一流高手，但是我们是否还能够自觉主动地去听取一下别人的意见？许多优秀的人和企业都是在“No. 1”的梦幻中走向死亡的。在遇到不同意见的时候，甚至是明显的“错误”意见的时候，我们是否也能够静下心来，认真地想一想，认真地问一问，对方提出这个意见背后到底有哪些原因和理由？也许对方的意见确实是错的，但是明白了对方提出意见时背后的原因和理由，我们或许从中能学到一些我们不曾理解的有价值的东西。我们在做事的时候，是否自觉地采用了社会共同的价值标准，而不是在自说自话？

实事求是，能够公正地对待自己和别人的工作成绩或问题，不因个人的利益或其他的原因，而去歪曲事实，这也是一种基本的职业素质。缺少了这一点，企业的管理者对于一个问题，甚至是一个非常简单的问题，都将会面对众多的人，从不同的立场出发，讲的或真或假、半真半假、不同版本的“故事”。在这样的文化环境中，企业不太可能健康成长。

在其位，谋其政；不在其位，不谋其政。这句中国的古话，其实也是一种非常基本、非常重要的职业素质。在中国的企业中，这种情况相当普遍：“老总”们在费尽心机思考下属工作中的“规律”，甚至乐在其中地自认为比下属还精通其工作，而自己真正应该关心的那一层管理上的事情，并没有真正做明白。由此给企业带来的隐性损失难以估量。因为“老总”们的工作，是要影响全局的；而企业的员工，看着“老总”们做的事，总认为不对。出于对企业命运的“负责”，他们不停地给“老总”们出主意想办法，自认为比“老总”们更高明。可是自己的本职工作做得不见得有多好，使得企业的一些基本动作总是不能到位。错位，是企业组织效能低下的一个重要原因。“小改进，大奖励；大建议，不鼓励”，就是要让企业的员工各归其位，各司其职。“文革”结束以后，中国社会发生的一个根本性转变，就是普通人不再去盲目地思考和关心“政治大事”，不再去自以为是地以“解放全人类”为己任，而是开始回归到自己在社会中应该扮演好的角色。正是开始逐步比较有效地各司其职，才有中国后来经济的高速发展。

在现代开放竞争的环境中，职业化对于个人而言，是其获得社会承认、实现个人社会价值和成就一番事业的基础；对于企业来讲，职业化是保证企业的效率和持续稳定发展的必备条件。在很多情况下，也是企业参与竞争的一种资质。比如ISO9000的认证，本质上就是企业的职业化，同时也是一种竞争资格。

在中国，职业化在企业中是存在不少争议的。有人甚至把职业化管理与人性化完全对立起来；也有人把职业化与不负责任混为一谈。如前所述，不论我们是否喜欢，职业化都是我们必须面对的现实。而职业化，可以说是在现代社会环境下，企业对员工负责任的根本保证。

当然企业与员工之间的相互责任，只是有限责任。这或许是在中国这个文化环境中，大家接受职业化遇到困难的一个重要原因。但是有限责任，也是一个我们无法拒绝的，现代社会的基石之一。

不可否认，职业化与人性是有着许多冲突的。人永远的追求之一便是自由，而职业化却告诉我们不能随心所欲。但是这种冲突，本质上是由人类文明的异化导致的：如果你想享受现代文明带给你的种种方便和自由，你就必须接受它同时强加于你的各种限制。这种文明的异化，是企业管理的前提，而不是企业管理能够和应该解决的问题。它是社会学家、政治家和哲学家们应该思考的事情。在现代社会环境中，不论是企业还是个人，只能在职业化的基础上来谈个性化，否则你只能游离于社会的边缘。

跨越

管理提升之二：技术与产品的战略思考

贺志强是跟随联想一起成长起来的，经历了中国 IT 产业和联想集团产生、发展最重要的一段时间。这段经历，使他在对企业技术研发和产品与市场的关系上有独到的见解和做法。

如果对贺志强的观点做一个概括性总结的话，可以归纳为以下六点：

1. 研发一定要做国际一流的事情。现代社会只有国际一流的产品和技术，没有国内领先一说，尤其在计算机这个高度竞争、高度开放的领域更是如此。

2. 要靠自己的技术去换取合作者的技术。单单靠市场是换不来技术的，市场只会换来购买价格的变动，并不会得到合作对手对你技术能力的认可与支持。

3. 立项要少而精。主要项目立项要慎重，不要轻易立项去开发，但可多花工夫调研。立项之后也不要认为立刻可以赚钱，要清楚地达成共识：第一代新产品一定会遇到这样那样的问题。对前景的认可是坚持下去的动力。

4. 所有重大的产品必须是公司最高领导层的决定。

5. 大规模研发队伍的建设。没有规模，很难长期维持一个高水平的研发队伍。

6. 认真聆听与独立思考。既要充分向他人学习，又不能盲从。

我以前只是埋头做具体的技术开发工作，他的这些在更高一个层面上对技术管理的认识和总结，对我后来的工作和提高起到了很大的帮助作用。

基于上述认识，在 QDI 北京研发中心建立伊始，贺志强便要求刘晨晖建立一个市场部门，专门为产品研发把握方向，了解市场的反应。他在研发中心里设立市场部的做法，我当时感到挺新鲜。他曾多次给我讲解他在研发上的体会和其他公司的经验。多年的思考和探索使他认为，只有把研发和市场部门放在一起，才能保证研发与市场有机的结合。

他的这种做法，把产品与市场结合的问题和压力完全交给了我，促使我开始力图超越单纯的技术管理角色，来理解如何有效地做产品定位，进而开始思考和分析企业为社会有效地创造价值的运行机制。

掌上电脑不是一个完全标准化的产品，其个性的应用，成为不同厂家产品之间竞争的一个重要的因素。为了保证我们的产品投放市场后被客户较好地接受，我们采取了各种措施争取产品定位和功能设置的合理。大家内部不停地讨论，费尽心思地搜集国内外同类产品的信息和样品，在全国范围内作了一些市场的调研，并同我们的合作伙伴不断进行深入的探讨。同时，我还专门向飞利浦、微软和索尼等公司的人员请教他们是如何做产品定位的。

在产品投放市场后，我们投入了相当的精力跟踪客户的反应，设立了专门的电话服务热线。

经过两年的尝试、探索和总结，我形成了一个粗略的关于如何管理以自主研发产品为核心的业务的思路，后来成为“技术创新型产品的战略”。就这样，在贺志强的引导下，我逐步开始理解企业战略管理领域中的问题。

后来的经历证明，这对我是一个非常重要的收获。正是因为有了这段经历和思考，在联想拆分后，我先后受命做了神州数码的战略定位和神州数码软件服务业务的战略规划，并且在后来主管神州数码软件有限公司。

《技术创新型产品的战略》一文较长，在此只将摘录发表于《IT 经理世界》上的文字，转录如下。

技术创新型产品的战略

20 世纪可谓是人类历史上科学技术空前发展的时代。由于科学技术高速发展，新技术的产生和应用主流，不是需求在先，而是技术创新在先。形象地讲，高技术企业利用所掌握的新技术，不断地诱惑消费者，从而开发创造出新的欲望、需求和市场。当一个新技术出现后，通常需要人们发挥想象力，将其变为有使用价值的功能，这一工作属于技术战略范畴。然后利用不同的功能，根据对未来市场需求的理解，设计出可使用的产品。再通过市场销售活动，将产品转化为商品。企业的产品战略，正是覆盖这后面的活动（参见图 4—1）。

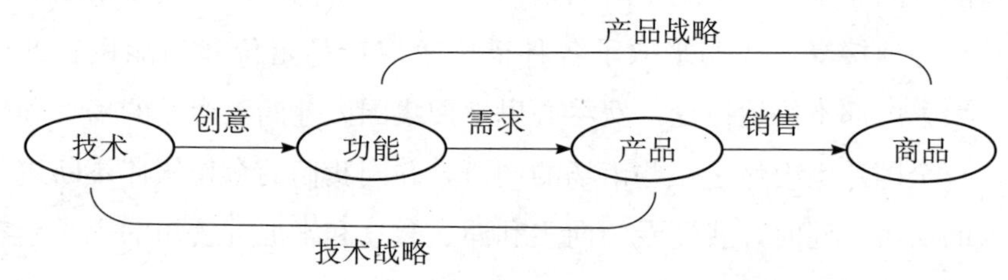

图 4—1

一个新产品从构思开始，一直到取得市场成功，要经过多个不同功能的环节。按照功能，可以将这些环节划分为：产品战略和策划、产品研发设计、产品生产、产品的市场推动、市场销售和售后服务。

上述六个环节之间的关系，可以用图4—2表示。这是一个功能逻辑图，而不是组织结构图。产品开发链的组织结构实现方式，会根据具体的情况不同而有多种选择，但是内在的功能逻辑必须符合业务的规律。

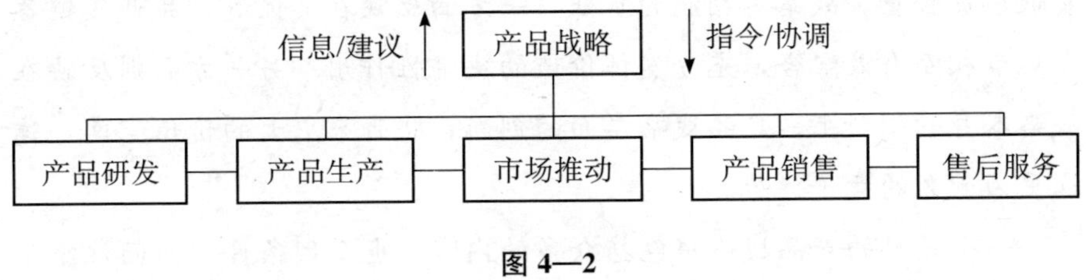

图4—2

这其中有两个关键问题。首先，真正指挥整个产品开发链的是产品战略环节。该环节从下面的五个环节获得相应的各种信息，然后根据市场、技术、内外部条件等制定完整的产品战略，并据此来指挥和协调下面的五个环节正常运作。需要指出的是，产品的研发与市场销售，是产品开发链中平等的环节，不存在谁指挥谁的问题。研发与市场销售环节，都会有自己对市场的理解和认识。不能简单地认为，尊重市场就是由市场销售环节来指挥整个产品开发链。市场销售部门的意见，不等于就是市场的真实情况

这六个环节中，位于下面的五个环节（能力）在必要时均可以通过某种购买形式而获得。但是，产品战略和产品战略的制定能力是无法购买的。这是一个企业区别于其他企业的关键所在。

战略是衡量企业层次的标准。杰出的企业，通过战略取胜，赢得长期整体的发展；平庸的企业，赌博机遇赚钱，获取局部暂时的利益。战略是企业自觉地面对未来而做的未雨绸缪的主动策划，而非被逼无奈的应付。

战略是产品开发链的灵魂。产品开发链中的各个环节及企业相应的能力，都要依附于产品战略才能发挥其作用和功效。企业的竞争，在本质上是战略的竞争。我们常常感叹中国的企业没有核心的技术能力，其

实战略是比技术、市场等更为核心的能力。没有战略，其他的能力是发挥不出作用的。而成功的战略，将使企业逐步获得发展所需要的其他能力，包括关键技术。

战略是创新型企业利润的源头。一个高水平的企业，其利润不仅来自于其市场销售能力，也不仅取决于其是否有关键技术。战略对利润的贡献举足轻重。战略对利润的贡献，一方面反映在其促进产品开发链各个环节相互有效配合，充分发挥价值的决定性作用；另一方面则反映在战略本身的创新上。产品战略层面的创新，将带来更大的价值空间，建立更为长久的竞争优势。

一个完整的产品战略将包括众多的内容，也会因条件不同而注重不同侧面的分析。但是一个成功的产品战略，通常需要明确回答以下四个核心问题：

1. 确定增值环节和方式。产品战略必须确定产品开发链各个环节对利润的预期贡献和实现利润相应的手段。这为各个环节确定自己的职责和工作方式提供了原则和基础，也为在产品开发链的运作过程中，在各个环节之间，有限的资源如何最佳分配，风险如何合理分担，紧急关头如何取舍等提供前后一致的准绳。

2. 产品开发链的组建和运作模式设计。构成一个完整的产品开发链有很多方式。并非是所有的环节都要自己从头做起。有的环节可以外包，可以合作，也可以收购。不同的环节在必要的情况下也可以进一步细分或合并。产品开发链的运作也有多种选择，包括各个环节之间的接口配合，产品链的资源分配和风险的分担等。对于这些问题的答案，产品战略必须做出明确的选择和设计。

3. 市场切入点。产品完成后，特别是对于一个面向新的市场的新产品，靠什么样的优势或手段使产品能够切入市场，让市场很快接受它，这对于一个产品是否能够安全度过婴儿期至关重要。这也是产品战略实施初始阶段中关键的关键。

4. 产品战略规划。这是产品战略的最关键的部分。主要包括研发规划和市场策略。研发规划将为研发工作提供一个相对长期稳定的行动方案。对于研发这样一个需要长期投入的环节来讲，明确有效的研发规划意义重大。产品的市场策略应该是从产品战略里出来的，而不是从市场部出来的。市场部主要是执行市场策略的一个部门。研发规划和市场策略的无缝结合，是保证产品最终在市场上取得成功的最关键的因素。

产品战略的制定

产品战略的制定的过程，可以用图 4—3 来简要说明。

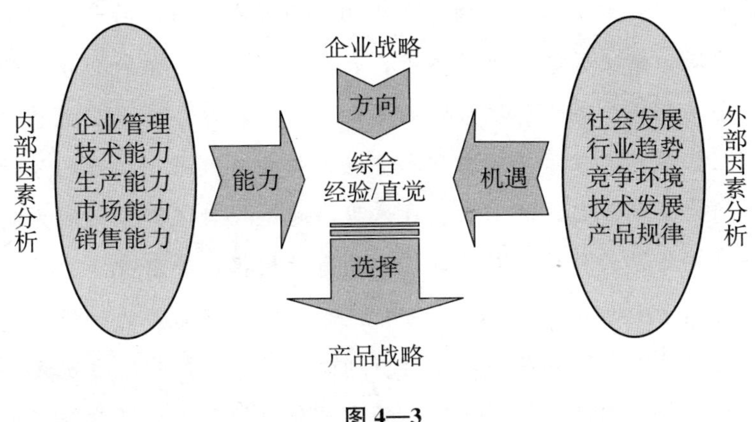

图 4—3

如前所述，企业战略是产品战略的前提和基础。任何一个成功的产品战略必须是企业战略的一个有机组成部分。脱离企业战略的产品战略是难以成功的。反过来，如果一个企业没有完整清晰的企业战略，其产品战略必将是混乱的——不同产品的战略之间缺少内在的联系，同一个产品战略也难以保证时间上的连续性等。

对企业内部的分析，将为产品战略提供内在的依据。分析的核心是认清自身现实的和潜在的能力。在对企业做内部分析时，一定要注意对企业的基本实际操作等细节有充分的了解，而不是只考虑企业的宏观表现。这样才能保证真实、全面地把握实际情况，从而做到客观地评价自己的企业。这说起来很容易，但是做到却有相当的难度。所谓“不识庐山真面目，只缘身在此山中”。面对成功，我们容易自我膨胀，无视那些帮助我们取得成功的客观隐性因素，而将一切归功于自己的努力和出色的表现；面对失败，我们又常常去找客观原因，不愿意全面反省自己的不足；企业大了，又容易陶醉于自己的规模之中，而不见企业的基础管理潜藏着危机。如果我们的分析主要基于企业的宏观表现，我们会忽视企业特别是成功企业内部潜在的问题。在这种基础上制定的产品战略，在实施的过程中，那些企业内部潜在的问题会在一定条件下转化为现实的障碍，导致战略的失败。由于企业规模是有限度的并且环境基本完全可控，内部分析相对于外部环境分析而言，还是相对容易的。

外部环境的分析与对内部分析有很大的不同。外部环境分析主要是要清楚地理解外部环境提供的与企业相关的可能机遇。由于外部环境范围十分广泛，情况复杂、可控性差，我们不可能做到像内部分析那样对细节的全面掌握。外部环境分析的关键是，在对外部环境宏观整体把握的基础上，准确抓住事物的本质和重点，并对其做深入细致的分析。要避免罗列大量杂乱无章的信息。在这里，超过一般逻辑分析能力的哲学素养将起到关键的作用。对外部环境的有效把握，除自身能力外，很大程度上有赖于平时持续的关注和分析，而不只是在需要的时候去搜集情况和数据。没有平时的关注，临时得到大量的数据，即使准确无误毫无遗漏，即使你使用的分析方法十分的先进和科学，你也很难准确理解那些一目了然的数据内在的含义，更难以从大量的数据中获得对环境的宏观理解和重点把握，以及由此对未来发展的准确预测。平时的积累对于制定一个成功的战略至关重要，我们不能指望用临场发挥去解决战略性问题。波士顿矩阵等方法，可以用在对外部环境做分析中。

在对外部环境的分析中，值得一提的是对产品规律的认识。这个看似简单的问题，其实有很多内容常常被我们忽视了。我们都知道，每个产品都有自己的生命周期曲线。就这个曲线本身而言，有两点需要注意。第一，产品生命周期的不同阶段不一定总是自然连续的。不同阶段之间的跃迁，有时是需要一定的条件的。而不同的产品跃迁的条件也可能不同。这对于我们制定产品战略时把握业务发展的节奏是有重要意义的。第二，不同的产品在其生命周期的不同阶段，市场竞争的关键点有所不同。有时市场需要的是性能，有时更看重价格，还可能外观成了竞争的热点。通常在不同的阶段市场会有所侧重。准确地抓住关键点，有利于我们有效地利用手中有限的资源（人力、资金和时间等），获取最佳的回报。避免盲目地追求产品全面胜出，反而使自己的产品未能与用户的兴奋点相匹配而失去市场。

另外，当我们在做一个新产品的战略时，我们必须要考虑企业自身的学习曲线与我们预测的产品生命周期曲线之间的合理配合问题，特别是时间上的配合。过早的投入，会导致资源的浪费。等待市场成熟的过程也会使人员失去热情，导致企业的最佳竞争期与市场的成熟过程不同步。投入太晚，企业由于能力积累不足将无力参与市场的竞争，可能永远失去宝贵的机遇，其潜在的损失难以估量，由此造成的投入的浪费也是不容忽视的。机遇是潜在的可能，但是“可能”一旦成为了普遍的共识乃至现实，便不再是机遇了。两种情况相比，早一点投入对企业来讲可能相对更有利一些——对企业发展来讲，与错过重大的机遇相比，资源的一点浪费就显得微不足道了。不过清醒地意识到这一点并不容易，因为企业失去机遇的情况即使发生了，也常常是隐性的，而资源的浪费会明白地显现在企业的账面上。避免这种情况的发生有赖于管理者对于隐性问题的洞察力。

内外部环境分析，还只是为制定产品战略做了基本的准备。产品战略不是信息的简单罗列和拼凑。而是在分析的基础上，根据经验和直觉，通过综合评估和选择，来确定行动的方针和原则。所谓“综合”，就是找到自身能力和外在机遇之间符合企业总体战略的结合点。在此我们可以借用 SWOT 分析等工具。但是要注意不能只做情况的罗列和简单分类，而是要做辩证和动态的分析，分清矛盾的主次，找出各种因素之间的联系和变化。在这一过程中，特别需要我们具有分析和把握错综复杂态势的哲学思考能力。遗憾的是在实际中综合后产生的结合点常常不止一个，而且彼此之间也难以简单地比出高低。不同的结合点有着自己不同的优势和劣势。这时我们将面临战略制定中最困难的一个环节——评估和选择。战略的风险决策特征在这一刻充分地显露了出来。我们的经验和直觉在此将发挥重要作用；企业的理念和意志也将直接影响我们做出什么样的选择。倾向保守的企业，一般挑选风险小但通常也是回报低的方案（风险小回报也高的选择通常是不存在的）；有创新精神的企业，更倾向于走风险大但是潜在的回报也高的道路。它们一旦看到难得的机遇，在必要时会不惜将自己的所有本钱都作为赌注去奋力一搏，也只有它们才有可能成为一个行业发展的真正的领导者。

在战略的制定中，从分析到综合再到选择，可能不是一个一次性的流程，会有多次反复。战略制定也不是一次性或者阶段性的工作。随着时间的推进，“长远”不断地变成了近期，“未来”持续地逼近到眼前，内外环境在不断地变化，我们的战略要滚动地向前推进、细化、补充和做必要的调整。作为业务的主管，其核心工作不仅是战略的实施，战略的制定也必须是常驻其心中并保持激活状态的极少数程序之一。

制定产品战略需要听取不同人员的意见，制定者也要有不同的业务背景。这其中，技术人员和市场销售人员是两个主要的群体。对于技术人员而言，他们在制定战略中容易出现如下的问题：

1. 追求技术上的完美，而使产品开发周期过长，产品迟迟不能定型或稳定生产。

2. 只考虑技术的先进性，对实用性、方便性和成本考虑不够。

3. 只从某些局部技术角度出发，缺乏产品的整体概念。

4. 用个人的喜好代替一般用户的要求。

市场销售人员容易出的问题是：

1. 盲目听从市场上的各种反馈，产品的定位不确定，需求在产品开发启动后依然不断地变，导致技术开发工作和产品市场战略的混乱。

2. 产品性能价格比要求不合理，希望用二锅头的成本作出茅台来，导致技术上无法实现。这种做法实际上是将风险和责任不合理地推到了技术一方。

3. 对市场预测能力和风险决策能力不够，缺少远见，导致产品开发时间不合理的紧张，使开发工作无法完成。

典型的产品战略

企业不同、条件不同，产品战略也会千差万别。但是典型的产品战略基本有如下四个类型：

1. 跟随型。跟随型战略就是跟随已经进入成熟期甚至成熟后期的市场。这种战略完全失败的风险小，主要靠产品开发链中各个环节的高效率的运作增值，而不是创新。由于付出的劳动基本是简单劳动，所以增值有限，只能获取平均利润。依靠这种方式是难以进入行业的第一阵营的，因此对企业价值的贡献也有限。这种战略在产品开发链中的投入重点通常是生产和销售环节。缺少技术能力和创新精神的企业倾向于采取这种战略。

2. 边缘型。这种选择是不进入现实的主流市场，而是从边缘市场做起，做大的厂商不愿意做的产品或市场。这种做法通常初期投入少，利润率也能有保证。如果产品本身就是边缘型产品，采用这种方式难以进入主流产品市场并掌握核心技术。它给企业带来的增值有限，但是如果其进入的边缘市场逐步发展为一个主流市场的话，企业将因此进入一个新的境界。如果产品本身是主流产品，只是市场是边缘型市场，企业亦有机会借助积累而成功进入主流市场。但是这种转换要付出相当的努力和代价。在这种战略中，由于市场容量有限，产品开发链的某些环节（如普通性的生产）一般是通过外包或者合作的方式构建的，自己掌握的是一些有关键技术的环节。这是新的小企业普遍采用的一种方式。

3. 强攻型。在短时间内，倾注足够的资源（资金、人力），直接杀进上升期主流核心产品市场，靠资金、技术等多重优势参与竞争。这种做法具有高投入和高风险的特征，但是可能有很高的利润回报，并导致企业价值的大幅增值。这种战略的产品开发链构建得比较完整，投入均衡。有冒险精神并具有较强实力的企业，最有可能走这条路。

4. 机遇创新型。即靠对未来新兴的产品市场机遇的把握，争取在一个将要形成的主流市场上，与强大的对手站在同一起跑线上展开竞争。在这种方式下，企业的竞争，更多的是靠对未来的把握能力和创造力，特别是对于关键时间和市场核心需求（关键竞争点）的准确把握。如果把握得好，可以做到四两拨千斤，用少量的投入，打败强大的对手，并进入产业的核心。每当新的机遇来临后，通常都会使一批新的企业一夜成名，并产生出新的巨头。这种战略是靠风险和智力（创造力）

增值。在构建产品开发链时，会将运作型环节外包或合作。这种战略对于富有创新精神的小型企业，具有特别的价值。

上述各种方式没有一个绝对最好的。不同的企业面对不同的市场采用的方式也会不同。对于一个资源有限，投入也有限的企业，能够实施第四种机遇创新型战略是最好的。但是这将取决于：是否有这样的重要的新市场形成的机遇；企业是否有把握这种机遇的能力。

创新型产品战略在本质上是以技术为原动力的。掌握了新技术的企业，都在想方设法利用手中的技术去刺激用户的需求，创造新的市场。以市场为导向，并不是说市场可以直接告诉你应该做什么。大多数用户对于全新的产品概念的反应，通常偏向负面和保守，与后来实际发生的情况可能有较大的出入。在这个意义上讲，仅仅简单地听命于市场的直接反应，尽管有能力掌握和理解新技术，依然不太可能制定出创新型产品战略。

由于创新型产品战略通常面对的是未来的市场，培育和开发市场的策划和能力，将是企业成功实施战略的一个十分重要的保证，是产品战略的重要组成部分。在这一过程中，如何辩证地对待市场的反应是一个关键问题。

（编辑后发表于《IT 经理世界》2001 年第 5 期）

在对产品战略进行探索的时候，我还对科学技术工作自身的规律进行了一些战略层面的思考。这些想法成文后先寄给了《IT 经理世界》。后来发现，此文被改换标题后，被其他杂志转载。

技术战略基础——面向产品科研开发的三个层次及相互关系

抛开科学探索不谈，仅从与公司产品有关的科研开发活动来看，技术工作可以按工作内容、技术特征和管理特点来分为三个层次。

1. 技术推动层次——原理研究

人员称谓：从事这部分工作的人员可以称为“科学家”。

工作特征和职责——创新：从宏观上认识和把握整个领域的发展；个人或个人指导下的研究工作，对某些技术领域中的具体微观关键技术有原理性和实质性创新。

评价考核：其工作带来的具体突破应该能够推动一个领域宏观的变化（这也是评价其工作成绩的主要标准），对整个领域的发展能够提出方向性建议。

人员要求和培养：科学家工作的两个层面——微观和宏观一般是不可分开的。一个人只有将这两部分有机地结合在一起，才能真正起到“科学家”的作用。当然，如何从微观上升到宏观，这需要胸怀和境界。科学家不是学校培养出来的。从技术专家到科学家，靠的主要是自己的努力和悟性。

工作价值：科学家的工作，将对企业的战略发展起到决定性作用，并为企业产品的实质性更新换代，保持长期技术优势奠定基础。

管理特点：对科学家，在工作中硬性的规范性管理较少，个人发挥自由度较大。由于其权威性，他们自己已经拥有相当大的发展空间。

2. 技术实现层次——实用研究

人员称谓：从事这部分工作的人员可以称为“技术专家”。

工作特征和职责——攻关：对局部领域的某项技术有透彻的理解和掌握，可以灵活地应用其创造新的实用功能，即功能创新；并能解决在技术应用中碰到的问题。他们一般不直接参与或较浅地参与技术风险很小的产品设计，而是为产品提供所必需的局部功能设计如模块原型。如果有技术风险较大的产品开发任务（如高技术军品、大型并行处理计算机等含有较多没有充分把握的新技术的产品），这些人员可按横向组成产品开发队伍，进行原型机的开发，即实行矩阵式管理。这些产品通常是单件研制，而不是作为产品系列滚动开发。国家项目通常属于这一类。

工作价值：技术专家的工作，一方面是从技术的角度来推动新的市场需求的产生，另一方面是用现有的技术满足由市场提出的功能需求，保证企业在产品技术上的领先地位。

人员要求和培养：技术专家一般应该受过严格系统的专业训练和培养，应该具有较高的学历，或在实践中获得了相应的能力。一个优秀的技术专家，应该能够在其专业范围内解决别人解决不了的问题，做别人做不到的事情。在企业中一旦产品出问题，相应的技术专家将到场，而且他们必须要负责将问题解决。

评价考核：对技术专家的管理和考核，主要是纵向的。即按专业技术领域进行。工作的评价主要看其是否能够利用成熟技术或新技术创造出新的功能或应用，并解决产品设计中出现的复杂技术难题，还包括其在专业领域获得认可的程度。其工作成果的评价，更多的是从实用的角度，进行严格的定量技术性能测试。

管理特点：技术专家的工作过程，已具有较强的可规范性（内容和时间），其管理模式纵向多于横向，有矩阵特征。管理者要为他们在其专业技术领域保持领先创造各种条件，如国际学术交流等。

3. 技术转化层次——产品开发

人员称谓：从事这部分工作的人员可以称为“产品设计师”。

工作特征和职责——创造财富：利用多种已经成熟的技术、功能模块或原理样机（通常只针对技术风险大的产品而言），开发出符合产品定义要求的产品及完成生产工艺的设计，可能但不仅包括功能、成本、造型、可生产性、国家标准的符合等方面的工作。其产品的开发，通常是以滚动方式进行，形成产品系列。他们的工作，在许多领域被称为“系统集成”，他们是社会物质财富的直接创造者。

工作价值：企业产品的直接设计者；从技术的角度提出新的产品建议，由技术推动市场。

人员要求和培养：产品设计师并不要求一定有高于本科的学历，因为他们需要的能力和知识结构，许多并非是学校可以培养和提供的。

知识结构：产品计师不一定需要在某个技术领域有很深的造诣（有自然更好），他需要的是横跨多个技术及非技术领域的知识结构，快速接受掌握相应领域新技术和系统设计综合能力，即用不同的、成熟的技术组合出需要的产品（实现功能）。

工作作风：他们必须受过严格的训练（这是保证产品功能可靠稳定的主要条件）。精益求精——不只要会做事情，更重要的是按照产品设计的要求做好——包括所有看上去似乎不重要的细枝末节。设计师的个性，不是表现在其对产品定义自以为是的突破上，而是体现为在产品要求的范围内，尽最大的努力做得最好——你做过的事情，换成任何其他人来做，在同样的条件下也只能到这个程度。开发计划的制定和有效（包括效率/效果）的实施推动——做事情要有条理，不只要把该做的事情都做到，而且要在所有细节上按科学的顺序、方式和步骤去做。在产品设计的完整性（包括设计文件的完整性）方面，也要严格自觉地执行设计规范，理解正规的管理都是以文件为核心的。

产品的可生产性的保证：产品设计师要充分了解生产线的工作特点，使产品在设计阶段即保证在今后能够顺利大批生产；能够进行生产工艺的基本设计，帮助生产技术人员完成产品的生产过渡。

成本控制：产品设计师要了解最新的材料和工艺，在保证质量的前提下有效地控制产品与设计有关的成本，如材料成本、加工工艺要求等。

高度的变通能力：产品开发，一定有众多的约束条件，如可用资源、投放市场时间等等。在产品定义明确以后，依然需要产品设计师有高度的变通能力，在现实的约束条件下求得最佳解，而不是只从理想的技术的角度来考虑问题；或抱怨条件不好，而放弃努力。在众多约束条件下的创新，才是真正有价值的，因为你永远逃脱不了外在条件的限制，除非你逃离这个社会。这种创新，体现了一个人在寻求与外界和谐相处的同时，对环境的突破和超越，是一个社会人的真正价值和水平所在。

团队精神：产品设计师要能与各种不同性格的人有效合作。产品设计是一个综合性很强的工作，需要各种层次、各种部门众多人的努力才能完成。产品设计师尤其要有合作精神。一般情况下，你是无法挑选你的合作者的。你必须面对现实，通过调整自己的心态，来保证与他人的有效合作。

合格乃至优秀的产品设计师，是要由产品开发部门培养的。这是产品开发部门管理者的一个重要的、不可推卸的职责。一个优秀的产品设计师的素质要求和价值绝不低于一个优秀的技术专家，尽管他在专业领域可能不享有技术专家那样的声誉。产品设计师在专业技术造诣上要求低于技术专家，但是在操作层次上，包括思维和行为的严谨细致、心理的稳定开放等方面的素质要求和训练则是三个层次中最高的。

事实上，一个优秀的产品设计师的培养代价，是要用百万甚至千万的金钱来计算的。他们是社会十分宝贵的财富。

工作考核评价：对产品设计师应该尽量避免将产品的最终效益作为考核的主要依据，而应主要以职责作为考核依据。在考核中，除工作质量外，一个相当重要的因素是工作效率。

管理特点：这部分工作的管理是三个层次中最复杂的。需要各个层次、各个方面严格的工作规范（从工作内容到工作时间）。研发过程管理的工作量相当大，而且需要对产品设计师进行不断的培训。其管理模式按产品方向组合，以横向为主。

三个层次的关系和中国科技人员的尴尬：三个层次的划分不是绝对的，不同层次的工作也会有重叠；有些人可能会同时属于两个甚至三个层次。但这只是少部分人，对大多数人而言，特别是年轻的科技人员而言，应该对自己有明确的定位，至少起步时是这样。

在中国，由于教育、文化传统、社会价值取向和现代高技术企业的幼稚状态以及薪酬待遇等众多的原因，许多受过良好教育、又确实有能力并愿意做技术工作的科技人员不愿意做真正的产品设计师；同时由于缺乏足够的国际交流等必要的科研条件，他们绝大多数又无法成为真正的技术专家。其自身定位的模糊造成了对自身发展的困惑和社会认知的尴尬，形成了整个社会的人才浪费。这导致了产品设计师档次偏低，技术专家能力不够的局面（因而也难以产生真正的科学家）。许多技术人员的情况是，泛泛地谈，什么都能干，一旦认真起来，又什么都不行。

其结果是我们的科技人员做了许多既无学术技术水平又无市场价值的工作，只能用来评职称。

技术战略、产品战略与中国高技术企业的需求：根据新兴工业化国家和地区的经验，就中国目前企业的普遍水平（个别企业除外）和在国际上所处的地位及经济、管理、生产和市场的能力来看，目前企业需要一大批优秀的产品设计师，为市场提供在功能和价格等方面有特色的、但未必是最先进的产品。不论是从人才培养的角度，还是从物质准备和积累的角度，他们都是产生优秀的技术专家和科学家的基础。他们的工作也为企业成长为国际一流高技术企业创造了条件。

从企业的战略管理来看，技术性企业目前真正需要的是制定和实施产品战略的能力。产品战略的起点是产品研发，终点是产品的销售和服务，其面对的是产品用户市场。当企业真正发展到具有雄厚的资金和产品开发能力，并具有了较强的承担风险的愿望和能力后，企业将逐步建立自己的技术开发体系，由产品开发上升到功能和技术乃至科学的研究层次。这时企业必须制定自己的技术战略，将科学探索、技术研究、功能开发和产品设计统一在一个规划之下。技术战略和产品战略的结合点是功能开发和产品设计。技术战略不仅可以支撑企业内部自己的产品战略，也能够独立地面对技术市场，将技术成果而非产品提供给相应的用户，支撑其他企业的产品战略，从而形成企业中一个新的业务主线。在国际上能够做到这一点的企业也不多见。这样的企业一般是一个行业的真正领导者。中国的企业可能还有一段相当长的路要走。在这期间，如果分工配合得好，研究所和高等院校将能够在很大程度上弥补企业的不足。

（编辑后发表于《IT 经理世界》2000 年第 5 期）

原来我希望能有机会按照这个思路，去建立一个多层次、完整的技术研发体系。但是后来发生的一系列变故，使得我至今没有机会去实现这个想法，而且我后来的工作离技术也越来越远。

成事在人

应对危机之二：定中生慧

在掌上电脑从研发到投放市场的过程中，特别是后一阶段，我们的工作出现了多次险情。造成的原因多种多样。有经验不足、能力欠缺、客观因素、意外事件等等，不一而足。好在每一次我们都化险为夷。以至于我的同事几次告诉我说：“谢总，您的运气太好了。”用刘晓炜的话来说：“我们应该死过无数次了。”回想这段经历，小白有点后怕地说过：“我们差一点把‘天’给捅塌了。”如果总能有好运气的话，那应该说这其中是有规律可循的。

在工作中，我们不可避免地要面对各种危机。因为《IT经理世界》向我约稿，所以我便结合一次典型事故，把这几年处理危机的感受和体验写成了文字，奉献给了大家。

面对危机

西方有一个“墨菲定律”：“可能出的麻烦一定会出”。毕业进入企业，我先后做了几个项目，得到的经验好像比这个定律还过分：只有你认为可能发生的和那些你认为根本不可能发生的所有问题都出尽了，项目才能基本成功地结束。这可能与IT行业的多变和高速发展有关。它意味着如果你不具备处理危机的能力，是很难在IT行业里取得突出成绩的。当然除非你的运气特别好。

回顾我刚刚做完的一个项目，在整个过程中，可谓充满了风险和危机。我的一个部门经理（刘晓炜）曾经对我说：其实我们应该已经死了无数次了。在这无数次“该死”的事件中，有一件与他密切相关。

每周五的例会又开到了晚上8点。在短暂的休息之后，突然这位部门经理走过来变得十分严肃。他刚刚发现，在我们已经在外地工厂上了生产线的试生产的产品上，有一个核心器件竟然不是我们需要的型号！2 000 块线路板已经生产完，而实际用的器件的手册指标远远超出我们的要求。会议气氛一下就凝固了，我脱口而出：如果真是这样，我要被老板杀头了。因为 2 000 块线路板换核心器件，只能用人工完成。在这个过程中，2 000 块线路板最后会被工人因为操作问题破坏掉很多，损失很难估计。有可能大部分板将彻底报废。这时另外一个部门经理对这个部门经理说道：如果是总经理要杀头的事，你应该马上飞到工厂去。但是，多年的管理经验，使我迅速镇静下来。首先我安排相关部门立即核实这个结果，确定从采购到生产到底是哪个环节上出了问题。结果很快就得到了确认：我们采购订单是对的，但是这个错误的器件竟然从供应厂家发出，奇迹般地溜过了五个有机会发现这个错误的环节，上了生产线。我接通了在外地负责接货的采购经理（许克明）的电话。他说由于太忙，没有验货就将器件交给了工厂。我没有批评他，而是要求他尽力配合解决这个危机。

情况清楚之后，大家便开始紧张地想对策。首先根据器件手册，计算了该器件对整机性能的影响。这几乎成了我们唯一的希望——产品如果返工换器件，不仅影响产品上市时间，而且生产上的损失也难以预料。可是分析的结论令人沮丧——用户不可能接受这样的产品。这时我想起了一个器件供应商曾经多次对我讲过，但我一直没有认真对待的一个信息：这个器件与我们需要的器件的差别，并不像手册上讲的那样，实际上没有什么差别。我要求那个部门经理立即与工厂联系，进行实际测量。可是大家认为希望不大，因为手册上的数据实在与我们的要求差得太远。但总要试一下运气。这时，已经是晚上 9 点了，工厂已找不到人。

第二天上午，北京和外地工厂之间的电话几乎没断过。接近中午时，结果出来了——95％以上的器件均符合我们的要求。这样我们只要换掉那些有问题的主板上的器件就可以了。这种少量主板的改动，可以用熟练人工来完成，基本不会有什么损失。一场灭顶之灾，就这样被我们躲过了。在随后的一次部门经理会议上，我第一次也是至今唯一一次拍了桌子。不论有什么原因，作为采购经理接货时不验货，都是极为严重的失职行为。

这只是我在做这个项目管理的过程中，众多危机中的一个比较典型的。这个项目进行了两年时，我的一个部下对我说：咱们不论遇到什么困难，都能过去，全靠你的运气好。这使我想起了我大学的物理老师曾经说过的一句话：现实中的任何问题都是有解的。这话有些绝对或片面，但是我却一直奉为真理。其实在危机中能够及时找到冥冥之中的那个我们需要的“解”，既不必靠运气，也不是很困难。

当危机来临的时候，我们常常会因为它可能带来的灾难性后果而思绪万千甚至心烦意乱。对个人的荣辱、进退和得失，以及出事后如何减轻给自己造成的影响的算计，可能会成为整个思维活动的核心。如果是这样的话，那我们真的只能靠运气了，而且很可能运气不佳。不去全力地解决问题，问题自己通常是不会自行消失的。胡思乱想帮不了我们任何的忙。

面对危机，首先需要的是管理者的定力和信心。我们要能够让自己将注意力真正集中在需要处理的危机本身上，而不是它对我们个人可能造成的后果上。主管的信心也将直接影响到团队在危机面前是否能够稳住阵脚保持团结，团队的成员是否能够自信地面对危机。没有自信和齐心协力，团队是难以走出困境的。当然，定力和信心不是装出来的，而是建立在我们承担责任和风险的勇气，以及自己的能力和经验之上。没有能力和经验支撑的自信，只能是一种轻狂；没有自信的滋养，能力和经验也会大打折扣，发挥不出应有的效能。

接下来，我们需要做的就是坦然地面对现实。集中力量尽快将危机产生的所有原因和目前的状况全面细致地了解核实清楚。危机发生后，由于突如其来的变故，使得有些信息可能是混乱或不真实的。有人会因为惊吓而夸大某些因素；也有人为了推卸责任，而掩盖一些真像。这时细心非常重要。否则我们为处理危机而做的决策可能会失去客观的依据。在对整个危机有了完整的把握后，千万要避免陷入相互指责和抱怨。责任一定要在危机过去之后再追究——如果确实需要的话。现场追究责任，只会把大家的注意力引导到问题以外的方向上去，对于化解危机没有任何帮助。

最关键的自然是寻找走出困境的道路。没有一个模板或简单的程序可以帮助我们去找到它。但是一些原则或许会帮我们的忙。

集中大家智慧的必要性是显而易见的——不同的人会从不同的角度看问题。这时重要的是每一个人都要用心去寻找“可能”，而不是否定其他人的建议，不断地去证明“不可能”。任何人的意见，哪怕听起来是荒唐的，都不要轻易否定。正像我们认为不可能的问题偏偏发生了一样（如果有思想准备，哪儿来的危机?），能救我们命的“解”通常也是那些被认为不可能的方法。可能不可能，都值得去试一下。命运之神的微笑，可能只是被我们眼前一层薄薄的迷雾给遮住了，而我们却以为它远在天边。

扩大思考问题的范围，也是寻找出路的一个重要方法。比如，我在惠州做产品的时候，芯片上的错误导致产品无法正常使用。在我们费尽脑筋，依然在我们的产品上面找不到完整的应急解决办法的时候，我从客户的商业计划上，发现了走出困境的线索，从而化解了一场无望的危机。

缜密地去关注和分析所有可能的细节，有助于我们找到意想不到的救命稻草。高度的应变能力，往往来源于对常规思维的突破和对一般人不注意的细节的重视。在惠州，当时在看到芯片上100个普通频道都失效了之后，如果我没有注意那“躲在犄角旮旯”里的四个PPV频道，我们真的就死定了；这次在芯片型号出错的时候，如果不是我想到朋友的一次不经意的提醒，我们在生产线上的2 000块主板，基本要全部报废。

我个人有限的经验，不仅使我坚定地相信我的老师的教导，而且发现，在我的工作中，是不会遇到需要天才才能解决的问题的。至少到今天为止，在我的职责范围内，我还没有遇到过在我带领我的团队真正竭尽全力后，依然无法解决的问题。面对无法躲避的危机，愿我们都有好运。

（编辑后发表在《TI 经理世界》2000 年第 13 期）

功败垂成

管理提升之三：辩证看人

1999 年初，我们的产品经过试生产，即将投入市场。尽管国内有两家其他的公司和我们基本同时开始开发同样的产品，但是它们好像遇到了一些困难，市场上迟迟没有它们的消息。因此我们将成为全球第一家提供中文版 WINDOWS CE 掌上电脑的厂家。大家充满了一种前所未有的兴奋和期待。

由于 QDI 在国内没有销售产品部门，所以集团领导决定，这个业务或者划归联想电脑公司，或者交给联想科技发展有限公司，不允许 QDI 自己成立业务部门来做这个业务。经过反复商谈，最终的决定是，此业务交由联想科技发展有限公司，在其下面成立联想消费电子有限公司，集团指定了总经理，我作为消费电子的副总经理负责研发和生产。

在做这个决定的会议上，柳总强调："由我们这员大将来做总经理，我就放心了。"我听明白了柳总的弦外之音。

事实上，我部门在联想工作多年的员工，深知总经理和副总经理的本质区别，之前极力怂恿我争取总经理的位置。但是我没有做这方面的努力，一方面我感到自己能力有限，另一方面我也确实没有做一把手的欲望。

1999 年新财年开始，我离开了贺志强，加入到了联想科技的团队中。除开在消费电子公司的职务外，开始我还被任命为联想科技发展有限公司的助理总经理，6 月底又被提升为联想科技的副总经理。

由此，我正式走进了联想的中高管理层。负责联想科技的郭为帮助我开始了我职业生涯的一个新阶段。

我们的产品随即投放市场，引起了比较强烈的积极反响。同时，我们也面对来自市场和消费者的巨大压力。市场销售部不断反馈回来各种各样的产品问题，可是产品却始终供不应求。公司决定：因为新产品质量没有把握，而且今年我们作为新业务，集团给我们的条件也比较宽松，没有当期盈利的要求，所以把每月产品的产量限定在了一个比较保守的数字上。求稳的作风起了主导作用。这与新业务的拓展需求，产生了实质性的矛盾。

每月的生产任务，在生产线上只需要最多一周的时间便可完成。这些产品每次还没有下生产线，就被我们的销售代理分光了。但是我们一点都没有闲着，因为市场销售部不停地要求我们改进产品，大家疲于奔命。而在同一时间，比我们的产品低一个档次的“商务通”个人数字助理产品，也打着掌上电脑的招牌，借助强大的市场攻势，迅速膨胀。

1999 年 8 月，我们在南戴河参加暑期干部培训班。外地某平台总经理在会议期间找到我，非常奇怪地问：“掌上电脑在我们那里卖得非常好，你们为什么不多生产一些?”

我们负责另一部分工作的副总经理曾经找到我，提出了一个建议：“谢耘，公司对好多事情都不拿主意。干脆以后我听你的，你来做主算了。”经过了几年的工作，我已经明白了我应该遵守的游戏规则。对这个建议，我只能婉转地推辞。

在“商务通”横行全国的时候，我们曾多次受到批评。到当年的 10 月份，公司已经面临分拆的局面。我们的业务，便一直维持这个状态直到财年底。

当时我和刘晨晖曾经测算过这个业务从先期投入算起，实现盈亏平衡所需要的年销售量。按照当时市场对我们产品的积极反映，达到这一销量基本没有困难，而且有很大的把握大幅超出。

但是我们无可挽回地错过了这个机会。

1999 财年结束后，刘晓炜统计下来我们的产品返修率没有超过我们代理的类似国外产品。2000 年，联想分拆之后，刘晓炜到外地拜访经销商。四川的一个经销商不解地问他，为什么在去年我们的产品不停地修改，搞得他们有点不知道如何卖了；他们认为当时产品尽管不完美，可是并不影响产品的销售。但是，当时我们公司内部并不这样看。

在我们的产品投放市场一年多的时间里，在中国市场上，同档次的采用 WINDOWS CE 操作系统的掌上电脑产品，只有我们是国内自己设计自己生产的。其他的产品，或者来自国外厂商，或者是国内厂商向海外企业 OEM 过来的贴牌产品。

在一次开会的时候，我碰到了在总部位于山东的一个国内著名企业中负责掌上电脑开发的 L 博士。他们的项目几乎与我们同时启动，但是产品迟迟没有推向市场。因为我们的产品已经开始销售，所以 L 博士对我们的情况非常感兴趣，不仅询问了我们生产的情况，包括生产直通率，还同我交流了许多管理的问题。在交流的过程中，我如实地回答了他提出的所有问题。临别时，他问我："有可能请你去一下山东我们总部，给我们的高层管理作一个讲座吗?"从他的话语中看，当时他们遇到的好像不只是技术上的困难。

不想再去过多地讲述我们做的那个在今天看来非常普通的产品在国内外同行中引起的震动。因为正如前面所说，我不认为这是一个多么了不起的成就。我们这支几乎没有任何经验的队伍，竟然走到了国内企业的最前面，也让台湾的同行大吃一惊，只能说明我们普遍水平的低下。

如果说在美国的时候，我只是作为一个追随者，参与了周博士领导的一次开创性工作的话。这次做掌上电脑，则是我自己领衔，带领一个新的团队做了一件新鲜事。尽管事情不算大，不过做了一次先行者，正如当初跟周博士完成了一件大家都认为做不成的事情一样，其中受到的锻炼，是难以用语言来完全表达的。没有身临其境，很难感受到我们受到的全方位磨炼和获得的多方面收获。这其中不只是我们的技术开发能力得到了大幅度的提高，更重要的是，我们对市场和产品发展的眼光，面对挑战时的勇气和自信，以及对自己潜力的认识等方面，都有了长足的长进。它进一步帮助我打破了潜意识中的自我贬低和自我束缚。

面对一个新的市场机遇，贺志强的高瞻远瞩加上我们这个团队的呕心沥血，我们在技术、产品和时间上占有了先机，却最终与机遇失之交臂，功败垂成。

这件事情的不幸结果，引发了我对如何让员工特质和业务性质相匹配的思考。

质疑信任

人与人之间的信任，可谓是人类永恒的话题之一。在企业工作，特别是面对激烈的竞争环境，同事之间、上下级之间的信任，显得尤为重要。信任这个概念，如此普通和简单，我们在不假思索地频繁使用它。

但是四年前，当我供职的一个中关村老牌的民营企业由于自身的原因，面临空前的危机时，我的老板曾经认真地问我是否还信任他。当时我竟然不知道该如何回答。我猛然意识到，信任其实并非是一个简单的概念。这件事迫使我在未来的工作中不断地重新去认识这个曾经熟悉得毋须分辨的概念。

我们使用信任这一个概念无非是在对一个人做出评价。可是，人们在使用“信任”时，并没有清楚地区分“信任”到底指的是什么。这使得信任变成了一个抽象笼统而且模糊不清的概念。其实，任何一个人的“特质”，都是多方面的，因而对人的评价也应当是多维度的。

人的特质主要包括：社会责任感、个人道德修养、心理和性格特征、思维能力、知识结构、职业技能和个人需求等多个方面——不能只依靠智商或者是近年来流行的情商。一般情况下，不同类型的特质，是不好用好坏和高低来衡量的。但是，确实有人可以将不同的甚至是矛盾的特质，完美地统一在一起。遗憾的是这只是极少数人。一般的人，只能是有所偏重。幸运的是，对特定的工作，在特定的条件下，一般也只是需要在不同方面有特长的人，而非一定需要全才。

比如思维能力，从大的方面可以分为两种。一种是模仿能力。这方面能力突出的人，通常表现为头脑灵活、主意多、语言能力强、知识面宽、接受新事物快。但是在这些显而易见的聪明的掩盖下，他们往往对问题和事物缺乏完整系统的分析、深入透彻的理解和独到的真知灼见，而且他们的注意力难以持久。这种人适合从事公关型工作、一般性组织管理工作，或者是新业务启动阶段的工作。他们一般比较容易脱颖而出受到重视和提拔。另外一种是分析能力。这方面能力强的人，注意力能够持续地集中，通常对事物和问题，能够进行深入和系统的思考，有独到的见解，看到一般人看不到的事物本质。他们能够将工作真正做扎实，使部门形成持久的竞争力。可是他们的能力和价值有时不被急于求成的上级所认识——不幸的是这样的上级并不少见。他们的弱点是适应环境慢，由于注意力的集中而显得视野不够宽。在获得了足够的经验后，这种人适合做规划和战略性的工作，以及关键业务的持续和深层的推动。如果找不到全才的话，有这种特质的人做企业的主管更合适。可能是由于心理或生理上的原因，一个人很难同时兼有这两方面的突出能力。

就社会责任感而言，某著名公司总裁有过一个有意思的说法。大意是：在企业中，管理者一定要用有社会责任感的人；而让那些有能力但是喜欢自我表现的人，去做企业里的英雄和劳动模范。

但是，确实有许多管理者在处理人的问题上不适当地使用简单而抽象的“信任”。一个好朋友给我讲了他自己真实的、有关“信任”的一段经历。他企业的老总，将一个全新的业务“放心”地交给了他“十分信任”的一个部下。这个部下一直在该企业里出色地完成着自己的职责，有着良好的信誉和业绩。可是，这个部下并没有从事这种新业务的经验和所需要的知识结构。更重要的是，他的心理和个性不是新业务所需要的、处理大量不确定性问题的特质。结果可想而知——这种安排，对企业、对老总以及对他的这个部下均造成了不良的影响。不知道他们之间的“信任”，是否已经打了折扣。这个老板是否意识到，正像我们长大以后，不再用“好人”和“坏人”来区分我们周围的人一样，一个成熟的人也不应该用一种简单而抽象的“信任”作为一个十分重要的标准来确定我们与他人之间的关系。

道理一旦说明白就很简单。但是真的能够在条件允许的情况下，全面、客观、公正地评价一个人的特质，或者反过来，接受他人对自己的评价，却实在不是一件容易的事情，特别是对于我们这些在中国这样一个相当感性和情绪化的文化社会环境中长大的人来说。我的一个部下曾经强烈地反对我不再用是否“信任”来确定我们之间的关系。或许他没有能力全面地评价自己；或许他对自己的某些特质没有信心，不愿意接受别人对他的全面评价；或许他不习惯和他人建立一种理性的关系。

可是我个人的经验表明，当我放弃“信任”这个简单而抽象的概念，能够通过对他人的特质做出客观和全面的评价，来确定我与他人之间的合作时，我们之间的关系，变得理性、稳定和健康。作为一个管理者，我的团队也因此少了情绪化的色彩，少了许多有中国特色的内耗，变得更加理性、健康和有活力，从而获得更加稳定和出色的表现。

（编辑后发表在《IT经理世界》2000年第19期）

不论原因如何，我们做的这件事情，令人遗憾地没有取得那几乎是近在咫尺的成功。这对我们来讲，也是一个很大的损失。使得我们失去了一次可能获得更多宝贵经验的机会。

扪心自问，假如当时我来全面主管这个业务，按我当时的经验和能力，以及外部的环境条件看，也不太可能有更好的结果。

这一年，是我比较深地进入公司主流体系的开始。集团领导的多次严厉批评和教诲，以及我的直接领导沉稳、宽容和善纳他人意见的做事风格，给了我非常有益的影响。在一段时间内，我经常不自觉地拿自己和他对比，看到了自己在工作中表现出的许多浮躁和轻率。

第五章

再上台阶——进入高层管理

公司的突然拆分，导致了许多人生命轨迹的突变。我也因此而从产品业务，转向了软件服务业务。如果说是贺志强引领我进入了IT行业的话，可以讲是郭为带我进入了一个企业的高层管理团队。由此，我对企业的管理实践，也从执行层，逐步跨入了战略层。在这一过程中，自己也经受了新的人性上的锤炼。

联想拆分

战略管理分析之一：运作与创新

1999年10月的一天，我突然想到，掌上电脑的业务快做两年了，看来这次我能比较长时间持续地做一件事情了。在此之前，我的工作变动频繁，而我非常希望有机会长期稳定地做一件事情。没有持续的专注，是很难做出真正的成绩的。

命运再次与我的期望背道而驰。1999年下半年，联想内部风云突变，面临拆分的局面，令内外震惊。这其中真实的缘由或许永远是一个谜。当12月份我得到这个消息的时候，非常不理解，曾向柳总讨教。我当时不知轻重地向柳总坦言："联想已经是一个举足轻重的企业，您要对国家负责任。"为此，柳总专门和我谈了半个小时。我静静地听他的讲述，没有插话。听完后我多少理解了一些他的处境和拆分的缘由。

由于当时我参与的掌上电脑业务，拆分后被纳入联想的体系，所以我去联想是理所当然的。但是两年来的工作让我清楚，在联想这个体系中，掌上电脑这样的新业务，几乎没有做成的希望；而且郭为专门找我谈了一次话，希望我留在神州数码，办一个神州研究院；他也希望自己身边有一个搞技术的人，一个能够深谈一些话题的人。我便决定继续和郭为一起工作。我又一次放弃了自己花费了大量的心血、投入了大量精力和时间的工作，不得不再去面对新的未知领域。

在一个以分销为主营业务的企业中，如何办一个研究院，我既没有概念，也没有什么信心。只能走着瞧了。

对于我留在神州数码，许多人猜测纷纷。很多人都认为是郭为给了我"高官厚禄"。其实，当时郭为只和我谈了他需要我，根本没有涉及任何职位和待遇的话题。而我决定留下来，一方面因为郭为的诚意，另一方面是因为我难以接受联想电脑那边的文化。

刘晨晖当时劝我和他们一起去联想："你在联想立足全靠掌上电脑，如果离开这个业务，你可就没有根了。"他不了解我并不惧怕从零开始去开拓新的天地。这主要倒不是我自信，而更多的是一种习惯。

在分开前，我看出有些同事有顾虑，我便对他们说："我们一起在过去的两年里，付出这么大的努力，才把业务做到今天这个样子。我真的希望你们完整地过去，并且把这个业务继续做下去，争取做得更好一些。我留下来完全是我自己的原因，我从来没有想过要你们中间的谁跟我一起留在这边。对此你们不要有任何的顾虑。"记得贺志强曾经和我说过，他希望能培养出一批懂技术、懂产品并且也懂管理的人才，即使这些人以后去了其他企业工作，也是对社会的一种贡献。我很认可他的这种态度。

就这样，掌上电脑这支队伍，完整地交给了新联想，只有我留在了神州数码。过了一段时间，白宇轩和陈静因为个人的原因，从那边辞职来到我管理的神州数码研究院工作。

我做掌上电脑那两年，基本上是游离于公司的主体之外的。这种游离，使得我有可能在我的部门内不受公司主体的限制，建立了一个不同于公司主体的部门文化和行为方式。我基本上可以按照自己的理解来实施管理。随着神州数码的成立，这个相对独立的工作环境消失了。在随后的日子里，我面临着巨大的挑战，而我自己在开始的时候根本没有意识到这种将要发生的变化。

联想拆分的内部过程，我没有资格介入，不知详情。拆分的结果是，神州数码由原来联想的分销、系统集成和网络产品业务构成。其他的业务分到了新的联想集团。神州数码的总裁是郭为。我担任副总裁兼首席技术官的角色，同时兼任研究院院长。我原来的领导贺志强在新联想中任研究院院长、副总裁和首席技术官三个职位。

神州数码脱离联想后，面对袭卷全球的电子商务热浪，我们最终选择了电子商务服务商这个概念，作为自己未来的旗帜。

2000 年 1 月，神州数码总裁郭为看到我比较喜欢思考问题，而且有一些特别的想法，就要求我给神州数码作战略规划，指派其他三个人帮助我。这给了我一个了解分销和集成业务的机会。可是如何做企业的战略定位和规划，我只知道一些零散的概念，并没有系统的想法。这项工作比我以前做的产品战略又高了一个层次。

我做事情一直的习惯是，先形成一个完整的思路和逻辑，然后再用它分析具体的问题，而不习惯“头脑风暴”式的工作方式。为了提炼出这个思路，我颇费了一番脑筋。2000 年 1 月中旬，我和刘晓炜到美国参加消费电子展览会，脑海中一直萦绕着这个问题。在回国的飞机上，我终于突然有了思路，便借着昏暗的灯光，在餐巾纸上画了一张图，形成了企业战略定位的核心思路。这张图所表达的核心思路，在以后的多年里被郭为反复提起。

随后我在此基础上，形成了一个粗略的关于神州的战略定位分析和主要战略的建议。其中核心点是：(1) 因为我们的分销、网络产品和集成业务存在本质的差异，所以应该把神州数码变为控股公司，下面三个子公司相对独立运作这三块业务。(2) 分销业务应该以规模效益为追求目标，不应该过分挖掘个别产品的利润，尤其不能把分销业务建筑在独家代理的产品之上。但是我们的分销业务的主要利润，是来自独家代理的东芝笔记本的销售。我感到这种业务构成的风险太大。(3) 集成业务要形成自己的解决方案的积累，形成业务良好的可扩展性。(4) 网络产品要有一个完整的产品战略和研发能力。

郭为显然对我们做的规划不满意，所以随后又花重金请麦肯锡来做。不过回头看，当时我做的规划还是抓住了一些核心的问题的。而这些问题，由于某些原因，麦肯锡没有明确指出。

比如关于分销业务。由于感到分销业务过分依赖独家代理的东芝的笔记本电脑产品，2000 年 11 月份在美国参加 COMDEX 的时候，我专门就这个问题和郭为深入地谈过，希望引起他的重视。不幸的是，2001 年初发生了东芝笔记本事件。产品销售一落千丈，分销业务遭受重大挫折。到了 2004 年初做新财年规划时，郭为明确强调，分销不能以独家产品为主来做，并举了台湾联强的经验。

另外关于公司的架构。不同的业务后来一直被绑在一起管理，引出了很多矛盾。分销人员认为软件集成业务不赚钱，但工资却很高，太不公平；集成员工指责公司用分销文化和模式来管理集成业务，是外行管内行；网络产品的人认为公司只懂分销，不懂如何管理自有品牌业务。这些问题至今没有很好地解决，导致管理不停地左右摇摆。几个业务就像奔往不通方向的大象，却被锁链拴在了一起。公司架构对一家大公司来讲，是一个非常关键的问题，设计不好，公司很难登上新的台阶。

尽管我们的建议没有被采纳，但是这段只持续了两个月左右的短暂工作，对我的帮助却很大。我第一次试图站在一个完整的、具有多样性业务的企业的角度，来系统和全面地分析企业的定位和管理的一些核心要素。后来，应《IT 经理世界》之约，根据这段工作的体会，我写了一篇短文《企业的战略定位、技术能力和业务转型》。

企业的战略定位、技术能力和业务转型

供职于著名高校所属企业的我大学寝室同学从外地返京，谈起各自企业的情况。令我惊讶的是，他竟然告诉我，他们的企业“没有多少技术含量”。背靠国内乃至世界知名大学，竟然缺少技术含量高的产品？而我服务的企业，又何尝没有这个问题？产品技术含量低，几乎是国内众多高技术企业普遍面临，并急于解决的问题——包括许多市场占有率，产值和声誉等都名列前茅的企业。

自觉有实力的企业为解决这个问题，在纷纷寻找人才，购并企业，更有企业不惜代价从国外聘请高手，投巨资建立研发机构，但依然步履维艰。也有的企业将一点儿在工业设计上的特色和用户界面上的改进，夸大为企业的整体运营已经进入到技术创新的阶段；给并无新鲜功能的产品起一个时髦的名称，便自认为是在领导行业走向和主导行业标准。那如果不是自欺欺人的话，也不过是市场的炒作。而个别在发展初期就走上技术创新之路的企业，尽管问题也不少，但是确实在实实在在地在

主流核心市场上与国外企业进行着残酷的竞争，并且逐步建立起了自己的某些优势。

企业的业务转型，为何如此之难？碰巧公司进行业务重组，需要对现有的业务进行分析，我有了机会来研究一下这个问题。经过几个星期的苦思冥想，在从美国返回的飞机上，七年来在信息行业工作的杂乱的感受，终于逐步清晰起来，对这个问题形成了一些基本的认识——这些企业所面临的不是一个简单的技术能力和技术投入的问题，而是如何从一种企业业务类型向另外一种完全不同的企业业务类型的转换的问题。或者说，这是一个企业战略问题。

对企业战略通常有以下的不同定义和看法：(1) 企业战略作为确定组织使命的手段，要明确组织的长期目标、活动程序和资源分配的优先级；(2) 战略是一种事先的计划，是对未来行动方案的说明和要求；(3) 战略的主旨在于限定企业的竞争范围；(4) 企业战略是为获得持久竞争优势而对外部机会和威胁以及内部优势和劣势的积极反应；(5) 企业战略是一种连续一致的决策模式；(6) 战略是一种定位；(7) 战略是获得竞争优势的手段；(8) 战略是一种观念和意向。

企业战略作为企业行动的纲领，应该反映企业经营的核心问题，不仅体现对现实静态现状的认识，还要融入发展的动态特性，并将概念建立在实际操作之上。按下述方式来定义和理解企业战略可能更准确一些。

企业战略：在企业的核心价值观的指导下，基于现有的内外部基础和边界条件，面向未来，在社会价值循环中，对企业的核心业务给出明确的定位，确定有效的手段建立和发展企业的内在核心竞争力，制定有效的策略将其成功地外化或转化为企业的利润及其他社会价值。

企业的内在核心竞争力相对于内外部环境和条件的变化，具有相对的稳定性和适应性，具有企业的个性特征。它是企业的组织特性，而不是企业中个别人的能力，需要持续专注的培养和积累才能形成。在这里出现的问题主要还是企业如何确定自己是否已经建立起某种核心竞争力，其实质是如何在竞争环境中客观评价自身，而不是被一时的成功冲昏头脑。企业内在核心竞争力决定企业的价值，其成功的外化决定企业在市场竞争中的成败，而品牌只是内在核心竞争力外化的一个表现。

在企业的战略定位分析过程中，最主要的问题之一是对自身的业务特点做系统的分析。图 5—1 是从上（概念）到下（具体产品、行业）对企业业务的分析结构。该结构是从业务对企业内部管理要素的影响出发来分类的，而不是从企业的外部特征出发。

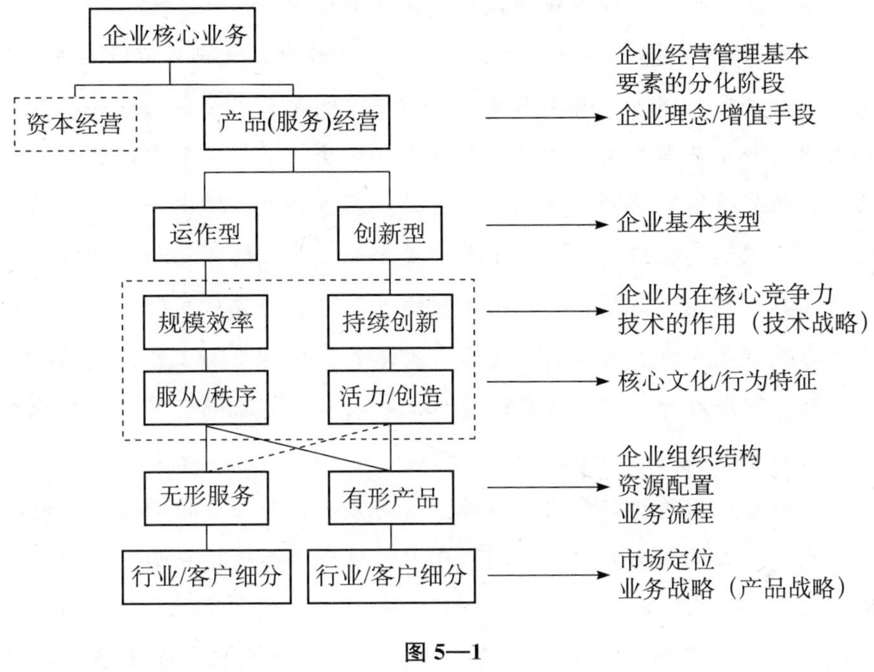

图 5—1

需要指出的是：

资本经营和产品（服务）经营的业务其本质区别在于理念和核心增值手段的不同。资本经营本质上是投机行为，靠资本增值；产品（服务）经营的增值手段是综合的，但是核心是靠诚实有效的劳动创造价值。

企业的核心业务的定位必须是全面的，即在框架内是一条从上到下，无间断的线，最终要落实到行业/用户细分上；不同的业务定位将导致不同特征的企业管理要素的组合。

企业经营管理的各个关键要素，并不是在标注的阶段就被完全确定，而是在该阶段开始分化出自身的特征。随着企业核心业务的定义逐步下移细化，其特征也在逐步丰富。由于分化阶段的不同，各个要素是有层次区分的。

企业业务的转型，一定要配合相应的企业管理要素的变化和重新定义，以及过去经验的重新辩证扬弃，而不是简单地通过引进专门人才就可以完成的。

决定企业的文化和行为特征的一个主要因素是企业的核心业务类型。不能脱离核心业务定位来谈企业文化的建设。

企业内部不同的业务路线之间如果重合较少，特别是在上部的话，则说明企业的战略可能有不够集中的问题。明确集中是在企业界已经取得共识的一个基本原则。但是，具体到一个企业，如何集中，怎样才算集中，确实是很难得到一个统一答案的，而且也无法给出一个明确的定量标准。做不到集中的一个基本原因是企业领导人的浮躁和无理智的贪心。而真正要能够做到集中，必须对企业从事或将要从事的业务、内外部资源特别是人力资源和自身能力，有落实在操作层面上的清晰及深刻的理解；同时在企业核心业务的定位上，要从上到下一直定义到行业和用户的细分层次。

该结构给出了对企业的核心业务进行系统、分层分析的框架。避免在不同层次和不同侧面争论问题。而且，该框架清晰地表明了企业经营管理的主要要素之间的关系。例如，企业的文化和行为特征，是与企业的核心业务紧密相连的，不同的企业会有不同的文化，而不能简单照搬；而企业的理念和价值观则在企业的文化之上；企业的市场定位和产品战略是在明确了企业的行业和客户细分之后才能制定的。而在此之前，企业的核心竞争力和管理结构的基本特征已经确定。

不过该结构主要概括了典型的主流业务，没有细分到对许多边缘和寄生型业务的定位。

国内的高科技企业，除少部分外，基本上都是运作型企业。即企业是依靠规模性运作/服务的效率取得竞争优势的。这也是符合中国产业发展规律的现象，不能简单地责怪这些企业和企业家不愿意做大量的技术投入来提高自己的技术含量。而且，也不是运作型企业就没有价值，一定要被淘汰。目前这些企业提高自己产品的技术含量的努力，实际上是企图使企业向技术创新型企业转化——让技术创新成为企业的核心竞争优势。这两种类型的企业——更准确一点讲，是两种类型的业务，区别远远不只是企业的技术能力和在技术上的投入规模。这种区别，更多的在于企业内部管理要素的本质不同，而非是在于外在的竞争表象。这两类业务的根本性的区别，可以简要地总结如表5—1：

表5—1　两类业务的根本区别

企业管理要素	运作型业务	技术创新型业务
核心理念	以满足用户已形成的需求为目标	以不断挖掘和满足用户新的需求为己任
主要增值手段	大规模的简单劳动	高级复杂的创造性劳动
内在核心竞争力	生产服务销售等方面的大规模高效率的运作能力	在产品或服务上的持续创新能力
文化行为特征	稳定/服从/秩序	动态/活力/创造
技术的作用	提高竞争力的被动的工具	竞争力的主体
组织结构	单一/严谨/规范	复杂/模糊/交叉
资源配置重点	先进的工具	有价值的人力资源

上面的分析比较抽象，下面从具体的业务层面，仅以代理分销和自制产品的市场销售为例，做一个简单的具体分析。在代理分销和自主研发产品业务中，都不可缺少市场销售。它们之间自然有很多相同的地方，如渠道建设、促销手段等等。但是，它们之间的不同却远非无关紧要。例如，根据市场销售与其销售的产品的关系来看，两种业务有着本质的区别。在代理分销业务中，产品做成什么样子，市场销售人员基本没有主导权。但是在产品定型可以投放市场后，他们有几乎是自由的选择权，其对产品的主动性表现在产品定型以后对不同产品的选择上。自制产品业务则正好相反。在产品规划阶段，市场销售人员可以充分表达自己的意见和建议，直接影响产品的特征。但是，产品一旦定型开始生产，市场销售人员便只能尽力去推销。在此其主动性表现在产品的规划阶段，而不是产品出来之后对不同产品的选择权上。另外，两种业务在市场销售承担的风险程度和形式等其他方面也有很大的区别。在此不做详细的分析。这些区别，导致了同样是市场销售，在两个不同的业务中

却有着许多本质上不同的做事原则和方法。一种新业务，是不能简单地脱胎自一个旧业务的。相同和相似之处在此可能并不重要，重要的是要处理好新旧业务不同的地方。

从以上的分析可以看出，运作型业务和技术创新型业务的区别是深刻而全面的——远远超过了国外成熟企业定期进行的管理结构调整的含义。简而言之，两种业务的“禀性”是非常不一样的。就一个人而言，尚且“本性难移”，可想而知，由众多的人组成的一个企业，要想改变自己的“禀性”，将要付出什么样的代价。不幸的是，许多中国的企业家，并没有意识到他想要做的事情的实质，因而也没有真正从企业的理念、文化和行为特征上去下工夫，而希望通过简单的加大投入、招聘人才等手段——当然这是必不可少的但不是充分的——来完成企业业务类型的转变。

企业业务类型的转变，可以毫不夸张地说，是一个企业的二次创业，或脱胎换骨的过程。如果企业的第一次创业可以用“风险”两个字来概括的话——那时大家几乎都一无所有，那么企业业务的转型，则应该用“痛苦”两个字来描述——我们已经不再是“无产者”。越是在原来的业务上成功的企业，往往转型越是困难。过去的成功，固然可以在某些方面为业务转型提供一个良好的基础，但是过去的许多积累——经验、人员乃至声誉，在某种程度上会成为未来发展的负担。

如果企业业务的转型，关系到企业的生死存亡，那么企业的核心主管，必须完整而且深刻地理解和认识企业需要面对的未来，坚决地从整体上对企业进行系统性的调整和改造。在这一过程中，请不要迷信自己过去成功的经验，将其无限的外推——任何经验的有效性都是有条件的，未必适合你想要面对的未来；不要受一些眼前唾手可得的利益的引诱，而不能集中足够的资源投入新的创业——既然是创业，就必须付出代价；不要为已经获得的名声拖累，而瞻前顾后——从而失去了对企业必须面对的未来的持续关注；不要用简单的方式评价和使用企业原有的员工，即使他们依然年轻——面对新的目标，所有的人都必须做出改变，而一个人过了25岁后，做出深层的改变将是一个相当困难的事情；不要陶醉于自己的企业文化，既然冠以“企业”，它必然与企业的业务类型有着不可割断的联系——新的业务类型，需要给企业注入新的文化氛围和塑造企业新的行为特征。

问题可以继续列下去，无形的、难以察觉的陷阱几乎遍布周围——更多的是来自企业自身。企业业务转型之路因企业的情况不同而可能千差万别——休克疗法/渐进改革，全面改造/以点带面等都是可能的选择。但是，本质的问题是一样的。企业因此将面临空前的压力，业绩也可能不如以前。不过只要企业的核心管理层能够以一个真正开放的心态，客观全面地认识自己的过去和必须面对的未来，有置之死地而后生的决心。那么经过了一个辩证的否定之后，企业将会迎来一个全新的发展阶段。不要等到走投无路时，才肯真正痛下决心。那时你将付出更大的代价——在这快速变化的时代和行业里，甚至可能永远错过变革的时机而留下无法弥补的遗憾。

（编辑后发表在《IT 经理世界》2000 第 11 期）

2000 年春节期间，郭为拉着我和另外一位副总裁，携带家属去美国访问。目的是借国内放假的时间，去感受和了解当时美国 IT 行业的状况，为神州数码的未来发展打开思路。我们从西岸到东岸，拜访了包括 IBM、惠普、ORACLE 等在内的十几家公司。

在美国的一个机场等飞机的时候，郭为谈起我 1999 年刚到他部门时候的情况。出乎我意料的是，郭为告诉我，“我们当时都认为来了一只大老虎”。那时我的职位，比他们相差很远。况且我一直在联想的主体之外做事情，没有和联想的任何人发生过冲突，与郭为他们甚至都没有直接的接触。可见，你自己在别人心中的形象，有时候与你自己没有太大关系。当时我没有太在意这件事，也没有深问为什么我会给他们这种感觉。

为了在 2000 年 9 月初正式宣布神州数码成立的时候，明确地树立起电子商务服务商的形象，神州数码计划在 8 月底，开通用于分销业务的电子商务平台。这个平台的开发在 1999 年下半年便已经开始。中国惠普公司派了技术人员参与。

在神州数码内部，当时我分工主管神州数码研究院的工作，研究院主要在做网络产品的开发。在电子商务平台的开发建设遇到了困难的时候，集团开始要求我参加这个项目的有关会议。因为我从来没有做过系统集成的项目，所以我听着相关人员介绍的项目情况，似懂非懂，只能凭猜测出些主意。

4月27日，我到三亚参加IBM公司为合作伙伴组织的为期三天的管理培训。在飞机上，一位女士坐在我的旁边，一直在看英文书。到了三亚发现，原来她也是来参加培训的，叫梅虹，在某著名高校的一个企业工作。当时她在那个企业负责金融行业的系统集成业务。我们随后成了好朋友，她成了我进入系统集成业务的第一个老师。

培训还没有结束，郭为来电话向我下达指示：电子商务的项目接下来由我负责，必须确保9月6日神州数码正式宣布成立之前上线。

命运似乎总在重复自己，历史再次复现：我又一次必须面对一个自己几乎毫无经验和概念的任务，而且时间紧迫、形势严峻。

急火烧身

项目管理实践：快轨方法

集团给我的时间十分有限，只有四个月。我在三亚就开始打电话了解相关情况。几个电话下来后，我感到压力很大。前期的工作遇到了一些困难，有些关键的技术问题没能解决，人员也离开了一些。我必须重新组织一支开发队伍。

也许冥冥之中有什么力量在帮我。就像我当初“捡到”刘晓炜一样，就在2000年4月初，联想和美国CA公司的一个合资公司中的十几个主要技术人员集体辞职。在徐拥军的带领下来到了我的研究院，正准备做一些软件方面的开发工作。我马上给他们打电话，要求他们立即介入这个项目，准备重新启动。

五一假期一过，我便正式成为这个项目的项目经理，并且向集团承诺，保证 8 月 31 日系统上线开通——不是我有信心，而是我无法选择。好在我的胆子已经被练出来了，心中并没有太大的负担。当然，说悬一点，我当时的直觉告诉我，这个时间节点是能够保证的，尽管我还不清楚如何去做。

不过，大家的信心明显不足。可是这也由不得他们了。好在徐拥军在集成项目的开发上还是相当有经验，这次是他起到了非常关键的作用。

尽管我是项目经理，但是项目的主要的计划和管理都是徐拥军负责的。从他那里，我第一次听到了“需求分析”、“概要设计”、“配置管理”等术语。

前期的项目组人员不多，但是是非还不少。而且两年后我才知道，当时他们之间还闹出一些感情纠葛来。最后留下来了四个人，继续参与我领导的工作。其中只有一个是做技术的，其他两个是负责做业务需求的。还有一个叫赵鹏，是做“外联”的。就这几个人，当时彼此之间还矛盾重重，这个局面让我哭笑不得。

时间紧迫，我管不了那么多，单刀直入，马上启动项目。电子商务是个新的概念，徐拥军他们也不熟悉这类系统的建设。自己不懂，自然就要向别人请教。所以当务之急是请平台厂家来给我们做培训，熟悉前期工作。同时，我请求集团要求中国惠普按照原来的约定，继续派技术人员支持这个项目。

业务需求的确定，是系统建设的起点和关键。这点我不用学就能明白。所以我请集团出面，与分销业务各个事业部的总经理们多次开会。分销业务不算复杂，需求的情况我很快就了解了大概，可是真正要最后界定的时候，大家却形不成明确的意见。我心里清楚，8 月 31 日上线是最重要的，这是“政治”任务，系统能实现什么功能反倒在其次。所以我便自己做主，根据徐拥军他们估计的工作量，决定了系统的需求。这种做法可能引起了一些负面的效应，但是我没有别的办法。

当时，这个系统开发的一个非常关键的技术问题，是如何与我们使用的 ERP 系统交换数据。我们的 ERP 用的是 SAP 公司的 R3 系统。这是一个比较老的封闭系统，没有考虑如何与其他系统交换数据。这个项目前一期工作，就一直没有解决这个问题。所以原来的团队有些失去信心。可是，电子商务系统如果不和 ERP 连接，就一点意义都没有了。

对这个问题的解决，新的团队也显得没有信心。但是我却有个非常简单的逻辑：尽管我对 SAP 的 R3 系统一无所知，但是一个计算机系统，怎么可能无法建立数据的交换？这无非是一个工作量的问题，绝不可能是一个跨不过去的门槛。大不了我们去找 SAP 公司的人来帮忙。反正这个项目的经费相当充足，我不怕花钱请高手。为此，我帮助大家请来了 SAP 按小时计费的高级顾问，找到了曾经做过类似工作的人员，协调来集团负责 ERP 建设的技术人员参与攻关。

7 月中旬，郭为找我了解项目进展情况。当我告诉他和 ERP 接口的问题还没有解决时，他听罢便沉默了，没再多问项目的事情。他脸上表情告诉我，他有点失去了信心。项目结束后，项目组的一个主要技术人员告诉我，在 7 月份的时候，他自己根本不相信这个项目能够在 8 月底上线。

ERP 接口问题在 7 月底终于解决了。尽管比计划晚了一些，但是没有影响项目的进度。

很多复杂的问题，如果陷入细节，可能就失去了对问题本身性质的判断，进而失去方向和信心。如果能够跳出来看一下，理解了问题的本质特征，找到解决方法并不是很难的事情。

电子商务系统分为了两大部分。后台是交易平台，构建在 BROADVISION 的产品之上，开发由徐拥军他们负责。前面是给我们的经销商接入系统，查询信息的网站。这个网站的开发，一直是由原来项目组留下来的一位博士负责。

到了 7 月份，这位博士还没有界定出网站功能的边界，一直告诉我他要做一个经销商社区，而不是一个一般性的网站。可是他自己又说不清楚“经销商社区”到底应该是什么样子。就这件事情，我专门请教了梅虹。我告诉她我对网站的设想——就是一个系统接入和信息查询的接口。“开发这样的一个网站，最短需要多长时间?”我问她。“有一个月应该够了”，她比较有把握地告诉我。

赵鹏这个时候也有点着急，几次和我谈网站开发的问题。他的经历有些特别。在北京中学毕业后直接进入社会，在联想从搬箱子开始干起。后来用业余时间在清华大学读了一个计算机大专学位。因为在原来的部门自己用业余时间开发了一个小的网站，所以被集团调过来参加这个项目。进入这个项目后，他不太受重视，被安排了一个“外联”的闲差。我问赵鹏：“如果把网站开发交给你，你有把握按时上线吗?”“现在交给我还来得及。如果不能按时上线，在郭总把你的脑袋砍下来之前，你先把我剁了。”赵鹏向我保证。

在7月中旬，博士的工作依然没有进展，我只好采取果断措施，将网站的开发管理交给赵鹏来负责。在做决定的会议上，有人恼火地和我拍了桌子。但是我已经没有退路，否则项目进度将出大问题。我把命运压在了赵鹏的身上——我别无选择。

接过项目后，赵鹏马上面临人员短缺的问题。开发至少需要十几个人，而当时我们只有一个技术人员。为此，我帮助赵鹏与一家网站公司签了一个网页开发合同，又与在BROADVISION平台上有开发经验的一个公司签了一个开发合同。但是人员还是不够，我又在神州数码的其他部门寻找技术人员。反正我手上有钱，我就不信找不到人。

当我找到另外一个技术部门的总经理，请求她的帮助时，她采取了一个相当专业化的态度——从朗讯中国公司请来了一个系统架构师，要求赵鹏把项目的开发计划详细介绍一下。显然那位专家给了负面的结论。凭赵鹏的本事和经验，他确实不太可能让一位专家相信他能管好这个项目。这位总经理拒绝给我派人，哪怕我支付相应的费用。我只好耍赖了。“兔子死了，狐狸都会伤心。咱们都是属兔子的，你总不能眼看我在火坑中挣扎，不来救我吧?这个项目能否做成你不用管，我只需要你借给我两个技术人员。”总经理心慈手软，泡不过我，终于给了我两个人。随后我从另外一个部门又“借到”两个技术人员。

7月底，网站开发准备工作完成，我审核完开发计划，赵鹏便带领这七拼八凑起来的一支队伍，全力以赴投入了开发的工作。怕有闪失，我要求他每天给我一个工作报告。

8月中旬，公司再次在南戴河办暑期干部培训班。这次集团请来了中欧商学院的老师来给我们做项目管理培训。人力资源部要求我在培训期间讲一下电子商务这个项目开发的管理情况。我当时不想讲，因为项目监管部门对我的管理不认可，认为我的做法不符合项目管理的要求。可是人力资源部门一再坚持，我只好答应。

我简单地介绍了项目的基本情况，特别是我对这个项目的管理方式。由于参与项目的人都对这个项目的建设经验不足，而且时间紧迫，所以我采用了严格控制大的阶段，具体的项目计划按滚动的方式制定和推动的模式来管理这个项目。我最后告诉大家，按当时的情况看，除非出现特别不可预见的困难，项目应该可以按时在8月31日上线。

郭为听完我的讲解，有些激动地站了起来，发表了一番感想，高度评价了其他部门对我的支持和帮助。他特别强调："你们知道吗，如果这个项目不能按时上线，是要有人掉脑袋的。掉脑袋的不是谢耘。"

当时大家都清楚，如果这个项目在8月31日无法上线，不仅我将面临严重处分，而且整个公司对外宣布成立的活动计划，也将受到严重的影响。最高层领导将难以向我们的大股东联想控股公司交代。

第二天，培训老师讲了一个案例，和我这个项目前后发生的情况及管理的办法极为相似。他把这种管理方式叫做"fast track"方法。这是我前所不知的。听完这个案例，当时一个同事就开玩笑地问我："你是不是贿赂老师了？你就像老师讲的水面上的鸭子一样，不见你有什么动作，但是游得却挺快。"

在课间休息的时候，我和老师做了进一步交流，谈到了公司内的很多人不认可我的管理方式的困惑。他告诉我："你做的是对的。项目管理就应该这样。在基本的原则基础上，要根据具体的情况，灵活地应用各种手段和方法。这样才是一个好的项目经理。"

朋友的故事——做人的准则

在这次培训中，结识了中欧管理学院的翻译小朱。他毕业于复旦大学。后来我去上海参加中欧的培训，在浦东中欧管理学院有些清冷的校园里，再次见到他。晚上我们一起吃饭，聊天中，他说到："我认识不少你们这些高级管理人员。你有点儿不太一样。你应该很知足了，能在企业中做到这么高的位置，同时还保留了自己的价值观和做人的准则。"

小朱的话，与其说是对我的肯定，不如说是对我的鞭策。在日后的岁月中，当我遇到自己的做人准则和周围的环境发生大的冲突的时候，他的话常常会提醒我，不要因为压力，就简单地放弃自己的准则。

当然，在这方面我也遇到了很多朋友的善意批评。他们认为如果我做一些让步和变通，我应该会做得更好，得到更多的机会和更大的舞台。不过有些原则是不可以交换的，尽管我们不应该把原则和具体做事的方式混为一谈。

其实，不论你做人的原则怎样，总会有人赞成，有人不喜欢。你永远也不可能让所有人都对你的做人原则表示认同。理想主义者会给人以激励，常常成为事业的推动者，但是同时，他们会给他人带来压力，引起他人的不快。现实主义者，为人随和，不容易引起是非，但是缺少生气，会被认为不求上进。况且，有些人可能无论如何都会找一些借口，来否定或打击你。如果我们简单地因为他人的反应，就改变自己做人的基本原则，可能会使自己陷入更加被动的境地，引起更多的自我认知的冲突，甚至失去自己应有的价值。

8 月底最后的几天，为了保证系统的上线，赵鹏把出现流产先兆的妻子丢在医院，坚持守在现场。

2000年8月31日，系统准时上线。

2000年9月6日，神州数码在北京人民大会堂正式宣布成立，同时举办E-Bridge开通仪式。

随后，集团要求由我来继续管理这个系统的运营。这时我已经感到了公司环境的复杂。这个系统是给分销业务使用的，它必然要冲击原来的业务利益格局，而我在分销业务中没有任何的职务，太容易被别人暗算了。到那时我根本不可能解释清楚到底发生了什么。我不会去做一件把自己累死，也不会对任何人有好处的事情。所以我坚决地拒绝了这个工作安排。

这个项目的成功，徐拥军的踏实和经验，赵鹏的临危受命和全力以赴，梅虹的关键指点以及兄弟部门慷慨的帮助，起了决定性的作用。而我主要做了一些关键决策和资源整合等工作。其实到最后，我都不清楚整个系统到底长什么样子。郭为在1999年发现掌上电脑的一些功能我都不会用时，曾经有些愤怒地问我："你连自己的产品都不会用，怎么能管好这件事情?"我当时没有答复他。这其中有我自己的道理，当然也有我懒惰的原因。

赵鹏作为一个大专生，基本没有项目管理经验，在如此困难的情况下，带着一队临时拼凑起来的人马，按时完成了任务。而很多在各方面，如学历、经验等都比他有很多明显优势的人，却视项目管理为天大的难事，这其中的原因何在？我想，除了赵鹏的聪明外，他真正全力以赴地用心来做事，可能是最为关键的一个因素。在很多情况下，如果一个人真正用心去做事，经验的不足、知识的欠缺其实基本不会成为取得成功不可克服的障碍。正是在这个意义上，我们缺少的不是能力强的人，而是用心做事的人。而一个人是否能够用心做事，除了自身的原因外，他的上级管理者有时会起非常关键的作用——上级的引导常常决定了下级的态度。

后来赵鹏告诉我，这段时间是他进联想工作8年来最愉快的一段时光："在你手下工作真是开心。"

这个时候的我，经过几年的锻炼，管理一个几十人规模的技术队伍，已经比较自如了。

备受非议

管理本质分析之一：科学、艺术与哲学

2000年，神州数码在集团级别有五个重点项目。除了我管的电子商务平台项目外，还有ERP外埠平台上线；神州数码品牌推广；分销业务从订货到交付过程优化；人力资源激励考评体系。

10月中旬，集团总裁室对五个重点项目做半年的总结评估。按照集团安排，我的项目由接手这个项目的同事来作汇报。

汇报前，郭为要求这个项目的前期项目负责人，对在他的领导下项目没有取得满意的结果作了一个检讨。这多少让我有些尴尬。

随后，接手项目的同事对项目的建设作总结汇报并介绍后续工作计划。汇报一结束，郭为有些恼火："不了解这个项目的人，听了你们的汇报，会认为这个项目做得一塌糊涂。这个项目如果没有按时上线，是要死人的！当时谢耘接手的局面，可以讲是相当的困难。"

集团副总裁兼CIO，也是ERP项目的负责人发言："因为和ERP有接口的问题，所以这个项目的过程，我多少有些了解。就我看到的情况，这个项目但凡换一个人来管，恐怕都完不成任务。"

会场沉默。

集团一位高级副总裁，也是五个重点项目的监管负责人问道："谢耘，你就像个大师一样，让你做西餐，你会做；让你炒中餐，你也能行。可是你能不能让我们看明白，你是用什么原料和方法把菜做出来的？"

我不知道如何回答他的问题。因为在项目进行过程中，我不只做过

汇报，而且每个星期都有项目进展周报报给所有的总裁室成员。我的所有工作都是透明的，没有办法再做什么解释了。

会议再无人发言。大家开始听取下一个项目的汇报。

结果，我这个项目被集团项目监管部门评为五个项目中的最后一名。而排在前面的人力资源激励考评体系项目，由于大家不满意，在第二年就被废止了。后来项目监管部门的同事告诉我，当时项目的排名结果，不全是按照总裁室成员打分做出的。最后结果根据领导的意思作了“适当”调整。

赵鹏和徐拥军他们也列席了会议。会后，赵鹏说：“太有意思了，谢总。你可真神，他们认为你已经是大师了！”

一个朋友听我讲了这个故事后，告诉我：“你这就叫做无人喝彩。”

人都有虚荣心，希望得到别人的喝彩。但是，这件事情真正让我郁闷的地方在于，我绝对想不到我做这件事情，竟然引起了那么多人的非议和无法表达的反感。如果前任负责人有想法，我完全能理解。可是其他的人与这件事情并没有太大的关系，何以如此不高兴？这与我做掌上电脑的时候所发生的情况，反差太大了。那个时候，从柳总开始，大家对我们的工作都是非常支持和肯定的。

10 月份我咳嗽了一个月。11 月和郭为从美国参加 COMDEX 及拜访微软回来后，身体更感不适。12 月中旬，心电图不正常。元旦过后，仍无好转，医生要求马上住院。当时的心电图结论是：二度房室传导阻滞。医生告诉我，如果不住院治疗，再发展下去就要用起搏器了。可能是因为我从小到大生了不少的病，所以心中并不是太在意。

在医院的两个多星期，我一方面写一些文章，同时在思考这一年来的一些困惑。我不明白，为什么在总裁室会上，别人讲的话我经常听不明白；而很多在我看来是常识性的事情，任我如何解释，别人也不认可。

在安静的病房里不停地回味过去发生的事情，慢慢地我明白了，我的工作环境与过去有了质的变化。我必须适应这个成年人的世界——大家心里想的、嘴上说的和实际做的会出现不一致的情况。简单的道理不被接受的原因，有的时候是因为大家的基本常识和假设不同；有的时候是因为某种不能说的原因而不想听；有的时候是因为确实能力不够；有的时候可能是心里明白，但因为某些不可言表的理由而拒绝接受，却只能表现出不理解其中道理的样子。

一个人，进入成年以后，不论他是否意识到，一般都会遇到自己的成长的极限。我不能再像以前那样，一片热心地去希望大家不断地学习进步。这使我突然想起了柳总当初对我说的："你的头脑比较清楚。"我终于理解了，柳总为什么如此评价我。

遇事头脑清楚，在一个成人的世界里，并不是一件容易的事情。而在此之前，我曾经理所当然地认为，人都是越活越明白的。

事情想明白了，身体也开始逐步好转。

2000 年，神州数码成立的这一年，我的收获还是蛮大的。除开前面提到的事情外，我利用这段时间，把以前的经验作了很多的总结，写了 17 篇短文。这也要感谢《IT 经理世界》给我的督促。此后直到动笔写本书，期间基本没有什么文字留下来。

在做 E-bridge 期间，项目监管部门多次对我的工作做阶段性评估。显然他们不太认可我的管理。这部分地缘于我的管理实际过程与他们对项目管理的理解有非常大的差别。所以，我得到的一个基本评价是：谢耘的管理，不科学，艺术的成分太多。

在此之前，尽管有不同的人对我讲过管理中"科学"与"艺术"的问题，但是我并没有对此进行过认真的思考。因为我的中学政治老师李杰在我的头脑中，印下的做事情最基本的原则是按客观规律办事。我一直不自觉地按照这个原则来做事情。在我的脑袋里，"艺术"从来就不是一种应该采用的做事情的方法，尽管我本人从小还真的学了一些艺术。

我不认为自己的管理有艺术的成分，否则何以与中欧老师讲的案例不谋而合？遇到问题一定要搞清楚的个性，促使我对管理的本质做了一些分析。在这个项目快接近尾声的时候，我写了一篇分析短文《企业管理——科学？艺术？哲学?》，这是我对管理的本质进行自觉分析和把握的开始。

企业管理——科学？艺术？哲学？

离开学校参加工作后，在管理上先后得到不同人的不同指点。开始从学长那听到的是：管理是科学，但更是艺术。后来接受管理培训，老师讲：管理是科学，领导才是艺术。再后来，海外的朋友送给我了一本日本经营之圣、世界工业界的诺贝尔奖——京都奖的设立者稻盛和夫的著作。这位圣人讲，企业管理对他而言，就是不断提高自己的人生哲学。艺术已经让人感到不可捉摸，哲学更是深奥难解，管理到底是什么？

管理与科学

科学，通常是指自然科学，是人类对自然界认识的结晶，也是人类智慧的集中表现。当我们谈到“科学”这一概念时，或者用“科学”作为衡量事物标准的时候，实际上会涉及：科学的理念和态度，科学的研究方法，科学的研究对象，科学的理论体系，科学的应用范围和局限等多种含义。

科学的理念，本质上就是实事求是。科学理念唯一尊重的就是客观真实。它拒绝权威，也准备随时修正或否定已有的任何科学理论——只要它们与客观事实发生冲突。科学的理念是人类理性和智慧的核心。所以，科学的理念，在我们建立管理体系或者在实施管理的过程中，应该得到充分的体现。只有这样，我们的管理才可能具有科学性。

科学的研究对象主要是自然界。自然界的基本性质相对于人类的存在而言，具有长期的稳定性。在自然界中，科学研究主要集中在那些人类可以控制、能够复现、具有确定的和比较简单的边界条件的现象上。对于那些自然界中，人类难以控制、难以稳定复现、具有复杂边界条件的现象，我们还知之甚少。混沌理论试图解决这类问题，虽然喧嚣一时，但是至今也没有取得实质性成果。科学的研究方法，主要包括试验方法、归纳法和形式逻辑推理法。这些方法的有效性，正是因为其研究对象的可控、可精确复现以及边界条件的简单。反过来，科学的方法也决定了科学理论的局限。背离科学的理念，而简单地将科学的理论或方法无条件地外推，无异于对科学的亵渎，甚至是在宣扬“科学迷信”。这种做法，在现实中时常可见，而且是披着科学的外衣，甚至是由某些科学权威在实施，具有很大的危害性。

管理的对象是企业。作为社会的组成部分，企业活动在相当大的程度上是不具备科学研究对象的基本特征的。首先，企业的许多重要特性，不具有长期的稳定性，它会随着社会的发展、科技的发展而不断地变化。其次，由于企业的发展本身就是历史的一部分，企业中发生的众多现象也不具有严格的可复现性，其边界条件复杂多变。这就决定了在很多情况下，科学研究的方法是不能简单地用于企业管理的。在使用这些方法的时候，你一定要确信，这些方法确实适用于解决你的问题。否则，尽管你的方法是“科学”的，但结论却会是荒谬的。即使方法可用，其使用方式也会与在科学中的使用有所不同。比如实验方法，在管理中也是需要的。但是，企业管理本质上是一种社会实践活动，而不是科学试验，所以企业活动在本质上具有不可重复性和边界条件的复杂性。由此导致企业管理实验的设计和结论，一定要辩证地对待，而不能只是用简单的形式逻辑去分析。因此，对于管理是否符合客观规律的问题，其检验虽然一样也要通过实践，却要远比对科学理论的验证复杂。

科学的理论是建立在实践基础上的严谨逻辑体系，自洽性和普适性是科学体系的基本特征。企业管理也是建立在实践基础上的，可是由于对象的复杂多变，其实践性和操作性更强。对象本质特征的不同，决定了企业管理与科学理论体系在形式上的巨大差别。企业管理永远也不可能建立起像科学那样严谨的形式逻辑体系。它更多的是基于辩证逻辑，具有多样性和不确定性。

随着科学的进步，由于研究对象的稳定性，创新逐步成了偶然事件，科学对于大多数人来讲，其意义更多地在于应用；可是由于社会的不断变化和企业的多样性，企业管理却需要不断地创新，这也决定了企业管理相对于科学的另外一个特征——持续创新。

管理与艺术

艺术是人类在对外界感悟的基础上，借用外在形式而进行的一种意识的创造。可是管理却必须面对外界的客观管理对象，而且必须接受客观实践的检验，而非像艺术那样基本只接受主观的评判。尽管从多样性和不确定性或许还有美感上看，两者有相似之处，但是那只是形似而已。不论是从作用的对象、检验的标准还是本质的内涵上来看，两者都是有根本区别的。如果说有的管理者能够将管理做到艺术的境界，那也是指他能够如孔子所讲“随心所欲而不越矩”——不越矩，而非是像艺术家那样自由发挥。如果作为旁观者，你看不出对方是如何能够在“不越矩”的前提下“随心所欲”的，那只能说明你还没有完全理解管理所遵循的客观规律，或者说对管理的主要对象——企业，以及管理的核心要素——人的运动规律，没有深刻的理解。如果作为管理者，认为自己的管理成熟到已经“上升”为艺术，那是他由于自己的管理还停留在原始的感性经验上，而没有上升到理性的高度而产生的错觉。在这种情况下，如果面对超过了过去经验的全新挑战，他是否还有自如的潇洒？

管理与哲学

按照正统的说法，哲学对其他一切学科（宗教除外），都具有指导意义。但是除了哲学家自己这样认为之外，恐怕只有那些在自己的领域有很深的造诣而又能超越自己领域的局限看问题的人士，如钱学森、稻盛和夫等才会认同这个观点。

哲学，作为人类对整个世界——包括主观和客观——宏观和整体的把握，以及对其中的共性本质问题和规律的探究，为我们提供了世界观、人生观、历史观，以及具有普遍意义的认识论和方法论。哲学在其产生之初，曾与科学不分彼此。随着哲学探究的范围增加和科学研究对象的集中，两者逐步分离。近代，由于科学的巨大成功，有人试图将哲学再次与科学进行整合，这种做法只能降低哲学的价值，也会使科学盲目自我膨胀，无益于科学的发展、科学以自然为对象，以逻辑为工具，已精确为目标；哲学以世界整体为对象，以辩证法为核心，更多的是人类对世界本质的感悟。

企业管理实实在在是需要哲学的。企业管理的基础和前提是企业的理念。企业以人为本，是社会财富的主要创造者和社会进步的主要推动者。企业理念只有与社会的发展、人类的需求相结合才能使企业长久不衰。这就需要企业管理以符合客观规律的历史观和世界观作为基础。否则企业只能靠机会获得暂时的成功，而难以维系长久。

企业作为社会的重要组成部分和历史发展的重要推动力量，面对的不只有技术、消费者和直接的市场，还有企业的员工、社会文化、宏观经济、国内国际政治、历史等错综复杂的因素。要想分析和把握这复杂的局面，并能在其中正确地制定行动方针、策略和计划，是不能只依靠基于形式逻辑的各种方法和工具的。形式逻辑的方法和工具，主要适用于我们企业的比较基础的管理。如果我们希望对企业比较高层次的管理有效地把握，能从自发的层次上升到自觉的境界，就需要有科学辨证的认识论和方法论来指导。它会让我们在管理中全面、客观、发展和辨证地看问题，并能够在复杂的矛盾运动中，准确地把握住主要矛盾，科学地预测未来的矛盾变化，以制定出长远的发展规划和策略；根据情况的发展，及时主动地调整管理，自觉地适应未来。

哲学与科学的一个重要区别在于，科学是建立在实验基础上的一个形式逻辑体系，它可以让你明明白白地看到它的有效性，也可以用逻辑证明其中的许多结论是可以灌输的；而哲学的理论和方法，尽管可以落在文字上，可是对其本质的把握却是需要你在实践中用心灵去感悟和体验的，而不能只靠文字和逻辑的推演。这种体验和感悟，超越了一般意义上的科学，与艺术也有本质的不同。它是人类意识与世界本质的一种契合。管理对哲学的需求，本质上正是体现在管理者的这种哲学素养上，从而将哲学的原理和方法融入管理当中。从本质上来讲，科学的理念其实已经属于哲学范畴了。

管理者的哲学素养和境界，是众多的决定企业可能达到的高度的因素中，最重要的一个内部因素。

企业内部的三层管理

战略管理：确定企业的业务方向、内在核心竞争力和核心盈利手段，设立符合核心业务流程的组织体系和合理的资源分配方式，塑造企业理念和文化。战略管理的核心是做决策，或称选择。战略管理具有企业的独特特征和企业间的不可复制性。哲学指导的重要性对这一层管理而言，不论如何强调，都是不过分的。

核心业务流程管理：在战略管理的基础上，进行核心业务流程的设计和实施。这是企业运营的核心部分，是将企业战略付诸实施的关键环节。业务流程管理的核心是对企业核心业务实施过程控制和管理。业务流程管理主要决定于业务的类型，不同的业务，需要采取不同的管理方式。但是在企业之间具有一定的相通性。这一层的管理既需要哲学的指导，也需要适合的科学方法。

基础管理：它包括支撑性业务流程管理（如人力资源、一般性财务等）和日常运营所需要的规章制度流程建设（如例会、定期工作报告、出差报告等）。基础管理主要保证的是企业支撑性业务和每一个员工实际工作中的科学和规范。它与企业的业务相关性较小，在企业之间和不同的业务之间，具有较强的通用性。这一层的管理的规范化程度最高，采用的科学的和形式上的方法最多。

在企业中，战略管理是龙头，业务流程管理是核心，基础管理是保证。这三层管理中的任何一层管理最终都要落实在操作层面，而不是制定出一套完美的规章制度或做出一堆漂亮的计划。

真正“科学”的管理，应该是处处体现着辩证哲学的一套操作性学问。它以哲学为不变的灵魂，以实践为基础，以实践为检验标准，以实践为直接目的。

后来，我在做内部管理培训的时候，对管理做了如下的总结：管理在本质上是对企业运动的客观规律的认识、把握和有效地运用，并且其结果要接受客观实践的检验。这其中几乎没有给“艺术”留下任何的空间。

再次转行

成长的故事之四：平凡与卓越

2001财年，神州数码集团决定将集成事业部分拆为系统集成事业本部和软件集成事业本部，分别做硬件和应用软件的集成业务，同时解散神州数码研究院。研究院的网络研发分给了神州数码网络公司，徐拥军他们做软件的，则到了软件集成事业本部，即后来的神州数码软件有限公司。因为软件集成事业本部的业务是技术含量最高的，所以我被安排兼任这个本部的常务副总经理，辅助总经理开展工作。这个本部覆盖银行、税务和电信三大行业。

这一年，神州数码开始进行大规模的市场造势，宣布自己未来的一个主要业务方向是软件服务。整个行业都被告知，神州数码正在向软件行业转型。各方反应不一。

财年初，在安排我的工作的时候，郭为和我谈话，对我和软件集成事业本部总经理也同时担任集团高级副总裁的同事之间的配合有些担心。这位总经理还同时兼任系统集成事业本部总经理。郭为当时表示，一来担心我的个性比较强，二来这位总经理不太能和能力强的同事共事。我告诉他只管放心好了。经过前一年的磨炼，我已经开始慢慢适应了。

财年开始不到一个月，集团副总裁、系统集成事业本部的常务副总经理兼电信事业部总经理辞职；财年第二季度，集团助理总裁、软件集成事业本部副总经理兼税务事业部总经理辞职。

郭为的提醒，让我多了一份小心。我回想起来，在神州数码成立的时候，我们的董事局主席李勤在总裁室会上，曾经介绍了自己多年来做柳总副手的体会。其中给我印象比较深的是，做副手，要忍辱负重，要知道但凡没有人管的事情都该你来管。他的这些经验，成为了我新的工作的起点。

这一年中，我认真谨慎地去学习如何做好一个副手。尽最大的努力去理解总经理的意图，而不是按照自己认为正确的方式去工作。为了不引起误解或矛盾，我尽量不去做市场前端的工作，主要抓后台的内部管理。但是几个项目出现比较大的问题时，在总经理的安排下，我也会亲自去面对客户处理，而绝不退缩。

因为麦肯锡给整个神州数码做的战略规划比较粗放，在8月份郭为要求我牵头，负责制定神州数码软件服务业务的战略规划。在规划中，我们清晰明确地定位了我们未来的业务模式，分析了相应的核心能力及培养方法，设计了核心业务流程及组织架构，提出了在未来实现战略目标所需要采取的关键举措。这其中，最为关键的是业务模式的选择。

当时，为了清晰地定位我们的业务，集团领导亲自出面安排我们与国外专家通过电视会议作深入的探讨。随后，我费了很大的心思，把软件服务行业的业务，细分成了7个不同的类型，并做了特征分析。这个结果呈现给规划小组的时候，大家一时难以理解。我便带着大家逐条讨论，看是否还有进一步修改的意见。一个小时后，大家认可了这个分类，并且从中选出了我们未来的业务模式。

业务模式一旦明确，下面的分析便有了坚实的基础，得以比较顺利地进行。我们用了半年的时间完成了这个规划，得到了集团领导的较好评价，被认为是历年来公司做得最好的一个规划。

10月份，我尚在做软件业务战略规划的时候，集团常务副总裁和我谈话，通知我郭为和他商量，打算让我出任软件集成事业本部的总经理，神州数码一位副总裁作为副总经理分管市场销售，神州数码一位高级副总裁作为副总经理分管业务管理等后台事务。

11月份，软件集成事业本部总经理组织本部总经理室开“生活会”，做批评和自我批评。会后，参与会议记录的人力资源部负责人找到我说：“谢总，他们让我写会议纪要，我实在不能写。这个会开得不太正常。”

12月底，郭为找总裁室成员分别谈话。他告诉我，这一年中他发现我这个人缺少 leadership 和 ownership，不太适合做一个业务的主管。

我没有做任何的解释，只表示接受他的看法。不过在我的心中，我很难想象，一个副手如果有很强的 leadership，将会发生什么样的事情。

回顾 2001 财年的工作经历，自己收获不小。首先，它让我学习和体验了不是以主宰，而是以一个副手的角色去开展工作。这个经历，对一个人的性格、习惯和修养都是一个很好的磨炼。同时它可以帮助你看到一些主宰者无法看到的事情，从而当你做一个主宰者的时候，会更出色。

这一年也让我对软件集成服务行业有了初步的认识和理解。贺志强当年要我来做掌上电脑的时候，曾经对我说："像你这样，懂技术、懂管理，而且还懂如何做出真正产品的人，在中国是不多见的。"当时我心中还真有点儿良好的感觉。但是，当我逐步了解了软件集成服务行业之后，我才发现做服务可比做产品难多了。

主持软件集成服务业务的战略规划，让我加深了对这个行业的认识。更重要的是，使我有机会去做一个业务的完整战略规划，提升了自己对企业战略管理的认识——尽管当时还只是纸上谈兵。

其实，不论是什么事情，不论事情大小，不论你的角色如何，只要你用心去做，大体上你总能收获到有价值的成果。这一点，在上研究生的时候，我哥哥曾经教育过我。

大学时期的故事——平凡中的超越

1986 年 3 月，我以优异的成绩提前半年结束了本科的学习，开始攻读硕士学位。这是清华大学"文革"结束后第一次批准本科生提前毕业，当时全校被批准的只有 4 名学生。踌躇满志的我，感到几年苦读长的本事，终于等到了可以初试锋芒的一刻了。可是，课题分配下来后，我大失所望。分给我的，是一个已经有两届师兄做过的项目。我的任务只是将已经被他们深入研究并且实现过的算法，再在一部新的军用远程警戒雷达上实现而已，而且实现的难度还比他们做过的雷达系统低。

沮丧之余，便向同在清华大学读博士的哥哥发了一通牢骚。他听过后，只是简单地讲了一句话："能不能做出水平，不在课题本身，而主要看你自己是否真的有本事。"这话听起来好像有点刺耳，可是似乎确实有道理，我便一头扎到课题当中。在仔细地分析了两位师兄的论文后，我发现他们在计算机模拟中使用的一个数学模型好像有些问题。由于这是一个可以用于提高军用雷达性能的算法，几乎没有文献可供参考，我便根据自己学过的知识，构造出了一个新的雷达信号反射数学模型。在随后反复的计算机模拟中，出现了具有本质性不同的结果。两个师兄原来的计算机模拟结果，都高出实际测试结果非常多。原来的分析认为这是因为实际系统的不理想造成的。所以有人一直在费尽心机去改进实际系统，期望能够获得理想的结果——那将具有很重大的意义，导致雷达性能更大幅度的提高。但是我用新的模型得出的计算机模拟结果，与实际测试数据非常接近。它表明进一步提高性能的其他努力是没有太大意义的。这一结果使得我在短时间内顺利地完成了课题，论文被评为清华大学优秀硕士论文。一盘冷菜，又奇迹般地炒出了新意。

这段经历使得我对现实、对人的价值有了新的感受。从此培养出了一种做事方式：不论什么事情，只要我去做，就竭尽全力真正用心将它做好，而不去投机取巧，幻想奇迹的出现；也不去挑肥拣瘦，哪怕是那些别人由于各种原因而不愿意做的事情。正因为如此，在随后的岁月中，面对普通的，甚至是不受重视的工作，我不断做出了让别人惊讶的成绩。在一次次的努力中，感悟到了许多无法言传的，关于这个我们生活于其中的世界的道理；学到了许多书本上无法学到的知识；积累了许多不曾奢望的能力。记得国内一个著名企业的总裁曾经说过这样一句话：不存在没价值的工作，只有没有价值的人。这话不太好听，但是确实有一定的道理。

我们常说时间就是金钱。但是，对于社会来讲，时间更是历史；对于个人来讲，时间更是生命。决定我们生命价值的，正是我们如何去对待每一分每一秒中发生的、我们必须面对的那些普通而平凡的事情。这道理可能我们从小就被告知，但是真正相信并自觉遵循，并不是一件简单和容易的事情。

两难困境

战略管理分析之二：生存与发展

我们的系统集成业务，当时已经做了十年左右的时间，是伴随着中国计算机在行业中的应用一起发展起来的。在过去的一段时间里，困扰我们的一个核心问题，便是当期业绩与长远发展的两难。这似乎是很多企业面对的一个永恒的问题。集团作出软件和硬件集成业务拆分的决定，核心目的之一是希望通过软件业务的独立运作，在一定程度上解决这个两难问题，使软件业务走出困境。

在 2000 年夏天，有感于几年来在不同企业中的经历，对这个普遍困扰着众多企业的两难选择，我专门写了一篇短文，对在这种困境中挣扎的企业和管理，作了一些分析。当时自然有点儿站着说话不腰痛的味道。

走出企业的两难境地

现代文明，孕育发展于西方。作为一个在近代相对落后的民族，面对强大的西方和日益一体化的世界，一百多年来，我们持续地被缠绕在一个两难的境地中：启蒙和救亡的双重压迫。对于这个问题，著名学者李泽厚在 20 世纪 80 年代曾经有过精辟的分析。其实，这一困境不仅是我们整个民族在整体上面临的，也是我们的企业，乃至每个个人所面临的一个无法回避的根本问题。

陷入两难境地的我们，面对着西方各种形式的侵入和竞争。救亡的压力和由此产生的浮躁，使我们在慌乱中忙于应付。我们用举世公认的中国人的聪明，从西方迅速学到了大量先进，或时髦的概念和外在的形式，以解燃眉之急。但是我们没有时间去认真理解这些概念到底意味着什么。没有能够认真思考为了民族的复兴，需要我们从非常基础的层面做哪些工作，并形成我们能够实际操作的系统化理论和方法，从而完成启蒙的建设。在困境中的我们，启蒙成了一种奢侈，甚至随着感觉的麻木，变成了一件可有可无的工作。救亡压倒了一切，甚至逐步成为了一切。可是也正因为如此，我们几经奋斗却依然没有能够从根本上摆脱不断救亡的局面。我们像是一个刚刚学会走路的孩子，却必须参加一场接一场的成人比赛，不仅步履蹒跚，甚至常常不清楚比赛的意义。这一不幸的过程，在我们的企业中还在不断地重复着。

在企业中，特别是“文革”后成长起来的年青一代管理者，不论是否留过洋，他们对于西方的管理，可以讲能够出口成章。最新的管理理念、市场动向和商业机会等，几乎没有延时地在不断进入中国，并被中国的企业、企业管理者和媒体不断地向社会大众进行灌输，也被众多的企业实践着。可是，20 多年的开放，我们到底有几个企业，可以在整体上与国际化大企业竞争，哪怕是缩短了实质性的差距？实在少得可怜。我们最好的企业，放到国际上看，可能还没有上小学。现代媒体可以让人们迅速地熟知一个概念，而由于熟知，我们便以为理解了。可是熟知和真正理解这两者之间，常常是有巨大差距的。这差距，更多地缘于我们缺少踏实的实践。

一个成功的，或者说有成功希望的企业，必须有一个清晰的未来目标，以及与之相适应的文化理念和发展战略。但是，处于困境中的中国企业，在整体行为上，将注意力太多地集中在近期赚钱上，而没有真正能够系统地分析一个企业长期发展的方向和目标，以及要能够长期发展，需要打下一个什么样的管理基础，建立什么样持续的内在竞争力，还有与之配套的理念和文化，并实在地去用心努力积累，以便能够长期稳定地为社会创造出被承认的经济价值，由此而换回稳定的利润回报。因此，企业的愿望、理念、能力、行动和实际效果严重分离，企业长期在低水平上徘徊。尽管企业对于其他因素在口头上相当重视，但是近期赚钱常常成了事实上唯一的目的。所以就有了企业的老板，对被其选中、即将担负企业新业务开拓责任的部下，以真正老板的口气讲："这些投资没有回报，对企业无所谓。但是你们要想好了，如果失败，你们自己是否承担得起后果?"在这一刻，员工被简化成了企业赚钱的工具，而老板则异化成了资本的代言人。所以，本来具有技术专长的企业，经不住其他企业靠运作迅速扩张的诱惑，开始由技术创新转向运作业务。企业的本质是经济利益实体，必须赚钱，但真正赚大钱的企业，却未必是那些眼中只盯着唾手可得的利润的企业。

企业的管理是一种操作性学问，它与企业所从事的业务有关，也需要与企业的具体情况和社会文化发展等可见的和不可见的边界条件相匹配。对于管理，似乎谁都可以说出一二三来，但是真正有效的管理，一定要建立在实践的基础上，我们必须从实际操作和使用条件（包括那些隐性的边界条件）的角度去学习管理、创造管理方法，才有可能掌握其实质，而不能从理念乃至自以为聪明的臆想和缺乏依据的推断出发去学习、使用或者去评价管理的合理性。但是由于竞争的压力，我们没有时间去认真分析和在实际中体验那些西方创建的管理方法的内涵、边界条件和正确的操作方式。KSF、SWOT、量化考核等管理上的方法，被想当然地按照相当简单的方式在使用和操作着。不仅其效果可疑，而且更糟的是这种简单的处理方式会有害地遗传给后来者。也有的时候，我们做着相反的工作，认为有些管理不适合国情而另起炉灶。由于我们没有真正理解被我们否定的东西的内涵，所以创造出的"有中国特色"的管理，有时只是在迁就我们的落后，却还自认为是一种创新。还有的时候，我们会为管理而管理，或者为了所谓的科学化而建立管理规则，却忘了管理的唯一目的是为了把事情做好，为了企业的正常运行和发展。当有人理直气壮地宣称：将管理考核量化，总要比没有量化的管理考核更科学时，他是否意识到，当我们用一些无法确定在多大程度上能够反映客观现实的量化数据进行管理考核时，很难说其中有多少科学的依据，在实际中会有什么样积极的效果。科学的管理，未必一定能够量化；被量化了的管理，也未必就更具科学性。在管理科学化的努力中，科学态度和方法论更为重要，而不是让管理在形式上更像自然科学。

企业管理是一个完整的体系，从底层的基础管理到高层的战略管理，是要相互匹配协调发展的。可是由于对于管理的理解过于形式化、概念化和简单化，许多企业对于通过ISO9000十分热衷，却缺少起码的基础管理，如有效的定期例会和工作报告制度等。如此建立的管理体系，更像是沙滩上的建筑，缺少基础而流于形式。

我们的企业，需要适应现代企业规范，在道德（至少是职业道德）、心理、行为、知识和能力等各个方面均衡发展的员工。这些基本素质，许多是在生活中熏陶出来的，无法在学校中教授；而且在中国，一个优秀的企业事实上是社会发展的推动者，这就决定了企业不仅在为社会创造财富，还自然承担了一些社会责任。我们的企业必须去花资源培养员工的基本素养，包括职业道德等。可是我们的企业是多么希望能够直接招聘到优秀的员工去投入日益惨烈的竞争。国内某著名公司总裁在与新员工座谈时，几乎通篇在谈自我批判的问题。如不是痛切地感到人员基本素质的欠缺，是不会如此强调自我批判的重要性的。然而，我们的企业由于不断面临生死的压力，常常没有资源和时间来培养员工，也没有足够数量的优秀管理者充当教员的角色。如果我们只希望从赛马中找到良驹，这种做法本身在中国就很难创造出一个真正起领导作用的优秀企业。由于我们在其他方面的劣势，在某种意义上将，我们必须有超过西方企业的人才，才可能造就出与西方企业抗衡的中国企业。

企业的发展，离不开对整个产业的把握。在对产业的理解上，我们靠小聪明，在新行业兴起的时候，不时地能得到一些可以夸耀的成绩。可是现实是我们在所有的产业中，几乎无例外地处于价值链的末端，尽管我们可以夸耀自己的某些产品产量占了世界的多大比重。一位航天部出身的计算机界德高望重的院士曾经感叹道：在很多事情上，我们中国人是醒得早，起得晚，跑得慢。我们的企业由于处于产业的末端，实际上对产业的整体发展缺少真正长远的见地，因而“醒得早”也只是一个表面的或局部的现象；而且我们实际上爬起来之后，依然是睡眼蒙眬，而且营养不良。半睡半醒的我们，常常对自己的奔跑速度有一种令自己陶醉的幻觉，却不知就在我们隔壁，就有比我们跑得快得多的后来者。由于缺乏对行业发展的整体把握，我们常常会做出一些自以为聪明而事实上毫无价值的事情，包括在技术研发方向的选择上。如打肿脸充胖子般盲目地去做一些所谓的行业标准。落后而又看不清未来的企业，恐怕难以摆脱被动受欺的地位。

现代企业和经济，是在西方的土壤上自然生长起来的，有内在的依据和基础，也有外在的环境条件。经验是在逐步积累的，理论也是从经验中总结出来的，因此他们可以比较从容地利用现有的优势，不断地向前发展。处于落后的我们，固然可以方便地拿来他们的理论和经验，但是我们是否有足够的内在依据和基础去应用这些理论和经验？是否有与之配套的环境条件？我们是否能够真正全面理解到那些理念、理论和经验背后的实践基础，从而根据自己的特点科学地用好它们？其实，尽管我们在同一个市场上，在同一个产业内与西方企业进行着竞争，但我们面临的问题，有许多是与西方企业根本不同的。而这些不同的问题，对于我们来讲可能更为关键和本质。从主流发展模式上来看，前行者由于其领先的地位、积累和资源等优势，可以采用自发和自由的从而也是自然的发展方式。其造成的浪费，可以由其在全世界范围内取得的开创性成功得到补偿。风险投资机制便是这种发展模式的典型产物。后来者，一般则必须借鉴前行者的经验，通过对自己发展道路的自觉选择，来弥补自己落后而造成的劣势，并且获得比前行者更快的发展速度。这是一种自觉的发展模式。从某种意义上来看，也是一种非自然的发展方式。就国家的整体发展来看，只有美国才实行所谓真正的自由经济，亚太区域成功的新兴工业国家和地区，几乎无一例外的是在政府干预下完成了经济起飞的过程。尽管干预未必一定导致经济的成功，但是效仿西方自由经济模式落后的国家，似乎没有一个取得过如此骄人的成绩。对国家宏观经济如此，对微观企业也大致相同。发展模式本质上的差别，要求我们必须通过借鉴前行者经验而达到对事物的本质规律深刻的认识，从而对前行者走过的道路有自觉的超越。

救亡，逼迫我们不得不急功近利，甚至不择手段；启蒙，却要求我们静下心来，持续不断地、全面系统地从根本上反省自己，通过坚忍不拔的努力去脱胎换骨。面对救亡和启蒙的双重压力，我们是否能够找到其中的平衡点，不因救亡的紧迫而放弃启蒙，从而丧失救亡的基础；也不会只埋头于启蒙，而无视救亡的危机，从而丢掉了启蒙的目的？

就企业而言，面对生存的压力和危机，我们能否阵脚不乱，建立一个清晰的长远规划，在求得生存的同时使企业不断接近理想中的目标？在我们不择手段的时候，能否清醒地掌握好分寸，不使那些急功近利的短期行为在不知不觉中成为企业无法摆脱的恶习？能否在激烈的竞争中，建立一套有效的自我反省机制和健康的企业文化和行为准则，使企业具有深刻而持续的、全面的从本原出发的自我批判和不断学习的能力？在利用现代管理方法争取竞争优势的同时，能否在实践中从最基本的操作开始，认真体会和总结管理的本质和规律，逐步建立更适合自己的管理模式？面对社会的现实，能否在不惜代价寻找并用好企业急需人才的同时，愿意投入可能的资源去不断培养企业员工的综合素质？我们能否超越自己企业现有业务的限制，站在产业的高度，去主动把握未来，从而变被动救亡为主动竞争？

要处理好这些问题，需要我们的企业和企业家有一点心胸，愿意在创造利润的同时也承担一份责任、保持一点境界，不因眼前的困境而失去对世界和未来的把握；有一点哲学的修养，能够全面、系统和辩证地把握好救亡和启蒙的平衡，在复杂纷纭的环境中，能够牢牢抓住主要矛盾；有一点文化的根基，从而能够从历史和社会的角度，看清自己和对手，不因对手的强大和领先而自卑或盲目效仿，也不因自己过去或局部的辉煌而自大轻狂。处于救亡和启蒙两难中落后了的我们，最需要的不是浮躁短视的聪明，而是冷静深邃的智慧。

如果说当初我写这篇短文的时候，还更多的是杞人忧天的书生意

气，是以旁观者的角度在指手画脚坐而论道的话，随着 2001 财年的结束，命运把我推到了一个真刀真枪地解决一个具体两难问题的位置上去。

2001 年软件业务单独运作，起步的滋味还没有品尝充分，还没有摸索清楚有效的发展途径，这个业务在过去几年中积累下来的问题便显露出来，并由一些突发事件引爆出灾难性后果。

第六章

十年一剑——战略管理实践

由于一次突然的变故，我得以有机会站在战略管理的层面上，亲自掌管一个几百人规模的完整业务。这使得我幸运地在十年内，走完了从技术开发一直到企业战略管理的几乎每一个台阶，经历了一个完整的过程。这段经历，不仅使我有机会全面实践自己在过去岁月中所总结的对管理的认识，而且也向我提出了从企业管理到个人修养方面新的挑战和课题。有些问题我至今还没有找到满意的答案。

天灾人祸

神州数码进军软件行业的努力，在 2002 年遇到了近乎毁灭性的打击。

2002 年 2 月，出于自己的某些考虑，软件集成事业本部总经理和总经理室成员分别谈话，否定了我们在规划中做的组织结构。他通知我们，他已经和郭总商量好，在新的财年将彻底改变事业部体制，完全按专业化分工的体制运作。在 2001 年成立产品部的基础上，再从事业部中把工程实施部分剥离出来，成立技术工程部。各行业事业部只负责市场销售。部门开始紧张的重组工作。

2002 年 4 月 1 日，新财年开始，我继续担任软件集成事业本部常务副总经理，同时兼任产品部总经理。

在财年一开始，我就发现情况不妙，被迫明确发出可能出大问题的预警。但是这些意见没有引起重视。

新财年第一季度内，发生了一系列意外的严重事件。这比我当初的预计来得还要快、还要严重。形势急转直下。

2002 年 4 月 30 日，L 省移动项目组几乎全体成员共 31 人，也是我们中国移动电信业务的核心技术团队，集体辞职。总裁室从郭为开始，所有可能的人员都纷纷出马处理这个事件。

2002 年 5 月中，与我们合作有五六年之久，我们除国税总局外唯一的税务行业客户，也是当时唯一的地税客户——B 市地税局，在新系统建设的招标中，选中其他公司作为应用开发集成商，神州数码出局。税务业务遭受重大挫折，人员情绪低落。

2002 年 6 月 8 日早上 9 点 5 分，软件集成事业本部副总经理兼税务行业总监在京沈高速公路唐山段，出车祸不幸当场身亡。公司的司机身受重伤。本部总经理接到电话后无法自持。我从怀柔离开正在参加的一个工作会议，与集团办总经理及集团人力资源部总经理一起乘车，在下午赶到唐山，处理现场。

进入唐山，先期到现场的人员在高速公路出口迎接我们，并告诉我们司机经抢救无效死亡。我要求带我们先到医院看遗体。汽车直接到医院的太平间外。先期到达的集团办副总经理陪同我进入太平间。打开冰柜的门，我看到同事的头部被严重毁坏，司机的头部完全被纱布包裹。车祸的严重程度有些令我无法想象。第二天看到撞毁的汽车已面目全非，发动机被撞进了驾驶室，汽车顶棚被铲掉。

2002 年 6 月 13 日，追悼会在八宝山举行，本部总经理主持，我致悼词。悼词为我亲自撰写。

这段时间里，新成立的技术工程部和事业部之间的矛盾纷起，并且逐步激化。事业部的人员认为技术工程部乱报成本，使得他们无法与对手竞争，双方的矛盾严重影响了业务的开展。被这些矛盾搞得有些不知所措的软件集成事业本部副总经理兼经营管理部总经理，感到本部总经理已经无力控制局面，破天荒地在晚上直接给我打电话，向我寻求帮助。但是，当时作为常务副总经理，我能给她提供的帮助也非常有限。

天灾人祸不期而遇。狂澜突起，大厦将倾。

临危受命

战略管理分析之三：战略与谋略

2002 年 6 月中旬，本部总经理向郭为提出辞职请求。集团提出三个候选人，一对一征求相关管理人员的意见。

2002 年 6 月底，集团总裁郭为与常务副总裁及两位高级副总裁一起找我谈话，通知我集团决定自财年第二季度开始，由我出任软件集成事业本部，即软件公司总经理。我的直接领导，是原任软件集成事业部总经理。他辞去这个职务后，依然担任集团的高级副总裁并分管软件和硬件的集成业务。在接受任命的时候，我请求更换技术工程部总经理的要求被拒绝。

我接受了新的工作安排。我必须面对的现实是，责任重大，权力有限，局势极为严峻。

2002年6月底，离开有半年的一位原神州数码副总裁约我吃饭。当他得知集团的决定后，极力劝我："你可别犯傻，这个烂摊子千万不能接。否则你的一世英名将毁于一旦。你还是老老实实做你的CTO吧。"他的好意我领了，但是自己应该承担的责任我不会怯懦地回避。我做人做事的原则，不会因风险而改变。

2002年7月1日，集团正式发布任命，我出任软件集成事业本部即当年10月份正式宣布成立的神州数码软件有限公司总经理。就这样，我这个被认为缺少"leadership"，不曾有做一个哪怕是规模很小的事业部总经理经验的集团CTO，开始兼任软件公司的总经理，主管三大行业软件业务。

在神州数码成立两年零一个月的时候，我再次领衔"救火"。用常务副总裁的话来讲，"这场火着得有点儿大"。

回想在1998年自己进入IT行业，不得不"混迹"于一个自己不喜欢的行业。现在命运又把我推到了这行业中最难做的一个领域的最前端。

"真金不怕火炼"通常是在成功的时候产生的豪情；抑或是像张灵甫那样身经百战的英杰，在面对几倍于自己的对手，身陷绝境的时候，依然拥有的自信。我确实没有对这种浪漫的向往。当我身不由己地被"炼"来"炼"去的时候，我既感到这是一种幸运，也心存许多的无奈。我曾开玩笑地和朋友讲："看来我上辈子没做太多的好事，此生才遭如此报应。"

如果说我在以前的经历中，曾经有过一些良好表现的话，那也只是在执行和操作层的贡献。做掌上电脑时，在产品规划方面做的一些工作，只能算是战略管理方面的初步尝试。随后做的一些神州数码战略分析的工作，更多的还是纸上谈兵。

这次出任软件公司的总经理，我得到了一个从战略规划开始，直到战略落实和实施，全面管理一个完整业务的机会，真正开始站在战略层面，操控一个大的部门。“启蒙与救亡”的问题，对我不再是文字游戏，而是需要我亲自面对的现实了。这段经历，对于我在管理方面的提高有着重大的意义。以前的积累和思考，终于有了一个实践的机会；而这段实践，反过来也给了我更多的启示和收获。

战略的意义，毋庸置疑；战略管理，也是被企业家高度重视的课题。但是，真正做好战略并且能够有效地实施，却是一件极困难的事情。在很多情况下，是因为我们没有搞清楚战略到底是什么。战略常常或者走向空泛，或者蜕变为谋略。

战略与谋略

1991 年，世界上发生的最大一件事情，便是苏联解体。当时我正在澳大利亚的悉尼大学留学。8 月份，几位苏联的“高管”，包括掌握军权的国防部长，将当时的苏联总统，苏共总书记戈尔巴乔夫软禁于其度假地，在莫斯科发动了一场“准政变”——所谓的“8.19”事件。事件当中，他们最主要的对手叶利钦，一度惊慌失措，不停地给美国总统布什和英国总理撒切尔夫人打电话。叶利钦随后信心大增，采取了一系列行动，“准政变”失败。戈尔巴乔夫回到莫斯科，随后宣布辞职。苏联，这个世界上第一个社会主义国家，打败希特勒的中流砥柱，为人类开辟太空时代的先锋，曾经让当今的世界霸主美国寝食不安、不敢为所欲为的强大国家，分崩离析了。

看到几天内发生的这场惊人巨变，我的中国同学们对苏联人充满了蔑视。“他们竟然连搞政变都不会了。真是没有用!”这个说。那个道：“政变首先要宣布国家进入紧急状态，然后切断所有的交通和通讯。立即把对手的头目抓起来，不行就先毙了再说。怎么能够还让叶利钦给海外打电话，简直就是笑话。”另一位感叹道：“看来苏联人中西方民主、自由和人道主义的毒中得太深了！共产党在智利赢得大选后，美国CIA在暗杀其总统的时候，可是一点都没犹豫过。”

确实，从大家的议论来看，我们这些普通的中国人，尽管没有任何从政的经验，但似乎比那些苏联的“高管”们要高明得多。即使没有一个政治舞台，我们在自己的工作中，也在不停地显示着我们这方面的才能。

中国传统的文学，从讲群雄相争“国家大事”的《三国演义》到谈男欢女爱“家庭琐碎”的《红楼梦》，无不充满了权术和计谋。从古到今的权术游戏，也不停地在现代作品中出现。

在这个环境中，哪怕是那些没有受过太多教育的普通人，对于计谋和权术都超过了入门级的水平，更有那许多可以熟读《三国》，活用《孙子兵法》的高人。即使你是所谓的新生代，其实你的潜意识或本能当中，也毫不匮乏中国传统政治的营养。

这一切给我们带来的是什么？从道德的角度，自然可以加以鞭挞。在道德的面前，是不存在神圣之物的。那么从实用的角度来看又如何呢？

假如我们是当时苏联的“高管”，假如我们当真成功实施了政变，用强力手段，消灭了叶利钦等阴谋分裂苏联的野心家，暂时稳定了局势。以后呢？我们靠什么来保持和发展这样一个大国？依然靠我们所熟知的计谋和权术吗？这些手段，能够成为复兴一个民族的核心动力吗？

事情并非那么简单。计谋和权术，只是技术和操作手段。它们可以帮助我们解决具体的实际问题，但是，如果我们处于当时苏联的领导核心的话，我们首先要面对的，却是我们是否应该发动政变，以及政变以后，如何设定未来目标；其次才是如何实施政变，以及政变以后如何达到未来的目标。

在这里，第一个层面的问题，就是我们经常谈论的“战略”问题。第二个层面的问题，才是“执行和操作”的问题。

计谋和权术，可以演绎出魅力无穷、跌宕起伏、风起云涌的画卷，它常常占据了一个过程的主体部分。

但是，计谋与权术表演得再精彩，哪怕到了出神入化、逢凶化吉的地步，也只能算作谋略，而不能称其为战略。一个谋略高手，如果没有到达战略层次，他可以面对各种复杂的环境，八面玲珑、左右逢源、游刃有余，但是，放到一个更大的时空范围来观察，我们会发现，他不过是被动而盲目地漂浮于社会和历史的潮流之中。凭借自己的聪明和计谋，他能够在险风恶浪中生存下来，但是他自己并不知道自己将走向何方，他也不可能把握自己的走向。

反观战略，其结果在现实中体现为决策和选择。尽管战略决策的过程，对于决策者来讲，是一个极为复杂，需要高度智慧乃至相当痛苦的过程，但是，其结果却往往是几句话，甚至几个字就能表达清楚的结论。所以，从表象上看，战略显得那么平淡和简单，甚至有时无足轻重，被波澜壮阔的过程所淹没。但是，真正能够达到战略高度的人，需要超人的智慧和意志。

由于在表现上，战略远不如谋略的展示过程那样动人心魄，所以，谋略有时会偷梁换柱地披上战略的外衣。但是，谋略终究不是战略。

历史上，最杰出的谋略家恐怕非诸葛亮莫属，其神机妙算达到了登峰造极的程度，但是他依然只能算是一出大戏中的最佳配角。而一代伟人毛泽东，其战略水平无人能出其右，成为了历史上的一座丰碑。

中美之间几十年的斗智斗勇，充分展示了毛泽东作为一代杰出战略家，对历史自如的掌控。

解放战争胜利在望之时，毛泽东便看到了中美之间合作的必要性和必然性，向美国政府投石问路，邀司徒雷登北上燕京。不想美国政府割舍不下蒋介石，而且死抱着意识形态不放。结果毛泽东在立国未稳之际，刚“别了司徒雷登”，就迎来了麦克阿瑟率领的 16 国联军大兵压境鸭绿江边，以及美国第七舰队进驻宝岛台湾。

抗美援朝的决定，对于毛泽东来讲是一个极为艰难的过程。这时，《孙子兵法》帮不上毛泽东太多的忙。这一影响了世界历史进程的决策，只有简单的两个字“出兵”。

随后，双方杰出的军事谋略家，在 3 000 里冰天雪地的朝鲜，指挥着几十万大军，打得地动山摇，惨绝人寰。战略家得到了期望的结局——战事起于三八线，止于三八线。

北国尘埃落定，南疆硝烟再起。

在越南，当北美牛仔使尽了除核弹之外的所有伎俩，从最先进的热兵器，到毁灭热带雨林的冷手段，却依然看不到任何取胜希望的时候，毛泽东再次暗示善意。乒乓球的跳动，带来了世界的变化。世界头号列强的总统，像当年的白求恩一样，“不远万里来到中国”，只是目的不同。他不是出于高尚而来帮助中国人民的。为了自身的利益，他不得不屈尊拜会，毛泽东欣然笑纳。

经历了百年屈辱的中国，自此开始迎来了和平发展的曙光。

如果不是美国政客的愚蠢，中美之间何来这些恩怨？如果不是毛泽东高瞻远瞩，两次出手与山姆大叔过招，美国人也不会有长进。

中美之间的两场战事，谁在某一个时间占了多少便宜并不重要。重要的是，美国人终于熄灭了西方列强百年来，一旦自身利益需要，便要来中国来打劫的念头，心甘情愿地开始和中国人交往。而这种交往，至少在面子上，美国人不得不装出平等的姿态；重要的是，新中国终于在列强主宰的世界上，有了自己的立足之地，不再任人欺凌，国家安全有了基本的保障。我们可以在晚上放心地睡觉，在白天专心地做自己的事情了。

这就是毛泽东在战略的高度上，对历史的把握和交代。

战略，不是计较一时一地的得失，不是为了赢得即时的喝彩，而是要对整个事件的发展走向，做出符合客观规律的把控，从而对你所能够影响的人群和历史时段，担负起自己的责任。

战略家与一般意义上的谋略家相比，多了一份超越个人和现实局限的智慧，有着更大的心胸和境界，还有为了大众的根本利益，独自承受历史的谴责乃至承担身败名裂后果的坚强意志。聪明，即使到了极点，没有心胸的支撑，也无法升华为智慧，只能成就一个谋略家。

对于企业而言，我们当然并不需要所有的企业家都成为杰出的战略家；不是一个好的战略家，也依然可能造就出一个优秀的企业。

但是，如果一个企业立志要做一个对社会发展举足轻重行业的龙头，想与国际巨头一争高低，成为社会和历史发展的先锋，那么它的最高领导者，则首先必须是一个优秀的战略家。谋略家是无法成就这样的事业的。任何管理制度、企业文化，或者治理结构等管理体系，都无法替代一个优秀战略家的作用。

战略人才，在这个世界上如此稀缺，可遇而不可求，致使最优秀的企业也总是如凤毛麟角。也许我们自己没有指望成为战略家，但是我们不应该因此试图淡化战略人才的意义，不应该用谋略去曲解战略，或者试图用其他手段去取代战略人才的根本性作用。

与制度、文化等社会要素相比，人终归是推动历史前进的第一动力。

孤注一掷

战略管理实践之一：危情抉择

我接手的软件公司，包括了三个行业的业务，当时共有 700 余名员工。

一眼望去，三个行业均一片凄惨景象。没有最糟，只有更糟。

电信行业骨干，L 省项目组核心成员已经辞职。当时正在做的 H 省和 A 省移动的两个运营支撑系统项目，原来计划由 L 省项目组去支援，现在这个设想已经无法实现。在 H 省，我们勉强凑了十几个人在那里支撑；在 A 省，我们则只有一个项目经理在现场与客户周旋。这两个项目都面临极大的困难。

税务行业，我们真正的危机还不在于丢掉了 B 市地税这个老客户，而是我们当时核心的解决方案，国家税务征管系统 CTAIS 已经老化。用原国家税务总局总工程师的话来讲，“你们的人已经不懂 IT 技术了，他们也不想学，可是还自我感觉很好。”造成这种局面的原因，主要是过去一段时间，我们过分地注重当期的业绩，没有下大力气做积累和能力的提高。开发基于新的 IT 技术三层架构的新系统的工作，内部议论了一年多，却始终没有启动——没有目标客户，没有能调出来的人员，而且我们的人员确实没有人懂得新一代 IT 技术。几年来我们的技术人员一直在忙于老系统的推广、维护和升级改造。然而，市场不会因为我们遇到的这些自身的困难，就来迁就我们。

我们做的时间最长的金融行业，也快油干灯灭了。同样因为没有把握好近期和长远的平衡，再加上前些年一些核心人员流失，几年来我们的解决方案老化，业务在很大程度上靠着原来的惯性和客户关系向前滑动。大一点的项目只做了农信合作联社的核心业务系统。而农信社在银行系统中，不论是业务水平还是 IT 建设都是最落后的。

我们在金融行业的一个项目经理当时说：“我们不能把一个拖拉机重新喷一遍漆后，就拿给客户告诉人家这是一辆跑车。”2001 年，梅虹曾经告诉我，在做金融行业应用的公司中，大家已经认为神州数码处于边缘了。2002 年 6 月，我去深圳向我们金融行业的技术人员了解情况。当时我们在电信行业已经出现了严重的人员流失问题，可是我们金融行业的人员还在羡慕电信行业的人在做核心业务系统，而觉得他们自己在金融行业只能做一些边边角角的事情。

员工的士气，当时落到了不知如何收拾的地步。

我刚接任总经理后不久的一天，本部副总经理兼经营管理部总经理约我一起吃午饭。饭间，她用怀疑的眼光看着我，坦率地问我：“谢总，您知道怎么挽救这个局面吗?”我如实地答道：“我确实没有任何的相关经验，也不清楚结果将会是什么样子。但是我敢保证，不论我成功还是失败，别人不会比我干得更好。”我看出来她没有相信我说的话。柳传志与倪光南决裂以后，联想体系内的人对技术出身的人做业务经营，总是有很多的疑虑，甚至形成了渗透到骨子里的偏见。

有一些普通员工对我也不信任。有的员工在底下抱怨，说怎么派谢耘这样一个没有任何做业务的经验，也不会与客户打交道的人来管理他们。

有人劝我赶紧开一个会，发表自己的施政纲领，鼓舞大家的士气。我考虑再三没有去做。士气在根本上是打胜仗打出来的，不是鼓噪出来的。面对江河日下的局面，大家已经没有兴趣再听什么有激情的演说了。况且我也不认为自己是一个会煽情的人。

山河破碎，人心离散。要起死回生，靠修修补补已经无济于事，充其量只能拖延一下死亡的过程。好在软件公司的战略规划当初是我做的，并且我作了一年多的常务副总经理，各方面的情况都比较熟悉。面对这个局面，尽管我们可能发生巨大的亏损，我还是决定孤注一掷，坚持按我们当初制定的战略规划的要求，投入重金来研发新的解决方案。

就当时的情况来看，局面尽管危险但是也并非一片黑暗。从联想开始，我们在行业内作了多年的工作，应该说影响还在；而且神州数码成立以来，下了很大的工夫做品牌推广，市场认知度不错。但是，如果我们根本就没有较好的解决方案，客户决不会只因为我们的市场形象而买我们的账。

从战略全局的角度来看，我认为孤注一掷投入新的解决方案开发和推广，是让软件公司起死回生最关键的措施。如果此招失败，其他的事情做得再好，我们也难逃全盘皆输的下场。

开发新的解决方案，首先面对的，存在于所有人心中的一个核心的疑问就是：我们的人员能胜任这样的重任吗？而且我们现在才开始开发，远水何以解近渴？我没有办法回答我的核心管理层向我提出的这两个问题，因为我也不知道答案。经营管理总经理更是明确地向我建议："谢总，产品部也干不成什么事，少投点儿钱还能少亏损一些。先把今年过去再说吧。"因为顾虑于我还兼任产品部的总经理，她才没有把心里话全说出来："把产品部裁掉算了。"

我只能靠我的权力强行推动我的设想了。我的直觉告诉我，如果这一手段不能救我们于水火的话，那我们就只能去和上帝商量，看上帝是否可以赦免我们了。但是，不竭尽全力自救的人，上帝会愿意帮他的忙吗？

集团常务副总裁当时给了我明确的支持和鼓励："出了这么多的事情，你就别太在意今年的经营指标了。还是下工夫把核心能力培养起来。"

产品部是实施我的计划的核心部门。在2000年，我们后劲不足的问题已经引起大家的高度重视。为了解决我们长远发展的问题，在麦肯锡咨询顾问的建议和集团领导坚持下，产品部于2001财年成立。经过一年的努力和探索，产品部取得了一些进展，但是还没有取得实质性的突破，其工作没有得到其他部门的认可。一年的时间毕竟短了些。2002财年，我兼任产品部门的总经理。原总经理在调任他职时说："我觉得今年产品部可能活不到年底了。"

一支奋斗了一年却没有明显成绩，自己已经有些丧失了信心的队伍，如何承担重任？我给大家下了简单而明确的指示："今年你们无论如何要开发出新的解决方案。做出一个算及格，做出两个，算优秀。质量上我不做特别要求。能否推向市场，你们也不用管。"

后来有人指责我面对这样大的投入，却下如此低标准要求的指示，是对公司的不负责任。是否负责任，不在于语言的表达，而要看实际的效果。

生死关头，指令必须简单明了。瞻前顾后，左右平衡，看似更加合理全面，但实际上只能让执行者感到迷惑不解、动作无力、畏惧不前，甚至四面摇摆而贻误战机。尤其这是一支没有自信的队伍，如果我对他们提出更多的要求，我担心他们可能干脆就躺倒不干了。在这个时候，我作为最高管理者，必须替他们承担部分压力和风险。这不是迁就，而是共渡难关。

我最多只要求两个解决方案的原因，是因为只有金融和税务急需新的解决方案来避免走向崩溃。电信已经这样了，其重点是如何保证现有的项目能够有个可以接受的结局，而不使窟窿进一步扩大。而解决方案能否推向市场，更多的是公司的整体配合问题，是我的责任，不能简单地压在研发部门身上。

奇迹

战略管理实践之二：标本兼治

这次产品部做新的税务系统，由我们做税务行业的“元老”崔晓天博士牵头。这件事情在财年初我兼任产品部总经理的时候，就亲自主持召开了几次会议，推动相关部门协同一致开始启动这个项目。晓天在年初的时候是产品部副总经理，后来我出任软件公司总经理，他便接任产品部总经理一职全面负责产品部的工作。

没有客户，晓天他们就决定用 CTAIS 现有的需求作为依据；技术人员紧张，只能从项目实施当中调出 3 个熟悉原有系统的人员，其他的都是新招的学生；不懂新技术，我们便花钱请在 J2EE 上有着丰富开发经验的国外公司来给我们培训，并且对整个开发过程做咨询；对新的技术架构没有把握，晓天他们便采用了原形迭代法小步快跑。

总之，我们必须克服一切困难，尽快推出在市场上有竞争力的新的解决方案。否则，我们就会被市场无情地淘汰——我们无法再继续用我们旧有的解决方案去面对客户了。

2002 年 9 月，S 市国税局领导来北京，税务事业部总经理孙月加博士用 PPT 给客户做了正在开发的新系统的介绍，竟然奇迹般地引起了客户的兴趣。当时客户正在考虑新的信息系统整合方案。很快，客户在没有看到任何演示的情况下，就决定采用我们新的系统，替换他们现在正在使用的 CTAIS。事实上，当时我们新的系统根本就还没有开发到能够给客户做简单演示的程度。月加成功地演绎了一次空手套白狼的把戏。

税务行业终于看到了新的曙光。大家精神振奋，情绪高涨。

2002 年到 2003 年期间，包括我们做的系统在内，中国税务行业有四个由不同的厂商承担的、备受关注的全新大型系统在建设。四个系统均采用了最新的 IT 技术。四家厂商在不同的地点，发起了向未来税务行业领导地位的冲锋。

2003年10月，在四家厂商的角逐接近白热化的时候，神州数码为S市国税开发的新系统率先成功上线。为此，项目组的同事们付出了巨大的努力和代价。2004年1月，国税总局领导到S市视察。8月，国税总局决定，将该系统作为标准的国税全省大集中系统全国推广，取代原来的CTAIS系统。继CTAIS系统之后，我们再次确立了在国税征管系统上不可动摇的主导地位，并以此为基础开始了重新进军地税领域的努力。

如果我们在2002财年初始犹豫不决，没有开发新系统的话，到2003年的时候，我们在税务行业就几乎注定被边缘化了。

我们在税务领域内的这次成功，最主要的原因之一，是市场销售部门没有把责任简单地推给研发部门，没有一味地等待研发基本完成、有了把握以后，再去面对客户，而是坚决贯彻公司的战略决策，积极主动地与研发部门协调一致，主动出击，敢于承担责任和风险，充分发挥出了市场销售部门在业务拓展方面的龙头作用。

正是由于市场销售部门的积极努力，才使得我们的解决方案获得了在与市场交互的过程中不断完善的宝贵机会，使得我们的整体业务链进入了良性循环。没有在实际中的应用磨炼，产品和解决方案永远也不可能优化成熟。指望研发部门在家里把东西做完美，再拿到市场上去见客户是很幼稚的想法。这或许已经是企业管理的基本常识，不过在实际中，这种想法却总是有市场。

其实，在实际的工作中，我们如果能够认真地按照常识来把事情做好，我们的表现通常就可以达到良好甚至优秀了。不幸的是，当我们的经验丰富以后，我们常常反倒失去了许多饱含着真理的简单常识，增加了不少别人搞不懂，其实我们自己也不清楚的，实际价值大可怀疑的复杂而混乱的逻辑。

常识因为其简单，而常常被无意地忽视；但是真正能够不折不扣地按照简单的道理做事情却很不容易，因此许多简单的道理会遭到有意的蔑视。

金融行业曾经是我们传统强项行业。新任金融行业事业部总经理陈江，是2000年加入神州数码的，在中国银行有近十年的工作经验。金融行业总监由原来的事业部总经理出任，他是行业线的负责人。

在2001年，由于国家大型银行C银行准备引进国外的核心银行业务系统，前端依然采用我们的字符终端柜台系统，这使得陈江他们有机会接触国外最先进的解决方案。在这个过程中，他们形成了要开发针对银行未来大集中系统中，必不可少的多渠道接入的大前置系统的设想。

2001年底，C银行行长被“双规”，该银行引进国外核心系统的项目终止。

经过了一段调研，2002财年初，我们面临对大前置系统的开发做最后的决策。当时我还没有出任本部总经理。而按新财年的管理规则，开发新的解决方案的决策要由行业线负责人来做。

在我征求行业线负责人意见的时候，对方说了一句有些混乱、让我啼笑皆非的话：“他们不把这个东西开发出来，我怎么知道它是否有用？我不知道它有没有用，怎么能判断应不应该做它？”这句话挺典型。在决定是否在研发上做投入时，我这几年来经常听到类似的话。我当时有些恼火，告诉他：“如果作为行业负责人，你不决定应该开发什么样的解决方案的话，我一定要追究你的责任；如果你决定了，而产品部做不好，所有的责任我来承担。”

我依然没有得到任何明确的意见。

看到在中国的银行界，大集中已经成为大势所趋，我知道我们不能再拖延了，否则在市场需求出现的时候，我们可能束手无策。也许到时候，我们打造的武器不太好用，但是哪怕手中有一根烧火棍，也总要比手无寸铁的绝望要好很多。我在和金融事业部总经理陈江商量之后，指示产品部立即启动大前置系统的开发。同时启动的还有一个附带的项目——基于浏览器的图形化柜台系统。这时我还没有出任本部的总经理。

这个项目也没有明确的客户。为了做好这个产品，我们从美国几次请来施浩为我们做咨询。他是和我同届的清华计算机系的学生。硕士毕业后进入中国银行，后去美国留学。当时他在一家为银行提供服务的咨询公司工作。

2002 年 9 月，C 银行决定在全行实行系统大集中，采用的是 IBM 在其一个分行两年前开发的核心业务系统，当时与之相配的前端系统是我们做的；新的大集中系统中的大前置和前端系统重新寻找厂家，将由一家来完成。我们开始使用一切手段加快开发大前置系统。

2002 年 10 月，C 银行要求厂家带着自己的产品到 C 银行某开发中心做性能测试。没有自有产品的企业不能参与。我们刚好将基本的原型系统开发完成，得以有资格参与此事。在测试的同时，集团高层也花了大量的精力做这个项目的高层公关。

2002 年 12 月，C 银行正式选择神州数码作为其大集中系统中的大前置和前端系统的提供商和服务商。

如果当初我们犹豫不决的话，我们几乎注定会错过这一对我们来说决定我们金融行业业务生死的机会。

2003 年 9 月，C 银行公布三家核心 IT 服务合作伙伴：IBM、惠普、神州数码。C 银行成为了我们在金融领域内最大的也是最重要的客户。

大前置系统的构思和决策，直接源于我们与国际一流公司的密切交流和沟通。放眼全球，准确把握国际行业的发展动向，是我们做出这个正确的战略决策的前提之一。

在我接任本部总经理之后，针对金融的情况，我明确地提出我们必须考虑开发新的核心业务系统。否则我们就会在行业中失去价值。8 月，产品部副总经理王勐受命负责此事。经过事业部、技术工程部和产品部相关人员的讨论，王勐向我汇报：大家比较一致的意见是升级改造我们的老系统。

我当即告诉王勐："如果你们改造老的系统，我绝对不会批准。要做就做个新的，做什么、做成什么样由你们自己决定。如果失败了，我来负责。"我这样做的原因非常简单。产品部在 2001 年曾经对老系统作过升级改造的努力，当时还为这个项目起了一个漂亮的名字"升阳工程"。结果出了一大堆的文档，有价值的新核心业务系统却没有成型。

否则我们金融行业也不会是今天这个局面。一次关键时刻的失败，带来的隐性损失难以估量。上次花了几百万元却不了了之，我实在不相信他们这次能做好。反过来，抛开原来的系统，换个思路倒是有可能取得突破。而王勐他们当时想继续改造老系统的主要原因，无非是这样做的技术风险小。可是，他们却没有看到这种做法可能带来巨大的市场风险——我们已经无法承受再一次失败了，哪怕我们给这一次的努力冠以一个更加动听的名字。我下决心把他们逼上绝路，看他们是否能够找到再生之门。

2002 年 8 月，王勐他们经过分析，发现由于外汇管制放松，将会有更多的银行开展国际业务，从而形成对银行国际结算系统的需求。故此，王勐申请基于新的 IT 技术，开发国际结算系统。我同意他组织力量立即开始工作。

这个项目还是没有明确的客户对象。对我们来说也是一个全新的领域，没有经验和基础。

不久，由于缺少信心，该项目组的成员几乎全部辞职。这时王勐显示出了他顽强和执著的个性。他没有放弃，而是重新组建队伍继续努力。为了开发好这个系统，王勐带领大家深入钻研国际业务；同时他还利用原来在国家较大型银行 J 银行的关系，积极和 J 银行国际业务的相关人员反复交流。这种交流，使得 J 银行国际业务部门的领导对我们建立了较好的了解和信任。

2002 年 12 月，王勐他们做出了系统的原型。J 银行决定，直接选择神州数码负责其全行大集中项目中的国际结算子系统的建设。其传统的存贷款的核心业务系统，在 2002 年初就已经选择由 G 公司承建，我们当时没能中标。

其实 J 银行原来的对个人的核心业务系统，就是几年前王勐带人做的。G 公司中标后，除开维护老系统外，我们不再给 J 银行做其他的系统建设服务。我们只是在等待 G 公司的系统上线后我们被踢出 J 银行的结局。

国际结算系统的开发，使得我们又成功地成为了 J 银行的一个重要服务商，同时也开辟了一个新的业务领域——国际结算系统的建设。

后来王勐告诉我，当时我承诺如果失败，所有的责任全部由我来承担这句话，是对他最大的支持；做国际结算这段时间，是他几年来最开心、最有成就感的一段经历。

2005 年 3 月 2 日晚，我收到王勐从上海发来的短信："谢总，我已经辞职去惠普公司，非常感谢在神州数码工作期间，您给我提供了在神州里面最好的工作条件。"

从这件事情可以看出，战略决策，不是简单的少数服从多数的集体决定——如果是集体的决定，我们一定选择去改造老的系统，极有可能重蹈覆辙；战略决策也不一定是一个全才自己独自承担的事情。作为最高决策者，他应该把握的是大局和方向并敢于面对和承担决策带来的压力与风险，同时能够有效地发挥其他人的宝贵经验和聪明才智。

2002 年底，基于浏览器的图形化终端系统，也在浦东发展银行和天津商业银行得到了小规模的应用。

金融行业几乎与税务行业同时走出了低谷。在此基础上，我们开始尝试引进具有国际金融经验的专家，并且在 2003 年上半年，与国外厂商合作，采用其成熟核心业务系统，赢得国际政策性银行 D 银行新一代核心业务系统建设的合同。这些突破，使得我们成功地实现了当初陈江设定的重新立足于大型专业银行市场的目标，开创了我们在中国银行 IT 服务领域全新的局面。

只有当时决定开发的银行总账系统，经过小规模的试探性投入后，由于实在看不到市场前景，在 2003 年 1 月决定中止。

五个当年开始开发的新解决方案，四个在当年就找到了客户卖了出去，开始进入实施阶段。这个局面的形成，产品部的贡献首当其冲。大家体验到了前所未有的成就感。但是，他们同时也面临极大的困难。用崔晓天的话来讲："我的菜还没有炒好，客户就非要吃，你说我该怎么办？"

唯一的办法是付出极为艰苦的劳动。这一年，产品部的同事们被累惨了。

记得周博士在项目进度方面被客户逼急了的时候，曾经说过："生孩子一定要一个女人十个月。我不可能用十个女人在一个月的时间内生出一个孩子来。"

而我们，几乎就是一个"女人"在五个月内生了四个"孩子"。我相信，这个堪称奇迹的成绩是非常值得我们自豪的，哪怕用国际标准来衡量。

这个成绩的取得，有自联想以来我们形成的人才积累（如王勐、崔晓天等）和行业积累（如在金融和税务行业中的影响）；有神州数码品牌价值的贡献；有软件公司从市场销售到工程研发全体员工的艰苦努力；有核心人员（如陈江、孙月加、崔晓天等）在各自的岗位上起到的关键性作用；最核心的一点是我们在危急关头，做出了正确的判断和决策，孤注一掷，通过下定决心开发新的解决方案，推动了整个局面的根本性变化。如果没有这个正确的决策，其他的因素是很难发挥出自己的作用的。这就是战略在企业发展中所扮演的企业灵魂的角色。

研发工作，这个被认为需要长时间大量投入才能发挥作用的、远水难解近渴的、治本的"中医疗法"，在我们行将殒命的关头，竟然神奇般地起到了立竿见影的效果，使得我们起死回生。这个世界确实是存在多种可能性的，奇迹的发生有时只存乎一念之间。当然，这不能被理解为仅仅是运气的问题，也不是灵光一现的妙手偶得。审时度势、洞察本质、把握客观规律才是突破"常规"的根本——这就是一种战略管理的能力，一种既能忍受寂寞持之以恒地埋头苦干，又能让这种努力不断地带来阶段性关键突破的能力。简单地将长期积累与阶段性的突破对立起来的看法和做法，或者是因为投机带来的短视，或者是缘于缺乏对客观规律认识而造成的无能，或者根本就是胸无大志的苟且偷生。

如果说，当初做掌上电脑的时候，我是作为一个执行者，在战略决策者贺志强的指引下，取得了可喜成绩的话，那么，这次我则作为战略决策者，承担了决策的艰难、压力和风险，终于在大家共同努力下，成功地使软件公司绝处逢生。

后来，看到我们取得的这些突破，有朋友认为，这主要是因为我是做研发出身的，所以才会在新的解决方案开发上做出这样的业绩。这是对我们软件公司在业务上取得的突破的一种误解，也显示了对企业战略和整体运作理解的偏差。在本质上，这是一次通过建立和发挥核心能力，化解生存危机的实践，是近期与长远目标实现良性互动的一场演出。

首先，我们的突破决不是简单的研发成绩，而是在两个行业上通过成功地推出新的解决方案，摆脱了被动局面，实质性地提高了我们在市场上的地位和影响；而这种突破的获得，决不是企业的某一个职能部门单独能够做到的。它是在企业整体战略的指导下，各个部门——从资源的投入，到研发的开展，以及市场销售的努力等等——协同作战的结果。

如果仅仅从研发的角度来看问题的话，我们当时既没有让人信服的条件，也不会有足够的勇气去研发新的解决方案。我们之所以在没有条件的时候去创造条件，承担了巨大的风险孤注一掷地开发新的解决方案，正是因为我们超越了研发工作本身，从公司整体发展的角度做出了战略性的选择。

而在整个过程中，尽管我是做研发出身的，我却基本上没有介入到具体的研发工作当中去。因为我知道，我的角色是公司总经理，要把控全局。我必须坚定地站在自己的位置上，去承担我应该承担的责任和风险，不能因为我对一项具体工作的熟悉或偏爱，就偏离自己的岗位，甚至回避自己的责任。

一个成功的企业战略，既不是从技术出发，也不是简单地从市场出发来看问题。它基于又同时超越了研发、市场和销售，从而站在社会、市场、行业和技术发展的高度，在企业核心理念的指引下，立足于企业的现实，放眼于未来的发展，而对企业的走向做出关键而明确的选择，以及一系列的配套措施和行动方案。在本质上，战略决策者，必然不是单纯的技术管理者，也不能只是一个市场高手。战略人才，是超越技术和市场等专业领域的综合性人才。

在对企业战略的理解方面，进入中国的外企，曾经给了我们一些误导。早期的外企，基本上只是一个市场销售部门，不是一个完整的企业。在给中国本土企业带来新的管理的同时，这些市场销售公司也造成了一种错误的印象：它们的管理方式和理念，便是现代企业应有的模式。其实，它们在中国的实践和体现出的理念，远远不是一个国际企业的完整全部，而只是这些企业在中国这个特殊的市场上营销文化的一部分。这种误导产生的副作用便是认为市场销售应该决定一切，就是企业战略本身。而这种误解，经过时间的沉淀，已经进入了许多本土管理者的潜意识，变成了无需讨论的先验性前提假设。

2002年11月的一天，一个负责其他业务的总经理来找我。谈了一会儿，我才知道他是来“取经”的。“你的部门今年开始比我们还困难，可是我发现你们的员工现在气氛和情绪都挺好，士气挺高的。你是怎么做到的?”他问我。我只能如实地表达自己的看法：“如果你能带领大家做成事情的话，大家一定会有心气的。我就是做了这方面的努力，别的没有什么。”

11月底，我们软件公司内部刊物要我写个稿。考虑了几天，12月4日我花了一个晚上写到12点，总算完成任务。这篇短文是我用另外一种风格写就。因为半年多发生的事情确实非常严重，我希望员工能够非常郑重严肃地面对我们当前的局势。

用真诚和汗水，化理想为现实

自2001财年软硬分离，软件业务独立运作，步履蹒跚。请顾问咨询，系统总结经验，制定发展战略。但观念更新、作风改变、措施落实，非举手之劳。

新岁伊始，为寻求突破，大胆变革，以专业分工求效益提升。软本上下欲再接再厉，开新局面。不料财年初开，系统尚需调整磨合，本部竟突遭重挫。天灾人祸，接踵而至：人员出走，损电信半壁江山；税务灯塔客户，历时多年，竟另择伙伴；意外车祸，公司痛失良将。

IT寒流，肆虐西方时近一年，终于跨洋登陆。在北美，寒流所及，新生企业，备受摧残，折损大半；国际巨头，大幅裁员，举步维艰。在国内，环顾左右，如何过冬，议论纷纷；减员降薪，比比皆是。

雏燕初飞，恰遇狂风骤起。内忧外患，凶猛险恶，携手扑来。软本前途，变数陡增，不胜烦忧。

危急关头，集团果断决策，高层亲临现场，凸显集团优势；雷霆袭来，软本艰苦卓绝，团结奋战，成功阻断雪崩。风暴稍息，损失惨重，但大厦依然；财年过半，虽业绩惨淡，新绿已现枝端。李总慨然：产品驱动，初见端倪，多年夙愿！

软件服务，为集团三大支柱，软本任重道远。企业重长远发展，亦需当期立足之点。代表未来希望，不应成为当下松懈的借口；长期可能回报，不应给近期造成过度负担；客观困难历史问题，不应阻挡追求卓越的奋斗；从事复杂劳动，不应成为践踏企业规则的缘由。

优秀，应以国际为准绳，需用业绩来证明；价值，当接受社会标准评判；回报，不可脱离贡献去空谈。封闭的自我陶醉，怨天尤人的抱怨，无非是懦弱和无能的佐证。

寒风凛冽，荆棘征程，背负希望。优秀企业，缘自一流人才；一流人才，必有杰出作为，岂论漂泊何方。优秀者，自知如何尊重生命价值：超越自我，超越环境，不舍昼夜，只争朝夕；优秀者，自当勇为开拓先驱：披荆斩棘，摧枯拉朽，一往无前。寒流虽在，挡不住民族复兴大业；梦想实现，赖强者辛勤耕耘呕心沥血。

命运公正，天道酬勤。承联想之魂为民族产业，秉神州精神为公司前程，倡团队合作为集体荣誉，重员工发展为个人尊严——君子当自强不息。

“自强不息，厚德载物”，源自《周易》“乾”、“坤”二卦的卦辞。1914 年冬，梁启超到清华讲演，以此二卦辞激励清华学子。由此，这八个字成为了清华大学的校训。

重整流程

战略管理实践之三：流程与结构

2002 财年初的结构调整，与以往的做法一样，先定结构，再考虑流程与考核的问题。

技术工程部和事业部之间发生的许多矛盾，主要就是由此而来的。2002 财年新成立的技术工程部从自己的角度出发，决定项目经理的奖金盘子与项目成本而不是项目的利润挂钩。这样便导致了技术工程部多报成本预算的倾向。而事业部对项目成本的预算没有任何发言权，只能不停地和技术工程部讨价还价。

当然有一个解决问题的简单办法，就是否定我们在 2002 财年初对组织结构所做的调整，回到原来的体制上去。我接任总经理后没有这样做的原因有两个。第一，尽管这个调整由于条件不成熟而造成了很大的问题，但是，这一步确实是我们以后迟早要走的；第二，这次调整引起的震荡已经开始减弱，如果再调回去，反倒可能再引出更多的新问题。经过权衡，我还是决定不改变组织结构，而是把业务流程和考核进行优化。用我当时的话来讲就是：孩子已经生出来了，尽管是早产，也只能想办法把他养活，而不是把他塞回娘肚子里去。

对于一个企业来讲，核心业务流程及与之相关的考核，要比组织结构更为根本。核心业务流程，是由企业所选择的业务本身决定的，它更多地取决于行业的规律，而较少地带有企业的个性特征；组织结构，则不仅与核心业务流程有关，也与企业自身的资源状况、经营理念等企业的个性因素有关。同样的核心业务流程，可以由不同形式的组织结构来承载。企业如果频繁地改变核心业务流程，不仅流程的优化无法实现，其内部的学习和适应的成本也会异常高昂，其业务运行效率就难以保证了。但是，企业的重组，常常被重新划分势力范围和利益分割所左右，核心业务流程成为了无足轻重的事情，被随意地扭曲。

从 7 月 1 日出任本部的总经理开始，我花了一个季度的时间，不停地与相关人员沟通，努力建立对我们所面临的问题产生原因的共识。在这件事情上，我没有采取强权的做法。由于我们做的业务本身的复杂性，流程和考核的事情如果大家不理解，实际的效果是根本无法保证的。

但是，技术工程部和事业部的配合问题我必须解决，因为这是我们业务的核心生产过程，它直接决定了我们的价值创造和实现的有效性。

一个季度后，大家终于接受了我的建议。这样，在财年半年的时候，我们开始把项目主要人员的考核与项目的利润挂钩，并且全面整理了相关的流程，包括项目成本预算审批、售前活动的组织管理等等。

流程整理完，我期望技术工程部的工作能有较大的改善。但事实上，大家的做事习惯决不是即刻可以改变的。流程的落实遇到了挺大的困难，而这种困难，是需要时间来克服的。

当然也有改进的地方，那就是工程部与事业部的配合。尽管工程部没有认真地按照我要求的流程去做，但是后来他们却采取了比原来灵活很多的方式。双方的矛盾大大地缓和了，只是问题在本质上并没有改变。

遭禁 F 市

难忘的经历之四

税务和金融行业情况的好转，远远快于我的预料。不幸的是电信行业的情况，尽管工程部花了大量的精力，还是发生了新的灾难。以至我被客户扣在 F 市长达一个多月的时间。这对我来讲，是一段新奇的经历。

L 省移动电信项目组核心成员辞职后，为了保证 A 省和 H 省移动项目的进行，工程部耗费了大量的精力，到外面挖有电信系统建设相关经验的人。H 省移动的队伍在短时间内得到了有效的充实。同时，事业部的人员也积极想办法在外面找人，结果请来了在电信行业里的一位技术高手加入神州数码，领衔电信行业的技术。

在 A 省，我们从开始就与当地的 Q 公司合作。双方的合作已经有一段时间。我们 L 省移动的系统建设，也有他们的参与。为了保证 A 省系统的建设，这次我们只好主要依赖他们。但是项目还是由我们主抓整体。

12 月份以前，情况好像还可以。H 省和 A 省一样，都一共有 17 个地市。到 11 月初，A 省已经有 9 个地市的系统割接到了我们的新建系统上。H 省也作了 4 个地市的割接。

就在我以为危机已经逐步过去的时候，A 省出了问题：11 月底，省会 F 市的系统割接完成。12 月初，在做月度结算的时候，新系统因承受不住压力而崩溃。

A 省移动负责系统建设的副总经理要求我立即到 F 市现场处理事故。

12 月 8 日，我到达 F 市，同时要求正在外地检查 C 银行大前置和前端系统建设项目的技术工程部总经理，立即赶到 F 市与我会合。

A 省的情况确实非常糟糕。由于系统崩溃，月度结算严重滞后，其他的服务项目也受到严重影响；移动电话客户怨声载道，A省移动通信公司狼狈不堪。

下飞机后，我先与项目组见面了解情况。在与项目经理和技术总监谈完话后，我就在考虑如何调新的人过来加强项目的推进和管理力度。因为我发现，这两个核心人员的性格过分相像，都属于温和类型。他们的性格导致项目组的很多管理和推进工作落实不到位。我马上就给晓天打电话，征求他的意见应该调什么人过来。他给我推荐了技术工程部质量管理部经理。他认为他是目前我们在全公司唯一能调出来并且能起作用的人了。技术工程部总经理也同意这个安排，当天下午，我们就发出了调任的指令。

随后我去见A省移动副总经理。对方一脸的严肃，但语调一如往日的平稳："谢总，情况你也看到了。你看这样好不好，你这一段时间就留在这里，咱们一起把问题彻底解决了再说。"我没有理由拒绝他的要求。

看到这个项目的状况，我预感到我们在S市联通分公司开始了一段时间的项目恐怕也要出事。当天我就要求技术工程部的一个副总经理立即赶到S市去了解情况。后来S市的项目果真也出了问题。幸好我们有了事先的准备，项目只是进度滞后了许多，而不是系统上线后的崩溃。

A省的情况还在向坏的方向发展。A省移动正式致函神州数码，不仅要求立即解决系统的问题，而且明确提出赔偿的要求。

面对这个情况，集团一位高级副总裁出面与A省移动谈判。我配合其工作，同时负责解决系统的问题。

项目组人员的情绪也跌到了冰点，担心和猜测四起。A省移动已经开始和其他的集成商联系，做必要时替换我们的准备。

技术工程部总经理在现场抓总体的项目工作。大家首先把管理上的各种规定重新清理了一遍，新调来的质量管理部经理负责日常具体工作的推动和检查。每天，我们都要收到几十个系统问题的反馈。大家不舍昼夜地排查和解决。但是系统的设计本来就有很多缺陷，所以问题数量的下降非常缓慢。为此，技术工程部又从其他项目组调了新的骨干来到

F市。

我则把主要的精力放在了与集团高层配合，解决双方合作关系的问题上来。中国移动总公司要求我们双方必须在1月31日之前签订一个补充协议，以保证项目后续工作的顺利进行。结果这个过程持续到了春节之后。具体的谈判，主要是我出面。

客户对我们的态度非常强硬。不只对后续的系统提出了非常细致的性能方面的要求，同时提出要神州数码拿出一大笔钱作为抵押，否则客户不会容许我们继续割接新的地市，即使我们的系统性能不再有问题。

为了缓和关系建立信任，郭为亲自到F市与A省移动的总经理见面。但是对方不太买账。

补充协议中的技术条款，经过我们现场人员的努力，比较快地和对方达成了一致。问题在于大笔的抵押，这一点是神州数码无法接受的。大年三十的白天，我还在与对方谈判。晚上，我与留在F市的项目组成员吃完年夜饭后已经是半夜11点了，客户还在不依不饶地要找我继续开会。

那是一段颇为狼狈的日子。

2003年2月份，A省移动请另外一个集成商做了一个新的系统，并在尚未割接到我们的系统上的H市运行。

在抵押和赔偿的问题上，我依然对客户毫不让步。一方面这个要求不尽合理，另一方面集团也给了我底线。我权衡下来，认为无非可能发生两种情况：(1) 我们的系统确实不行。那么即使我们给客户押金，也逃脱不了被客户赶出A省的下场，而且还要增加损失。(2) 如果我们的系统经过改造，基本能够满足要求，现在客户已经有10个地市在我们的系统上运行了。这时候如果客户决定换掉我们，只能增加客户自身的损失，而且客户的风险更大——别的集成商的系统也不能保证一定比我们的好，重新割接17个地市，谁也无法预料会出什么情况。况且，客户将面临在一段时间内，同时有多个系统并存的复杂局面。而在替换我们系统的过程中，我们配合到什么程度，直接影响到客户的成本和风险。除非客户失去了起码的理性，否则不会走这条路。

所以不论出现什么情况，我都没有必要在押金的事情上让步。我据理力争。参加了部分谈判的电信事业部市场总监，在一次谈判完以后对我说："谢总，我还没有看到像你这样强硬的乙方。按说你的压力比我们大，可是你倒是看上去心情比我们好多了。"技术工程部总经理参加了一些谈判，感觉他们自己心中的压抑得到了一些释放。这一段客户确实比较刁难我们——当然我们做的系统也确实没有达到要求。事情已经这样了，发愁有什么用？想办法走出困境才是唯一应该花心思的地方。这个道理，在我高考前得到那个 72 分的成绩之后不久便明白了。

随着时间的推移，在技术工程部总经理带领大家一起努力下，我们的系统逐步稳定完善，客户的态度渐渐软化。2 月底双方达成一致。系统建设过程基本恢复到了正常的状态。我也被客户"释放"。现金抵押之事不了了之。

作为公司的最高管理者，当公司的业务出现重大危机的时候，理应身先士卒。这不是为了建立自己的威信和感召力，而是岗位职责的基本要求。

改造文化

企业文化建设：行胜于言

系统集成业务在 IT 行业内是比较特殊的。这个业务直接面对的是一个个需求不同、文化相异、行为各具特色的企业级用户。在很长的时间内，一直是桌上桌下交易纠缠不清，缺少基本的客观评价标准。由此导致了集成业务由各路销售和技术"大侠"领衔，呈现出八仙过海、各显神通的热闹场面。

除了上述各企业共同的痼疾之外，我们软件公司当时还有自己独特的问题。在我被扣 A 省期间，技术工程部总经理曾经给我讲了一些历史情况。他的分析给我帮助挺大，使我对我们存在的问题有了进一步的认识。

我们的集成业务原来是软件硬件放在一起的。而赚钱，主要靠是卖硬件。在很长一段时间里，我们的客户不愿意为应用软件付钱。可是没有软件应用系统，我们又不可能拿到合同。这样，应用软件从一开始就自然地成为而且也只是我们集成业务的敲门砖。只要能拿到合同就行，至于软件做得如何，公司不太关心。当然最后总要能够让客户验收系统才行。

由此，不仅造成了大家对软件应用系统业务的不重视，而且员工自己对工作也没有高的要求，看不到自身价值，尤其不在乎做的事情是否符合社会的价值循环要求，成本、利润等问题基本不在大家的考虑之中。

因此，软件业务独立运行之后，本部的员工普遍缺少基本的经营意识，不太考虑我们的工作必须接受社会价值评判的问题；没有很清醒地意识到要实现自己的价值，首先必须使得我们的工作得到社会的承认，而不是去和老板讨价还价。

在财年初，我坚持要给产品部做大的投入，在促进业务发展之外，也给大家传递了一个明确的信息，那就是我们办的是一个要长远发展的企业，而不只是为了应付眼前的事情；我们要靠整体的能力去竞争，而不是只靠几个“大侠”。

半年的时候，我们改变了业务和考核流程，将项目核心团队的考核与项目的盈利挂钩。这更为直接地告诉大家，我们的价值是要在市场上来实现的，而不是自说自话。

我借给内部刊物写的那篇短文，系统地向大家表达了我对企业中一些基本问题的看法。

到了 12 月中旬，我开始在各个层面，和大家谈明年的目标。我十分明确地表达了明年我们一定要跨过盈利点的决心。有的员工不理解，说我们不是“未来”业务吗？公司不是要投入的吗？为什么我们明年就要赚钱？

我的道理非常简单：一个业务如果持续亏损，集团将无法承受，而且本身其社会价值也值得怀疑；连续打败仗的队伍，也没有太大的价值；而一个部门连续不盈利，对员工也是一种不负责任。一流的企业，造就一流的员工；一流的员工也应该成就一个一流的企业。一个不能为社会创造出有效经济价值的企业，无论如何也不能称之为一个一流的企业。

在我接任本部总经理的时候，面对着纷乱的局面，我曾有些不知所措。一个同事鼓励我："我相信你几斧子下去就能把软件公司砍出个大概的形状，然后你再慢慢优化。不过你应该找一个给你做内部宣传的人，来把你的想法和理念及时准确地传递给大家。"他的建议非常有道理。但是在管理软件本部的两年内，我始终没有找到这样一个人，能够帮助我在公司内建立新的文化和价值观。再加上两年的时间毕竟短了些，因此这方面的工作，尽管取得了一定的进展，但是没有达到我期望的效果。

企业文化和价值观的形成，不仅要靠宣传和灌输，更重要的是，企业的最高管理者是否能让企业的重大决策、管理规范和日常经营活动，始终体现着这种文化和价值观。"行胜于言"，这是清华老校门后，庚申级校友立的日晷上刻的四个字。

企业管理的问题在本质上是实践的问题，而不是理论或说教的问题，这理应包括企业文化的建设。

年关

企业重组：积累与应变

柳传志在多种场合下说过："联想就是能折腾。我们能有今天就是折腾出来的。"神州数码也继承了这个传统，每年调整都比较大。员工讲："我们上半年适应调整，下半年猜测和准备新一轮调整。"

经过近一年的努力，软件公司开始走出困境，但是还远不能说危机已经结束。新的财年依然由我来管理软件公司。财年前后，总是有许多可能发生的变故。

我们的电信行业业务，在上个财年中间收编了一支30几人的队伍。这支队伍的负责人是联想集成业务过去的一位核心成员。他离开联想后到了另外一家公司继续做电信业务。这支队伍进来以后，是作为一个独立的事业部存在的，不在我管辖范围内。

他们进来以后，在市场上与我管理的软件公司的电信业务部门发生了多次冲突。每次发生冲突集团都要求我们把机会让给他们。但是半年来他们还是一无所获。

新财年开始前，郭为要让这支队伍进入我管理的软件公司，并且要我将电信业务交由该负责人管理。看到他们在近半年的时间里，在市场上毫无建树，我只能同意收编这支队伍，但是没有办法接受让该负责人管理我下面的电信业务。因此，郭为决定把我管理的软件公司内的电信业务分割出来与他们的部门合并，在新财年成立独立的电信事业本部，由该负责人管理。合并后不久，因为对高层管理意见严重，该部门就有员工给集团董事会主要成员写匿名信，也抄送给了我，要求更换总经理。该部门成立以后的两年内，由于业务开展不力，除个别技术人员转到其他部门外，其他人员均陆续离开公司，这个部门彻底消亡。取而代之的是我们收购的一个电信公司。该部门的总经理后来也离开了神州数码。

这样，我管理的软件公司在新的财年，将只有两个行业：金融和税务。人员的规模也降到了500人左右。

2002财年初，我们并购了做电子政务的国信北方公司。他们当时的组织结构是将项目经理与技术人员分开为不同的部门进行管理。集团看到这个结构，非常推崇。在2002财年最后一个季度，集团领导先后三次与我谈话，一再要求我在新的财年采用国信北方的组织结构形式。而软件公司当时的情况是，现有的结构大家还没有完全适应，如果新财年再改结构，又涉及内部的分工和考核的变化，必然引起新的混乱。我非常明确地坚持了自己的观点——软件公司需要稳定，不能再盲目做新的调整。我没有接受集团的建议。而国信北方，在新的财年开始不久，就取消了项目经理作为单独部门进行管理的做法，改成了和我们软件公司类似的组织结构。

在集团确定我来管理软件公司的时候，我当时只提了一个要求，就是更换技术工程部的总经理。不是因为我不喜欢他，而是由于他的能力特点不适合来做工程实施的管理工作。但是当时这个要求被拒绝了。

到财年底的时候，技术工程部的工作中存在的问题，通过逾千万元的管理费用，及几个项目先后出现的比较严重的问题，已经一览无遗地暴露了出来。该部门总经理的管理方式、个性等方面不适合这一岗位，已经成了我们软件公司核心管理团队的共识。集团终于同意我们换人。我从系统集成事业本部，请来了其技术中心的总经理 W 博士担任该职。

W 博士是上海交通大学计算机系的软件博士，做管理的时间不长。此前，我与他并没有太多的交往。但是他细致、认真、系统性的思考能力及出色的悟性给了我很深的印象。而他自己也一直希望能回到自己的软件本行，所以我们俩一拍即合。

2003 年 1 月，郭为找我谈话，通知我在新的财年，他将成立两个集团。一个是由他牵头的软件集团，把我管理的软件公司、刚收购的国信北方、新成立的电信事业本部，以及我们与台湾鼎新成立的做 ERP 业务的合资公司等软件业务放在一起统一管理，一个高级副总裁作他的副手，担负日常管理工作。

尽管发生了许多的事情，这个年关总算是比较顺利地度过了。这也是我为这个业务争取到的几年来最为平稳的一个年关——我们基本保证了业务和管理的连续性和稳定性。这种稳定，在一年以后，终于得到了郭为的认可："谢耘坚持的稳定压倒一切的策略是正确的。由于这一年半多的稳定，才赢得现在的局面，我们的软件业务已经进入一个非常好的阶段。"这是郭为在 2004 年 1 月 9 日，神州数码软件业务研讨会上讲的。

一个企业根据变化的情况，进行适当的调整和整合是必需的。但是，调整和整合的深度与方式，要根据具体的情况来定，不能盲目地照搬自己过去或者是别人的经验。

在一个外部竞争环境变化迅速，而且业务运作规律不稳定，从而企业更多地是依靠机会去竞争的情况下，企业调整和整合的深度通常会比较大。不过在这种情况下，企业的组织效能必然不会太好。但是没有办法，因为抓住机会更重要。中国 IT 行业在 20 世纪 80 和 90 年代的时候，基本处于这种状态。

反之，一个业务的规律相对稳定，外部竞争规则也不是迅速变化，竞争更多地是要依靠企业自身能力的时候，企业不应该经常做深度的调整和整合。任何调整都要相当慎重，否则企业能力的积累和培养将无从谈起，企业将会在折腾自己的过程中失去竞争能力。参见图 6—1。

进入 21 世纪，中国的企业更多地将面临靠自身能力去竞争的局面。

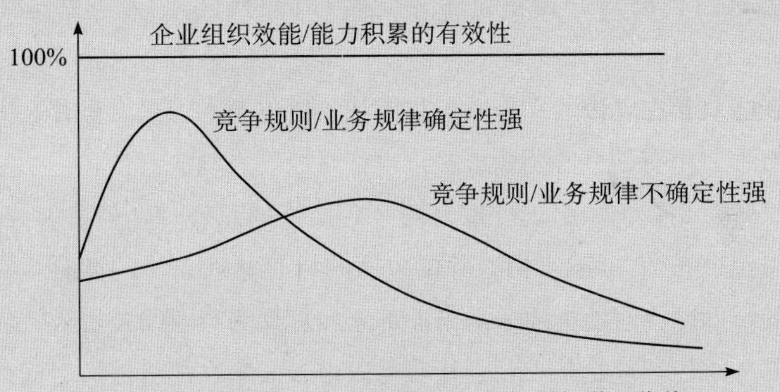

图 6—1

不幸的是，企业的调整和整合，常常忽视了对客观规律的认识，而为个人的意志所左右，被管理者当成张扬自我个性的机会，或者有时成为了争夺利益的手段，导致企业的重组常常践踏了基本的管理规律。

兑现承诺

在我出任软件公司总经理的时候，集团并没有给我下经营任务指标——当时大家谁也不清楚，软件公司的日子这一年会过成什么样子。在半年的时候，情况还相当混乱，我只好凭感觉拍脑袋了。我定下了收入的下限和亏损的上限，得到了集团的同意。12 月，我们的亏损一度大幅超过全年计划，引起了大家的普遍担心。因为我以前从来没有管过经营，所以看到这个数，郭为心中没底地问我："你今年的亏损到底能做到多少?"我硬着头皮告诉他，一定不会超过 3 000 万元。估计当时他的心中充满了失望的预计。

最后在 3 月 31 日财年结束时，我们成功地完成了年度经营指标。

2002 财年在混乱中开始。经过了大家一年的努力，我们不仅完成了任务，而且局面开始稳定下来。面对新的财年，大家有了一定的信心。

在这一年中，因为一直被危机困扰，所以基本上没有做什么团队建设的努力。所有的核心团队成员，也都是原有人马。

尽管我是在公司出现严重问题之后接任的总经理，但是客观地讲，原任总经理在 2002 财年初对软件公司的核心管理人员的调整，对我有很大的帮助。当时他把原来的事业部总经理提为行业线负责人，而负责事业部的总经理都是新人。这让我得以带领大家在那么短的时间内，在金融和税务两个行业获得了突破性进展。

新的思路，有的时候确实需要新的人来付诸实践。如果还是原来的管理团队，即使我个人使出浑身的解数，很可能也只是痛苦地挣扎在半死不活的状态中——类似金融行业线负责人逻辑混乱的观点，在我们面对挑战而寻求突破时，可能会成为管理团队中大多数人自觉而荒唐的共识。记得著名物理学家普朗克曾经说过一句话："新的理论被接受，不是因为我们这些老家伙承认了它们，而是因为我们一个个地死去了。"

做了近一年的总经理，我的身体也经受了考验。这一年当中，危机频发、错综复杂的局面，常常搞得我精疲力竭。一次下班以后，陈江还在我的办公室和我争论产品部应该采用什么方式去更为有效地开发产品。谈话间，我突然发现陈江的面孔有一部分在我眼前消失了。我转过头去看办公室的其他地方，发现不论我看到哪里，在我的视场中，都有占视场 1/3 左右的一片白色的盲区。我定了定神，坚持和陈江把问题讨论完才下班。好在这一情况没有再次出现。

11 月份，我母亲在长春病重，我每个周末都要赶回长春。随后 A 省移动项目就出了大问题。看到我四处奔波，一个同事有点担心地问我："您这身子骨能行吗？"这也是当初集团让我做总经理的时候，大家普遍的一个担心。幸运的是，我的身体没有出大的问题。

正应了中国的一句俗话："没有吃不了的苦，只有享不了的福。"

在 2002 这一年中，神州数码进军软件的举动受到了媒体极大的关注。《计算机世界》2002 年 12 月 27 日为此专门作了深度报道。文中个别情况描述得不准确，括号中的黑体字是我加的注释。

神州数码涉险转型

记者　孙小羽

…………

这个时期的郭为正在苦苦思索、四处"取经"。分销代理怎么做，郭为已经驾轻就熟。但软件服务究竟怎么做，麦肯锡不可能给出答案。更何况，做软件服务在现阶段的中国是一条太贫瘠的狭路。华为总裁任正非就曾经劝说郭为放弃投资做研发的想法，"研发要做就得大做，要不就别做，小打小闹还不如不做，这是一件太费钱的事了！"听到华为老板任正非的这句话时，郭为内心受到了强烈震撼。他知道，这是任正非的肺腑之言。他亦知道，由他驱动的神州数码向软件服务转型的道路，将是多么的艰难。

今天，站在神州数码大厦8层郭为办公室的落地窗前，往南看，可以隐约望见早已驻扎上地核心区的华为研发大厦；往北看，则可以看见神州数码正在建设中的研发中心的工地。到2005年，神州数码将拥有3 000名软件开发人员。迄今为止，神州数码在软件研发上的投入超过亿元，但这个数字跟国际大公司比，跟华为比，还真是“小钱”。郭为不无佩服地说：“华为有10 000个技术工程师”。

然而，要做到“技术驱动”，需要大规模投入，更需要循序渐进。“有了天才不等于有了技术，积累和假以时日更重要，我们还是要一步步地做”。郭为一个电话打给了谢耘：“两个月后，我要看到详细的报告”。

谢耘是神州数码内部少有的懂得整套产品研发和管理经验的人，他是清华博士，在外企、国企、私企都做过，经验非常丰富。不过，谢耘也没有运作纯软件公司的经验。那段时期，谢耘一方面与同行、专家频繁沟通，另一方面也与咨询机构有了大量接触，包括与GA公司William Otto Grabe先生召开全球视讯会议，探讨IT服务到底该如何细分，“我觉得解决一个系统问题的要点是，搞清楚自己的核心价值到底在哪里”，谢耘说。

半年之后，谢耘交上的答卷得到了神州数码高层的认可。至此，神州数码第一次清晰地把IT服务分成了七大类型（以服务为导向的产品、以自有产品为基础的系统集成、无自有产品的系统集成、咨询服务、现场系统维护、系统外包、应用外包），分析了这七种类型服务面对的客户有哪些特征，明确了神州数码将重点发展以银行为主的金融行业、以税务为主的政府行业、电信行业三大行业的应用软件，业务模式是以自主开发的、预制的产品和解决方案为核心，为客户提供应用系统集成服务。“制定战略的核心是定位和选择，你说不清楚做什么，说明你没有战略，你说什么都做，也说明你没有战略”，谢耘说，“这和我们过去有非常明显的区别，原来基本上客户要什么我们就做什么”。

“我参加了公司今年4月份的所有重要会议”，Grabe称，“和管理层选择了几个跨度不同的业务模式，从一端到另一端，从纯粹的产品公司到纯粹的服务公司。我认为神州数码管理团队所选择的道路是正确的。”

知易行难。选择了开发预制产品和解决方案的神州数码跨入了一个几乎是陌生的领域，这就决定了神州数码即将翻越的陡坡格外湿滑和漫长。

打乱重来的组织结构变革引起了软件集成事业本部内部激烈的矛盾冲突。

改结构

谢耘在台上讲话，竟然有两个人跑上台来与谢耘辩论，第三个人则在台下指手画脚，说谢耘讲的不对。2002 年，这样的情形经常在软件集成事业部出现。

软、硬集成事业本部的拆分大大刺激了软件业务的发展，但神州数码还在酝酿更大的变革。2002 年年初，当时担任软件集成事业部常务副总经理的谢耘负责调整组织结构和业务流程，以适应发展预制软件产品和解决方案的战略规划的需要。

新设计的组织架构完全打破了原来的模式。过去软件集成事业部的管理模式以承包制为主，即在内部按行业划分为若干个小事业部，各小事业部从产品开发到销售都是自己负责，只要按时给总部上交利润就行了，业务流程相对比较粗放。承包制的好处在于能够最大限度地激发各个小事业部的最大潜能，八仙过海各显神通，况且，“在说不清楚这件事情怎么做的时候，你还不如包给他”。当然，承包制的劣势也显而易见，当业务变得复杂和有一定规模之后，承包制会造成整体运营资源的浪费和效率的低下。

谢耘要让大家从承包制走向专业化模式。横向上谢耘设计了产品和技术工程两大部门。产品部负责开发三个重点行业所需要的预制产品和解决方案，集中开发模式有利于提升开发效率和实现技术共享。技术工程负责统一为行业客户做工程实施，“实施效果好与坏的关键点是项目管理能力强不强，而项目管理能力其实与行业经验无关”，谢耘认为，如此一来技术工程部的项目管理能力迅速变得齐整，使工程实施的效率和质量都得到保障（注：2002 年设立技术工程部并非是我的原意）。在这样的设计下，纵向上按行业划分的事业部变成了纯粹的市场营销部，“行业的不同需求和特征可以通过最前端各个事业部传递到内部”。

然而，打乱重来的组织结构变革引起了软件集成事业本部内部激烈的矛盾冲突。一个突出的矛盾是，对新形成的产品部和技术工程部等成本中心，不知道该如何考核。“包括我们这些高级管理人员开始时对成本中心、利润中心和费用中心在整个价值创造活动中到底是什么关系都并不清楚”，谢耘说。价值链上成本中心是创造价值的部门，利润中心是实现价值的部门，在神州数码原先的体制下，大家只有对利润中心进行考核的经验。这就导致了工程部、技术部本来是成本中心，但“还是把自己当成了一个利润中心”，技术工程部往往考虑的不是如何有效地创造价值，而是如何跟事业部讨价还价，“从事业部要更多的钱过来”。2002 年初，业务部门和技术工程部之间出现了大量配合上的矛盾，双方争吵得很厉害，这就是开头的一幕。

谢耘花费了大量精力去沟通。他不仅与各部门的负责人谈话，还常常与工程部具体做事的人聊天，“我要看的是投入能不能创造价值，至于价值如何换回钱来是事业部的事”，谢耘要求工程部尽可能利用成熟的产品、以最高的效率去为客户实施应用系统。慢慢地大家开始接受以成本中心的眼光去考核、激励产品部和技术工程部。

内部组织结构和管理流程的调整对软件集成事业部的业务发展产生了一定影响，这是神州数码为变革付出的代价。但是，神州数码没有因此停止变革的脚步。

把握软件产品的运作规律不难，难的是如何改变人们长期受分销文化熏陶形成的潜意识。

过“产品关”

到底做还是不做？谢耘拍板要做，并称出了事情自己担着，很多人表示不理解。谢耘隐约觉得，他要挑战的，是人们心头最坚硬的堡垒。

神州数码软件集成事业部必须整体跨越一个鸿沟，那就是，“大部分人的‘脑子’都要从习惯了做定制软件，变成习惯做纯软件产品”。金融事业部耗费大半年时间在银行业做了一个软件产品需求调查，2002年5月，谢耘直接兼任产品部总经理时觉得这个产品有前途，但询问金融事业部时，却得到这样的回答：“你们这个产品没有做出来，我哪知道要不要做?”

谢耘坚持要做。“大家觉得开发软件产品要预先搞清楚到底应该满足哪些需求，最后一定能卖给哪些人，其实这是一个误区”，谢耘说，其结果必然导致开发进程停滞在调研阶段，或产品做到一定程度发现不符合需求就停了下来，“所以永远也做不出软件产品来”。谢耘给产品部下了死命令，一定要把这个产品做出来。之所以所有的软件产品都要到3.0版才好用，原因就是任何一款软件产品面对的都是未来市场，“你永远不可能绝对地说清楚要做什么，这是一个非常核心的问题”。更关键的是，产品的优势不可能靠一两个好主意形成，而必须依靠持续完善的过程和长期积累达成，这就意味着一旦选择了开发某个软件产品，“中间这口气不能断”。这些开发软件产品的核心规律，是谢耘他们硬生生“悟”出来的。

谢耘刚刚主抓产品部时，管经营的经理告诉谢耘，产品部今年能少花点钱就少花点，关系不大。2001年软件集成事业部开发了一年的软件产品，效果并不太好。从管理层到软件开发团队都显得信心不足。谢耘给产品部确定的指标是：到第二年3月前做出一个像样的产品来，产品部的工作算及格；做出两个，相当不错。但令谢耘高兴的是，不仅前文提到那套银行业解决方案最后被开发出来又卖了出去，而且现在产品部的“菜”还没有炒出来，事业部就等着要“吃”了。“其实软件产品开发没有那么难，投资也没有那么多”，谢耘说，关键是，“你必须知道遇到哪些困难点要往前冲，哪些困难点要考虑是不是方向错了”。

这两年神州数码软件集成业务常被竞争对手诟病产品老化、新技术含量少。为此，神州数码花费了很大工夫抓项目管理能力和CMM认证。2001年软件集成事业部通过了CMM2认证，目前CMM3预评估刚刚结束。今年在开发一个税务行业的解决方案时，谢耘专门聘请了新加坡咨询公司，为神州数码提供从技术架构到软件开发管理的全方位咨询。在神州数码总结的四大核心能力——产品开发、行业专家、项目管理和客户关系管理里，神州数码过去的优势更多地体现在了项目管理能力和行业专家上，而客户关系管理和产品开发能力相对而言却是“短板”。

然而，神州数码面临的更大挑战是，如何削弱以分销模式建立的一整套运作机制和文化对软件业务产生的制约作用。分销业务在整个价值链中只占很窄一个部分，但软件业务覆盖了价值链中从研发到销售的所有环节，这就使得软件业务需用的管理模式和文化与分销业务不太一样。神州数码多年的分销管理经验使其非常善于“堵住”各种漏水的地方，这对软件业务很有益。但是，分销业务管理更多地强调运作效率，强调原则和一致性，而软件业务需要柔性管理，除了运作效率，更需要创新的机制和文化，“我们知道分销的度在哪里，但是这个度不适合软件”。

把握软件产品的运作规律不难，难的是如何改变人们长期受分销文化熏陶形成的潜意识。谢耘发现，通常在表面上大家对事物的认识非常一致，但具体操作时，每一个人的潜意识起作用的结果是，事情到最后必然走样。“你搞不清楚哪里会出毛病，这确实不是使用一两个手段就能立竿见影的”，谢耘期望通过执行适合于软件业务的管理流程，在细微处逐渐改变大家，“一两年后软件业务的运作规律也变成潜意识就简单了”。

2002 年 10 月，神州数码宣布以软件事业部为主体成立神州数码软件有限公司，谢耘担任总经理。软件公司的成立给了谢耘他们更大的空间，去摸索过“产品关”的方法。

不知道，神州数码的这一盛宴能否准时到来？

…………

进入新财年

团队建设之八：预测团队风险

站在企业发展过程的角度来看，如果说 2002 年面对崩溃的局面，我们依靠勇气、决心和聪明成功地化解了危机，完成了从 0 到 1 的过程的话，2003 年，我们面对的任务是：靠我们踏实和细致的工作，逐步从更深的层面来改变公司的状况、积累提升自身能力的任务。这更多的是一个从 1 到 10 的过程，依靠的是我们的坚韧和实干。

就自己的个性和经历来说，我更适合去做 0 到 1 的事情。从中学时期开始，我在关键时刻的表现比平时还要稳定。中学期间两次最好的成绩一次是考高中，我全校第三；一次是考大学，我全校第一。工作以后，我的经历也基本上都是在做开拓性的工作。面对各种各样的危机和突发性事件，我反倒比平时还要冷静，还要投入。但是任何事情，要想做得真正具有实际价值，必须要长期持续地投入，需要完成 1 到 10 乃至 10 到 100 的过程。我一直希望自己能够有机会静下心来，踏踏实实地花上几年的时间，专注地做一件事情。无奈的是，这种机会一直没有出现。

新的 2003 财年所发生的一切，远没有上一财年那样惊心动魄，跌宕起伏。这一年我们坚持了原来的战略规划中制定的方针和策略，我们的工作平淡而又异常地艰苦。我们把心血花在了大量的细节上：流程的优化、项目过程的控制、客户关系的维护、员工的培训和发展的投入等等。

回想起来，这一年当中，比较大的事情只有两件。一个是核心团队的矛盾；另外一个就是 S 平台地区技术人员的流失。

2003 年 4 月 12 日，我们召开了新财年软件公司总经理室会议，正式启动新财年的工作。在会上，我简明扼要地分析了我们面对的局势和机遇、新财年的挑战和中心工作以及我作为总经理在新财年的核心工作。

就局势而言，我们没有丝毫的乐观理由。行业的要求越来越高，而我们的能力才刚刚开始认真积累。当时麦肯锡的咨询顾问毫不客气地把我们划为了国内集成服务行业中的三流企业。在集团内部，由于我们的业务连年亏损而备遭非议。在新的财年，我们只能在这重重困难中，闯出一条生路。而机遇，便在于如果我们能够有效地在 2002 财年我们孤注一掷取得的突破性成绩的基础上，再接再厉，抓住行业客户必须面对 WTO 挑战的压力，积极与国际公司合作，我们是有可能在新的一年里再上一个台阶的。

对于新的财年的工作，我反复强调了我们将要面临的挑战是，要在继续探索业务规律的同时，扎扎实实地把我们已经明白的事情做好，发挥业务规划在工作中的持续指导作用；全体核心管理人员要励精图治，抓执行，抓落实，抓我们基本的经营活动单元——项目完整的生命周期。

由于技术工程部承担了所有项目的建设工作，而这项工作，就好像是一个人腰部的力量。如果缺少了它的作用，人的四肢再强壮，也无法发挥出应有的效能。这一关键环节的改善，将带动整个公司的经营、管理和能力的提升。所以，在新的财年，我承诺将自己一半的时间花在帮助新任技术工程部总经理 W 博士做好技术工程部的工作上面。我的另外一个保证就是面对客户。只要是客户的事情，我一定会放在最优先的位置来处理。

在布置完各个部门的重点工作后，我专门谈了新财年的风险问题——内部的矛盾与冲突。

最严重的危机过后，大家的想法也会发生新的变化。我过去的经验告诉我，当外部的压力减弱、危机缓解之后，内部的冲突和矛盾几乎必然会上升，甚至加剧。我们会面临来自内部的重大挑战。而且我们这支队伍是刚刚走到一起的，大家彼此相互了解有限，内部管理和流程也没有经过很好的磨合。所以从软件公司的全局来看，内部的冲突，将会成为我们在新的财年里最大的风险。

真正的所谓风险，是那些即使我们意识到也无法有效防范的伤害性事件。

后来发生的事情，不幸地如我所料——内部矛盾浪费了我们许多宝贵的精力和时间。

内部冲突

团队建设之九：艰难的磨合

新财年一开始，技术工程部总经理 W 博士坚决贯彻了我对工程部的定位，细化也优化了很多管理流程，相关的管理开始到位实施。工程部与其他部门已经趋于平静的矛盾却再度凸显。

产品部在上个财年，在晓天的带领下，成功地开发出几个新的解决方案，并且被事业部推向了市场。在新财年，这些项目的实施，都进入了关键的阶段。而工程部由于去年自身出现的问题，其能力落后于形势的要求，在这些新项目的实施过程中，几乎无法起到关键的作用。因此，几个项目的核心人员差不多都是来自产品部。如，S 市国税局新的征管系统、C 银行大集中项目中我们承担的大前置系统、J 银行大集中项目中我们负责的国际结算系统的建设等，无一例外地由产品部的人员在起核心作用。

这种状况，引起了两个部门从基层员工到高层管理人员之间的相互不满和抱怨。产品部认为工程部的无能拖累了自己，使得自己的工作被严重耽误；工程部也承认自身能力不足，但还是认为产品部新推出的解决方案还不成熟，需要产品部的鼎力支持，而产品部实际的支持力度不能满足他们的要求。

由于工程部实际能力不足，事业部在市场上的动作也受到了相当大的影响。许多项目，尤其在金融行业，签完合同，工程部根本无合适的人可派。这导致事业部对工程部意见非常大。双方由此经常发生争执。而工程部认为事业部签的一些合同不仅条款有问题，而且也不符合我们的发展方向。他们的看法也并非毫无根据。毕竟大家都是在探索中前进。

这些林林总总的矛盾，使得我们的局面看起来并不比上一个财年好。但是，我认为这些新矛盾的出现，是我们在前进中发生的问题，不能和上一年的情况相提并论。毕竟这是因为我们在市场上已经开始有实质性的变化和新的作为，所以才触发了这些矛盾。这是一种进步。我们能够有这个进步，原因也在于我们大的方向和策略是正确的，所以才带来这些变化。

正是基于这种判断，在面对众多矛盾的时候，我花了大量的精力去深入了解情况，帮助解决问题。整体上流程和管理不合理造成的困难，由业务管理部负责解决落实；具体的困难，则组织相关部门负责人协商。

正如我在财年初所料，几乎所有的矛盾都与工程部有关。所以，每周一的早上我做的第一件事情，就是参加工程部的例会。为了更快地解决问题，还要求相关部门的负责人也要参加。

这些矛盾，集团自然是看得到的。这给我们的工作产生了复杂的影响。毕竟没有人会喜欢一个矛盾重重的部门。但是，不经历和解决这些矛盾，我们如何能够再上一个台阶？用技术工程部总经理 W 博士的话来讲："这是我们上台阶必然会产生、必须面对、也必须解决的问题。"

这些矛盾，自然也反映到了核心团队内部。除工作上的原因外，使得矛盾进一步强化的，还有大家的固执和沟通的不善，信任和理解的缺乏，核心团队成员自身利益的因素，以及对业务规律理解的不同。核心团队开会，大家能够认真讨论问题的时候不多；而在实际工作中彼此相互指责、出了问题相互抱怨的却不少。

有一次，为了处理金融事业部和技术工程部之间出现的工作上的问题，我与两个部门的负责人在上海，从晚上 7 点，一直谈到凌晨 3 点。信任和认同的缺乏，使我们原本就必须面对的工作中的难题更加复杂化了。

但是，这一次我对核心团队出现的来自人员自身的问题，采取了与我做掌上电脑的时候不太一样的处理方式。

在做掌上电脑的时候，我的核心团队基本上都是年轻的、刚刚参加工作的新人。在他们面前，我还是比较有威信的，而且他们自己的经历也比较简单，尚处于修改自己人生剧本的阶段，容易接受别人的意见和建议，自身的可塑性也比较强。所以我当时采用了高强度的“布道”，争取在最短的时间内，帮助大家建立共识，成长起来。这个方法也确实取得了很好的效果。

但是，这一次的情况却完全不同。首先，大家对我的认同水平一般。这其中既有我自己相关业务经验和能力不足的原因，也因为核心团队成员都已经是和我年纪相仿的成年人了，各有自己不同的经历，对事物也都有自己比较明确的主见。人力资源部曾经对这个团队做了一次心理测试。结果发现，我们绝大多数人都属于“老虎”。其次，作为成年人，大家的可塑性已经无法和青年人相比了，大家基本都是在按照自己已经完成的人生剧本，去上演自己的剧目。更别说大家也确实都是比较优秀和成功的人——在核心团队六个人中，加上我共有四位博士；另外，大家走到一起共事的时间只有一年，技术工程部总经理还是本财年新进入的。互相之间的了解和信任，还没有建立起来。

面对这个现实，我采取了一种宽松的管理方式。对于非常原则的事情，如经营指标、各自明确的责任，我坚决要求，没有讨价还价的余地。但是，对于大家之间在配合中的许多问题，我通常采用协商的态度和大家讨论。让大家在各种碰撞中，逐步达成共识。在这个过程中，我的引导作用，则相当地弱化了。因为我担心，过多的引导对于成年人来讲，反倒会引起心理上的反弹，因为成年人通常更相信自己亲身的经历，而非他人的说教。

> 我们进入成年以后，学习能力的衰退，首先表现在不愿意向其他人学习方面。成年人有时候宁可自己去碰得头破血流，也不愿意接受他人的建议。这有着心理上维护自我尊严的意识，也有其他的诸如嫉妒等多方面复杂的原因。当然，更坏的情况是，我们既不向别人学习，也不从自己的经历中汲取教训，而是顽固地守着自己过去的经验，并用这些经验来曲解不断变化着的世界。学习能力的衰退，也意味着一个人成长极限的到来。

我在管理上的这种做法在上下都引起了批评和不满。核心团队成员认为我不做决定，没有原则，只会和稀泥；集团的领导认为我优柔寡断，领导无力，不会处理复杂局面。我不清楚换一种方式，大家是否就认为没有问题，是否就会有更好的结果，但至少，我认为如果简单重复我以前带队伍的做法，将是愚蠢和不负责任的，不论那些方法在以前的情况下是多么有效。

如前所述，这个核心团队的成员，就个人情况来看，都相当出色，可谓高手云集。但是，直到2003财年底，我们这个团队的状况确实远远不能让人满意，大家之间的隔阂始终未能消除。我没有能够找到一个有效的方法让大家组成一个杰出的集体。这可能与我自己的修养、阅历与能力的局限有直接关系。

我有限的经验告诉我，成年人之间的相互合作，通常要有两年的磨合时间；如果大家的职业化程度不够的话，可能就更加麻烦一些。职业化，对于人员变化较快的行业来说，是保证效率的基本前提。

总之，这两年在团队建设方面，我实在乏善可陈，颇感惭愧。但是，这段经历确实增加了我对成人世界更多的理解。这其中让我感受最深的是，成年人在共事的时候，彼此之间最大的分歧，常常是来自很少有机会坦率讨论和表达的、那些对事情的基本假设和常识。

朋友的故事——两个“阴险”的人

在我刚刚接任公司总经理的时候，就有与金融事业部总经理陈江早就相识的同事善意地提醒我，陈江是一个城府极深的人，要我一定要小心。后来，在公司内部发生了许多冲突和矛盾的时候，又有人不断地来我这里指责陈江阴险、善于搞权术。

同样的情况，还发生在经营管理部总经理的身上。有人指出，她是原软件公司总经理的心腹，想看我的热闹，对我在工作上的安排有点儿阳奉阴违。

在大家的提醒下，我认真地观察了他们两人的举止行为。经过一段时间的共事后我发现，陈江确实不善言辞，有时不明确地发表自己的看法。但是，在他表达看法的时候，其实还是蛮坦率的。他之所以经常沉默，似乎不是因为城府太深，而是在没有思考清楚的时候，他不愿意随便地发表意见。就此我后来曾专门与他交流，他说，这么多年来我是第二个能看明白他这个特点的人。

而业务管理部总经理的情况则更为简单。其实她是一个心理成熟过程与一般人不同的人，人虽聪明，但是看问题和处理事情的方式与一般人不同，所以她的行为常常会引起别人相当复杂和负面的曲解。

对他俩的误解，很大程度上是因为大家不自觉地用自己的做事习惯和原则作为基本的假设，去推测他人行为背后的动机，而产生了根本性偏差。

在我管理软件公司的近两年中，他们两个起到了非常关键的作用。

陈江新财年上任之后，面对我们在银行领域的客户只剩下农信合作联社的局面，果断地制定了杀回专业大银行的策略。正是在这个策略的指导下，才使得后来我们在C银行和J银行的作为成为可能。业务管理部总经理，敬业好学，很快成为了我们可靠的管家，并且有效地弥补了我在执行和财务层面的不足。以至于很快就有人认为她“投靠”了我。甚至到后来，被一些人演绎为“她其实没有什么本事，全靠谢总给她撑着”。

在一个企业中，当捕风捉影的猜疑和不负责任的推测变得没有什么市场的时候，这个企业才可以说自己拥有了一个比较健康的企业文化。否则，本质上它还是一个有着浓厚封建小农习性的组织。

在成年人当中，影响彼此看问题角度的最常见的一个假设，是对于人的本性的看法。对人性不同的假设，会导致非常不同的管理思想和做法。

人性的困惑

我们在看任何问题的时候，其实都是有前提假设的。而我们在与人打交道的时候，最基本的假设，便是我们对人性的看法。

我们从小接受的马克思主义教育，告诉我们任何人都从属于某一个阶级，其世界观和价值观必然带有特定阶级的烙印，来自不同阶级的人，会从不同的出发点来看问题。《三字经》里讲，“人之初，性本善”，这里完全没有阶级的概念，它认为人的天生本性是一样的。佛教讲得有点儿缥缈，认为人的秉性主要取决于我们的前世，而每一个人掩埋在心识之下的“真如本性”，则与佛无异。当然我们中国还有“人性恶”的说法。

且不论上述观点谁是谁非，从彼此不同的结论来看，不同的人对人性的假设确实是不同的。这直接决定了我们在与人相处，以及分析现实问题时的出发点。面对同样的“事实”或同样一句话，不同的前提假设，可能导致我们采用的态度和得出的结论完全不同。

在我管掌上电脑业务的时候，曾经和一位年纪五十出头的老员工有过一次争论。争论的起因已经忘记了，但是争论的焦点依然记忆犹新。那就是：当我们与他人刚刚开始接触的时候，是用信任的态度还是用怀疑的态度来对待别人。

我当时批评这位员工总是习惯用怀疑的眼光来看别人。他反问我："如果我一开始就信任别人，但后来发现对方不值得我信任，我就会受骗上当，那我不亏了吗?"我当时还真的被问住了。思考了一下，我问他："如果对方是一个值得你信任的人，你却采取这种态度，你就可能会失去一个良师益友，你不觉得可惜吗？毕竟你的态度，会直接影响对方对你的态度。很多你不信任的人，其实只是因为从一开始，你就用有色眼镜来看他。"他没有回答我的问题。

后来，又有一个毕业不久的年轻员工，在和我聊天的时候直白地说："人与人之间都是利用和被利用的关系。"

当时遇到的这些问题，我并没有太关注，也没有意识到问题的普遍性以及可能给我的工作带来的影响。直到后来我在神州数码进入高级管理层，面对许多说不清楚的事情，遇到了许多说不清楚的困难后，我才发现原来大家对这些基本假设的看法有很大的不同，而且这直接导致了对同一个事实产生截然相反的判断。

2004年12月初，我和我的好朋友，NEC中国常务副总经理杜军去日本访问。期间聊天的时候，他告诉我，有人给他讲某个我认识的企业家最近做的一件事情，不是为了企业的发展，而纯粹是出于个人目的。他问我如何看。我如实告诉他，具体的事情我不清楚，但是根据我对他的了解，他不至于置企业的利益于不顾。

杜军听完说道："咱们两个人有一点相似的地方，就是都是首先会把别人往好处想。不太提防别人。有人说我之所以这样看别人，还是因为自己的实力强，不怕别人害自己。"碰巧，我们俩确实都是属于能力比较强的人。

不过我觉得自己这个习惯是天生的。不能说自己没有遇到过麻烦，也不能说没有遭到过别有用心之人的算计，也不是自己练就了金刚不坏之身而刀枪不入。曾经有很多人在这方面出于对我的关心，给了我很多这方面的"开导"。

在美国洛杉矶的那段时间，工作压力大，心情也不好。我曾经很认真地问过自己："我会堕落吗？会用恶的眼光来看这个世界吗？"我给自己的答复是，我可能会消沉，但恐怕很难堕落。

在我离开学校到企业工作后，我的一个大学老师对我说："企业的情况非常复杂，你很难适应。我不太相信你能够改变你的本性去适应那个环境。"

直到我进入企业高级管理层之后，才对他的这段话有真正的体会。

在分析了包括我自己在内的许多人的情况后，我发现，其实我们一般情况下，都是用自己做人的原则来假设他人的。我们自己做人的原则和对他人的假设之间，是很难有本质差别的。如果这两者之间真的有很大的差别，那说明这个人获得了超常的技能。这决不是一般人能做到的。

其实，我也清楚人性是善还是恶无法一概而论，甚至是无法简单地用善恶来衡量。我也非常努力地学习不带前提假设地去和别人交往，力图"无所住而生其心"。但是我发现这是很难做到的事情。在我没有充分证据的情况下，我只能不自觉地按照自己的本性去理解别人。哪怕我的很多麻烦由此而来，我依然无法改变自己心中的这一缺省设置。

正所谓江山易改，本性难移。

一个人，进入成年以后，不论他是否意识到，一般都会遇到自己的成长极限。在这种环境下，我不能再用以前带刚毕业的学生那种方式去带领一批成年人。我必须努力地学习在这种环境下，如何有效地开展工作。为此我做了非常艰苦的努力，来改变自己的许多做事方式，而不是去改变别人。我的一些朋友，在工作中也遇到了类似的问题。

朋友的故事——改变自己与改变别人

2001年夏的一天，梅虹打电话约我吃饭，告诉我最近看了一本非常好的书，要推荐给我。吃饭的地方离我的办公室很近，我步行而去。

一进饭店，梅虹已经到了。我刚落座，她便递给我一本书——《佛教与人生》。我不禁哑然失笑："你最近是不是被老板虐待得无法忍受了?"我马上就想到了自己经历过的困惑。她大笑："你怎么知道的?""否则你不大可能喜欢看这种书。"我告诉她。"原来你告诉我，不在其位不谋其政。有道理的事情，老板不接受不要强求游说。我当时认为你的态度是挺不负责任的。现在我总算明白了，你能够改变的，只是你自己。你无法改变别人。"她感叹道。

听着她的感悟，我心中的感受是挺复杂的。成熟不仅意味着我们更多地理解了社会，通常也会让我们永远地失去一些宝贵的东西。

这段时间里我在团队建设中遇到的问题，一直缠绕在我的心中。后来，我也不断地与朋友、同事以及当时的核心团队成员，探讨成败得失和更好的管理方式。大家的看法五花八门。有人认为我有足够的政治经验，完全可以用"政治"手段来解决问题；也有人认为我的失败在于没有建立一支属于自己的团队；还有人建议我应该从公司的管理制度，乃至治理结构等方面去寻找解决方法，不应该关注人性的问题。

这最后一种观点，好像比较流行。原来没有很深地思考过。当我看到我非常尊重的一位企业家说的一句话之后，我才意识到我对管理的理解与这种观点的差异。据说这位企业家曾经说过这样一段话："我相信这些无生命的管理，会随着我们一代又一代人死去而更加丰富完善。几千年以后，不是几十年，这些无生命的管理体系就会更加完善，同时又充满活力，这就是企业的生命。"

看到这句话，我大吃一惊，也突然明白了我的看法与这种观点之间的根本性区别。如果我没有理解错的话，这句话暗示我们，人只是建立一个"有生命活力的管理"的工具，最终这个管理将成为"有生命活力的"主宰，而人是被主宰的对象。当然，我没有看到这句话的上下文，也不清楚当时的语言环境，或许我的理解完全是断章取义。不过即使如此也并非是无的放矢。

首先，我不知道这种看法有什么样的实践经验作为基础，或者只是说话者个人的信念而已。我个人有限的知识，让我认为这只能是个人的愿望。从逻辑上来分析，产生这种愿望的基础假设可能有两种。

一种可能是，他假设“管理”经过了几千年以后，会具有真正意义上的智能，而且是建立在几千年人类的经验积累之上的智能。因此才可以说这种“管理”充满活力，是企业的“生命”。这个假设显然缺少实践的支撑。至今为止，人类对真正意义上的智能机制，理解得极为有限。20世纪我们几次以为可以造出具有智能的系统了，但是后来的一切证明，我们还差得很远。其中最为引人注目的努力，一次是20世纪80年代日本推出的“第五代计算机”计划。该计划轰轰烈烈地开始，不了了之地结束。我曾经在悉尼看到过一些现场演示，实在不敢恭维。后来的一次是始于20世纪80年代末期的“人工神经网络”的研究热潮。我的博士论文做的便是这个领域里的课题。实话说，这个方向的提出，更多地是因为有些人需要借此搞到新的科研经费。自然也没有产出什么令人惊奇的结果。

另外一种可能的假设是，企业管理所有的问题或者关键的问题可以用一个足够复杂的逻辑体系来解决。因为至今为止我们建立的管理体系的主体和核心，都是逻辑系统。这种希望用逻辑系统来解决世界上所有或者核心问题的愿望，可以一直追溯到西方文明的源头——西方文明从开始到现在，一直不肯放弃用形式逻辑所代表的机械决定论来解释世界上一切现象的努力。以至于伟大的爱因斯坦，至死也不肯接受量子力学。只是因为量子力学发现这个世界，即使在物理层面，也不是严格地遵守机械决定论的，存在我们无法准确预知的不确定性。西方文明的这种信念，固然创造了现代文明的奇迹。但是在根本的意义上，这个信念同样缺少实践的支撑。

我认为人类到目前为止的实践，只能支持如下结论：这个世界的一部分问题是可以用逻辑来解决的；这个世界还存在另外一部分问题，具有超越逻辑和机械决定论的本质，需要人的智能介入，才有可能找到解决方法。与人相关的问题，基本都具有这种特征；人类智能的本质，在根本上我们还无法清楚地认识；企业的问题，有些是确定性的逻辑问题，有些是超越逻辑的不确定性问题，也有一些同时具有逻辑和超越逻辑的特征。

基于上述的认识，在中国目前的情况下，我们固然需要下大力气向西方学习，建立日益完善的管理体系，使得企业的表现更加可以预测。但是，我们却不应该因此就走向一个极端，缺乏根据地认为一个“完善”的管理体系可以保证企业的长盛不衰，永远具有“生命的活力”，而把人视为被动的工具。人固然受环境的制约，在某种意义上来讲，人是环境的产物。但是人同时也在改造和创造着环境。在人与环境的互动过程中，人作为一个主动性核心要素的特征更为本质。

从根本上讲，管理制度是人建立的，许多管理制度也是根据人的特点设计出来的，管理体系是要通过人的使用才能发挥作用的，也会因为人的作用和人自身的发展变化而不断地改变。企业的活力和生命力只能来自于人，来自于正在操纵并且不断地改造着管理体系的人。如果人只是一个完善系统中被动的元素的话，我们早就可以在这个世界上建立起天堂了。

因此，在企业管理中任何试图从根本上回避人性这一核心因素的努力，在可以预见的未来，都只能是自欺欺人。我们不能因为中国的文化过分地强调人性，不现实地追求内圣外王，不重视环境对人的影响，而没有建立起现代文明，就迷信西方文明的思路可以解决一切问题。

面对这个真实的世界，我们不能一厢情愿，也不应该偏执于东方或西方，或者非要辩出哪个为体哪个为用。实事求是地面对现实，汲取人类多方面的经验教训，用我们的智慧去寻找现实可行的解决方法，才是管理者该做的事情。面对这个以人为主角而不断变化的世界，永远有新的课题和挑战需要我们后来者去解决，而不必担心杰克·韦尔奇等大师们已经找到了一劳永逸的管理药方。走在前面的企业，正是那些不断创新的企业，而绝非是躺在一个“完善的”管理体制上的企业，不论这个管理体系积累了多少年。

如果说，我以前的个人成长和管理团队的经历，使我理解了人在成长过程中可能出现的各种问题，并且在行动上也非常重视团队成员的不断进步的话；那么，在神州数码的这段经历，在经过了各种的困惑、矛盾和思考后，我逐步地理解了，也接受了成年人成长中的极限问题——在某种程度上拒绝学习、拒绝改变，乃至迫于压力或其他原因采取具有欺骗性的行为等问题。我开始学习在这种环境下，如何有效地工作。

辞职风波

管理本质分析之二：系统思维

尽管在 2002 财年过去一半的时候，我重新定义了与技术工程部相关的流程和考核，但是当时技术工程部的管理层并没有认真地把这个变化贯彻下去。所以技术工程部在整个公司业务中的定位问题，依然没有真正解决。

新财年开始 W 博士接任这个部门的总经理后，面临的问题是如何在新的定位下，统一大家的思想和行动准则。他来接任这个职位，引起了一些基层员工奇怪的议论。有人说："怎么又找了一个做分销业务的来管我们?" W 博士听到后，哭笑不得地告诉我："我上大学学软件的时候，他们很多人还在上小学呢。他们怎么认为我是做分销的了?" 这些情况的出现，使得我更加重视和支持 W 博士开展工作。他出任技术工程部总经理后不久，经营管理部总经理就告诉我："你真是找对了人。他怎么被埋没了这么长的时间?"

随着技术工程部管理的加强，工程部开始有了相应的反应。从工程部内部讲，管理的加强必然意味着要求的严格、压力的增大，再加上由于“非典”的出现，技术工程部管理团队没有能够找到机会和大家做细致的沟通和交流，结果出现的问题比我和 W 博士预料的都要严重。

一些员工原来喜欢把预算做大，人员充足，然后慢慢地干活，按照进度拿奖金，而不管项目的盈利。面对新的要求，有的人开始不适应。

问题首先在我们公司上海平台的 N 省农信社项目组出现。有人开始抱怨待遇太低，逐步演化为拒绝接受安排的工作。“非典”过后开始有人辞职，都是工作多年的老员工。这个时候，W 博士和我还没有意识到问题的严重性。

随后，影响扩展到了上海平台 C 银行项目组。这是我们当时最大、最重要的一个项目。然后 J 银行国际结算项目组的项目经理也提出辞职。这个时候，上海平台的情况已经非常严重了，人心浮动，客户担心。集团的人力资源部和上海平台的相关管理部门都开始介入调查了解情况。

这个局面看起来很像 2002 年初，L 省移动项目组人员辞职时的状况。我不禁反问自己：我们是否面临一次新的崩溃？

在北京，大家非常着急。同事几次找我，建议我赶紧召开会议，采取措施，如提高待遇等。但是，没有看清楚情况，我是不愿意采取行动的。

我和 W 博士对这个局面的反应显然有些迟缓。意识到问题的严重性后，W 博士不得不留在上海平台，开始处理这个混乱的局面。我也多次到上海平台和员工谈话，了解情况。大家反映的问题多种多样，有工资待遇问题，有出差补贴问题，有公司管理流程太复杂的抱怨，也有工作强度大影响自己生活的窘迫，还有对工程部在软件公司内部是否有价值的疑虑，乃至认为我和 W 博士不懂业务，对员工漠不关心，等等五花八门。

这期间，我和晓天、W 博士、王勐等主要管理人员多次分析问题产生的原因。

尽管面对空前的，来自员工、管理层和集团乃至客户的压力，我却一再提醒自己：我面对的不是几十人的小部门，而是一个有着 500 人的公司；一旦由于压力而判断失误，惊慌失措，完全有可能把一年多大家努力争取到的、已经显现出新希望的局面毁于一旦。2002年崩溃的局面如果再次出现，我们的软件业务也就万劫不复了。大部门和小部门有一点非常不同。小部门对变化的反应快，措施不得当，出现问题可以及时改变，不致酿成大祸；大部门反应迟缓，一旦整体性政策措施失误，等到发现不对的时候，再来补救可能损失已经很大了。

这场风暴，对我是一次新的、从未经历过的考验。以前在我的工作中出现的险情和危机，尽管有的相当惊心动魄，但是从复杂度和规模上看，还是比较简单和局部的。而这一次，问题出现在了一个有着500人的公司。不只人数众多，而且情况错综复杂，历史和现实纠缠在一起，多方的利益相互冲撞，各方各有说法。有人极度担忧，也有人颇感兴奋；有员工发出了“现在是该收拾人心的时候了”的“建议”；撤换W博士的要求，不止一个人向我提出。

八九月份，我用了一个月左右的时间，边了解情况，边思考原因和对策。面对大家多种多样的反应，以及集团人力资源部给出的十几页的调查报告，我最后的判断是，今年整体的策略是对的，我不需要作整体上的调整，更没有必要因为有人抱怨待遇问题，就调整相关政策。

问题的产生，主要是因为新财年管理变化的宣传灌输不足，推动过程有些粗糙，再加上员工过去养成的、必须克服的老习惯，才引发出这个问题。或者说，问题是出现在执行层面，而非决策的失误。

晓天和王勐比较一致地指出，从问题出现的地域和部门来看，首先只是在工程技术部的金融行业有变故，而且只是在上海平台地区。税务行业在S市的项目的辛苦程度，一点也不比上海平台C银行项目轻，大家也有一些抱怨，但是没有太消极的情绪；金融从上海平台调到外地做项目的人，没有出问题；而从其他地区派到上海平台做项目的技术人员，也没有出问题。所以，这是一个局部的、执行层面的问题，不应该做整体上的大调整。

W博士相当镇定，一直坚持认为，这些问题的出现是必然的，而且也是可控的。他也意识到由于“非典”的影响，他在年初对变化宣传灌输不足而加重了问题的程度。

因此，我在权衡了大家提出的各种各样的建议以后，和 W 博士达成一致，决定采取以下措施：(1) 强化管理的宣传灌输和落实，要把该做的做到位。(2) 就各个项目组出现的问题，一般性的要经营管理部负责在公司层面统一解决；个别性的，由技术工程部副总经理白宇轩负责逐一帮助处理。(3) 对于要离开公司的人，W 博士会单独谈话，但绝不因其要辞职而承诺提高其工资待遇。(4) 对于极个别工资确实不合理的，作适当的调整，但不动整体的政策。

到 10 月份，情况开始稳定。尽管走了一些人，但是几个项目都没有受到致命的影响。在这段困难时期，产品部晓天在人员和其他的资源上对工程部做了大力的支持，保证了项目的平稳推进。而上海平台员工的情绪，也平稳下来。

后来发现，走掉的一大部分人，其实已经在一起筹划很长时间了，并非是当时才开始的。他们离开后一起开了一个公司。所以，他们当初提出的问题，其实在相当程度上是言不由衷的。幸好我和 W 博士没有被牵着鼻子去做一些无用甚至有害的事情。

一场风暴，消耗掉自身的能量之后，消于无形；软件公司遭受了一定损伤，未及筋骨。

当一切都过去之后，回顾这一风波，我更加相信从系统的角度来把握管理问题的做法是正确的。

管理的对象是什么?

这似乎是一个简单的、无需回答的问题。

我在给一个公司做管理培训的时候，曾问大家：“作为一个一般意义上的部门主管，其管理的直接对象是什么?”我得到的答案高度的统一——“管理的直接对象是人”。

我自己这几年的经历告诉我，这种看法不仅不准确，而且有害处。

在这种观念的指导下，我们常常会被具体员工的具体问题所困扰，力图去不断地解决这些微观的问题，而忽视了对整体的把握和掌控。我们会不断地根据员工的意见对管理做各种各样的“改进”，而最后发现管理已经成为了一件打了无数补丁的破衣服，没有了明确的风格，没有了说得清楚的颜色，甚至也失去了明确的功能，更糟糕的可能是员工对它还是不满意。

一般意义上的部门管理，就像一个人在驾驶一辆汽车。我们不会认为自己在驾驶方向盘，也不会认为自己是在驾驶发动机，更不会认为自己是在驾驶车轮，尽管它们都是汽车所必不可少的一部分，需要驾驶员的关注。我们毫无异议地是在驾驶一辆完整的汽车，一个完整的系统。

管理也是一样。一个部门的主管，他所驾驭的直接对象不是一个个分立的人，而是一个完整的部门，一个由人、财、物及业务和管理流程等要素组成的、拥有完整功能的、在与外界的交互的过程中动态变化和成长的复杂的系统。尽管不可否认的是，人是这个系统中最为关键和核心的要素，但是，要素再重要，也不能代替系统本身。两者是不同层次的概念。

所以，在设计一个管理系统的时候，在对管理作改进的时候，在管理系统运行出现问题的时候，我们首先要明确地站在整个系统的角度，来思考、分析和判断，而不能被细节和个体所迷惑或困扰。没有系统的健康运作，就根本谈不上对个体的负责。在必要的时候，牺牲个别的个体，保证整体的利益，也是无法回避的选择。而这个时候，如果我们不能系统地看问题的话，就无法走出“以人为本”的困境。

反之，我们也绝不应该在具体的管理实践操作中，用管理的终极理念和目标，如“服务于社会”、“对员工负责”等宏观的概念，来模糊甚至代替具体管理的直接对象。过于宏观地考虑问题，反倒在实践中会走向过于微观的极端。

对于系统的理解和把握，当然离不开对构成系统的要素的充分认识。我们需要认真地衡量：构建一个特定的有效运作的部门，需要哪些不同类型的人才；我们需要根据人的特点，确定管理的方式。但是，所有这一切，是为了建立一个有效运作的完整部门，而不是为了满足某些具体人的需求。就像我们造汽车那样，我们需要理解各种材料和部件的性能，合理地使用它们。但是，我们最终需要得到的，是一辆能够满足我们需求的汽车，而绝不是一堆无法组合成汽车的原材料。材料，是为了造出一辆汽车，而不是作为材料本身而存在。材料固然制约了我们能够造出什么样的汽车，但是，我们依然不会认为汽车制造商仅仅是在堆砌材料。毫无疑问的是，汽车的设计者，是在设计汽车，汽车的生产厂，是在生产汽车，我们每一个人，是在驾驶汽车。

这不是在咬文嚼字，搬弄空洞的概念。这是一个管理者在做管理工作的时候，所必需的基本立足点。

如果我和W博士在这次辞职风暴发生的时候，不是站在整个软件公司的角度，系统地去分析和判断问题的产生原因，而是简单地认为要“以人为本”的话，我们必然会被员工们提出的各种困难和问题所困扰，而且充满同情，由此竭尽全力地去解决这些具体的问题。其结果，可能是让一些员工感到满意，但是更可能的是，这些措施破坏了整体的管理，让部门陷入困境。到那个时候，员工的集体利益会遭到更大的损害，从而也彻底违背了“以人为本”的初衷。

在20世纪的80年代，系统论曾经风靡一时。我还有幸亲耳聆听过钱学森关于系统论的讲座。钱老当时对年轻的系统论学者，充满了殷切的希望——希望他们能够在辩证唯物主义的指导下，建立一个完整的处理复杂系统的理论。遗憾的是，对于我们在管理中所面对的，由人组成的这种动态、非线性、随机的开放性复杂系统，至今还没有一个比较完整的理论来指导我们的管理实践。这就更需要我们这些管理者，在实践中去探索和掌握其中的规律。

对复杂系统运动规律的认识，是战略管理的基础，也从一个重要的层面反映了一个管理者水平的高低。

这一年，大家过得异常辛苦，为了从1到10的进步，可是说是在呕心沥血。

从 0 到 1 的成功，常常会没有异议地得到普遍的赞誉，否定者只能无奈地沉默；从 1 到 10 的努力，尽管通常会更加艰苦卓绝，引来的却往往是毁誉参半，赞赏者的理由，也显得那么苍白。

上海平台员工出现问题时，影响到了我们最重要的一个项目——C 银行大前置项目，由此引起了客户的担心。而且这个项目的解决方案是全新的，在性能等方面存在很多需要改进的地方，所以这个项目的压力一直很大。员工们的工作强度也相当高。10 月开始，C 银行陆续在上海、江苏等地开始系统的切换。帮助郭为管理软件日常工作的高级副总裁作为软件集团的领导亲临一线。

在看到了众多的问题和矛盾后，他建议在软件公司内部，成立一个包括市场销售和工程技术功能的一体化的事业部，专门来做 C 银行的项目。

我自然不同意这个方案。首先这与我们软件公司的基本管理结构相矛盾；也和我们通过专业化管理来提高自身核心能力的发展方向背道而驰；而且在财年过去大半的时候，做这种变化，对公司的正常业务开展没有好处。

高级副总裁分别和我下面的人谈话，自然得到了一些同事的积极响应。C 银行项目的人基本都赞成。多出一个部门，就又有更多的高级职位，也意味着有更多的利益和权力。在中国，承包体制通常总是能引起当事人极大的兴趣。但是我们的核心团队成员均反对这个做法。经营管理总经理以前在该高级副总裁直接领导下工作过，根据她的经验，她认为我没有能力改变这个决定。

12 月初，高级副总裁找到我，通知我说成立 C 银行事业部是集团执委会的决定，要求我立即执行。我为此给郭为和常务副总裁打了一个报告，陈述自己反对这个做法的理由，并明确表示，作为软件公司的总经理，我不能执行这个决定；如果执委会一定要实施这个变化，请先撤掉我总经理的职务。

常务副总裁看到报告后，有些惊讶，便找我了解情况，没有证实这是执委会的决定。

随后，郭为他们三个人一起找我谈话。开始的主题是软件公司其他的一些问题。我被郭为“修理”了一个小时。我小心谨慎地应付着郭为的诘难，半个小时下来，口干舌燥。常务副总裁见状，出去为我打了一杯水。最后郭为问大家，C 银行的事情如何办。结论是尊重我的意见。

在管理软件公司的过程中，这是我难得的一次表现出非常强硬作风的时候——而且是针对我的领导。我做人做事都有底线，这些底线是不可妥协的。这些底线，既是我做人做事的原则，也是我对社会、对他人负责的前提。突破这些底线，不仅破坏了我的原则，也将使得我无法履行自己对社会、对他人的义务，是对社会和他人的伤害。

这件事情对后来软件公司被解散，显然起到了一定的作用。

完成使命

管理提升之四：魅力与激情

12 月下旬，郭为开始组织软件业务的务虚会。在会议期间，他找我单独谈话。进了他的房间，我能感到他少见地有些紧张。我被告知明年他准备把软件公司解散，按照行业组成事业本部。然后把系统集成本部和软件业务放在一起，组成一个 IT 服务集团。

拆分软件公司的原因，我没有听明白，也没有多问。对于明年我的工作，他给了我三个选择：协助他管理 IT 服务集团，就像今年那位高级副总裁的位置；管理金融行业本部；只做集团的副总裁兼 CTO，负责技术方面的事情。我当即选择了做 CTO。郭为说道：“我这么多年的工作经验也是，在前面打两年仗，然后回到后台做一段，也休息一下，这样做比较好。”我们的谈话只持续了 20 分钟。我能看出他有一种如释重负的感觉。

软件公司被解散的原因我觉得是多重的。既有看到我们在短时间内取得了意想不到的成绩之后，产生的急功近利；也与我否定了顶头上司的意见有关；还有一些管理人员希望包产到户的游说；甚至可以追溯到我自己在别人心中的那个“大老虎”形象。

经过了在神州数码工作的这段时间的磨炼，我明白很多力量都不想看到我继续经营这个公司。我没有兴趣与这些力量较劲。

得到了一个休息的机会，我其实颇感满意。而且这个业务做了一年多，尽管我付出了很大的心血，可是我对这个业务没有产生什么兴趣。我记得原技术工程部总经理说过一句话：“在一个腐败的市场内，我没有能力打造出一个健康的企业。”这个业务中的很多做法，超出了我能接受的底线。所以我不想长期纠缠于其中。

这样，在财年还有一个季度的时候，软件公司已经开始做被分拆的准备。我也开始交接权力。

2002 年 1 月 9 日，集团召开软件业务高层研讨会。我们请来曾经长期在 IBM 全球服务部门工作的一位高层管理人员，给我们软件业务管理人员作培训交流。

交流结束后，软件公司参会的主要管理人员议论纷纷。大家看到，我们软件公司两年来制定的发展方向、设置的业务流程和组织架构，以及采取的措施，包括我们已经开始策划的进一步改进的设想，其合理性和有效性得到了相当好的印证。只是由于时间、人员等多方面的原因，许多措施没有实施到位，或者还没有开始实施。对此我们深感大家这两年的心血没有白费。尽管如此，我们也改变不了一个将要发生的事实：软件公司再有两个多月，到 3 月 31 日本财年结束，就将不复存在。新财年，各行业将按照事业部的体制，走向承包方式来经营。

“2002 年谢耘当时可以说是临危受命。在这样的情况下，谢耘坚持的稳定压倒一切的策略是正确的。由于这一年半多的稳定，才赢得现在的局面。我们的软件业务已经进入一个非常好的阶段。”这是郭为在这次会上对我们两年来的努力做出的评价。

2004 年 2 月 7 日，龙城皇冠假日酒店，神州数码集团总裁室召开 2003 财年各部门的总结会。董事局主席李勤嘱咐我：你要把所做的事情总结清楚。

我作为神州数码软件公司的总经理做完总结后，全场无人发言。

郭为道："谢耘做得确实不错，非常好。将软件公司拆分，不是因为做得不好，是因为有体制上的原因。"是体制上的什么原因，他没有再作解释。

当时在神州数码软件集团中，与我管理的软件公司并列的还有三个部门：我们收购的国信公司、电信事业本部和我们与台湾鼎新成立的做ERP的合资公司。这三个业务部门到财年底的利润预测与计划相比差距很大。它们都离完成任务相去甚远，而且全部有数百万元以上，甚至超过千万元的亏损预计。

2003财年，我管理的软件公司定的目标是不再亏损。软件公司在第二季度和第三季度，连续累计盈利，超额完成了预定的经营目标，取得了历史性的突破。当时的预测是完全有把握实现年初打平的目标。但是，由于软件公司已经开始了拆分的过程，最后全年业绩如何，已经不是我能控制的了。因为我在交接工作的时候，总是尽力尊重继任者的意见和做法。而继任者自会有一些出于自己利益考虑的做法。我想许多人也不希望看到软件公司全年经营的一个明确结果。

"软件公司因为做得好，所以被拆分了。"当我这样开玩笑地告诉我在新加坡的朋友王静时，她回邮件讲："看到你有这样好的心情，我很高兴。"

在我离任后，集团对我的业绩进行审计的时候，提出了很多问题。面对这些问题，经营管理部总经理抱怨我做得太好了。我说："你们不是一直说我做得还不够好吗?"她答道："那是和我们自己的感觉相比。可是我们和别人比，我们太突出了。"我没有办法决定别人做的好坏。

集团人力资源部曾为我们核心团队做心理测试的那个负责人说："拆了软件公司，不就是为了撤掉谢总吗?"她没有接受在新财年到IT服务集团来工作的安排。

软件公司被拆分，许多同事对我有很多的抱怨。他们认为我本可以阻止这件事情的发生。但是我知道，我只能阻止于一时，最后还是一样的结果。三四年以后，有的同事心中还是不平，还在与郭为讲："如果软件公司没有拆分，我们软件业务的局面一定比今天要好。"不过历史不可假设，也不能重复。他们也不清楚我自己内心对这个业务没有兴趣。

2004 财年开始后，集团审计部对软件公司做上一财年的业绩审计。后来的结论是软件公司经营是亏损的。对此我没有去争辩什么，保持了沉默。随后人力资源部通知我，因为软件公司业绩不好，2003 财年我的奖金为零。我没有提出任何异议。

幸运的是，由于软件公司二三季度的业绩不错，再加上 2002 年的奖金剩余，一线员工的奖金，我们在过程中都发放了。其他人员的奖金，经过我和集团的协商，在 9 月份得到了落实，没有受到我们“业绩”的影响。一个意外是，当除我之外其余员工的奖金确定开始发放的时候，集团同时通知我，会有我一部分奖金，未解释原因。我对此表示了感谢。

我完成了自己的使命。近两年的时间里，软件公司不仅开始走出困境，而且能力得到了明显的提高。不过，这次努力，还是成为了没有最后结果的一次尝试。当然，这次经历，与过往相比，有了本质的不同。我实在地站在了企业战略管理的位置上，完成了一次从制定战略到组织实施战略的相对完整的过程，尝试了如何在解决生存危机的同时，进行能力培养和其他基础性建设。尽管没有最终的结局，但是从已经完成的中间结果上看，效果还是不错的。

我非常感激神州数码给了我这次难得的机会。

管理者的魅力与员工的激情

2004 年 2 月，集团拆分软件公司的计划开始实施。为了顺利过渡，我亲自出面，向软件公司的中高层管理人员传达集团的决定。

在会上，我介绍了集团拆分软件公司的缘由，向大家引荐了新的行业部门的管理人员。为了鼓励大家继续在新的体制下努力工作，我着重讲了中国 IT 行业目前面临的重大危机，以及我们要想成就一个优秀的 IT 企业所必须面对的挑战和必须付出的艰苦代价。最后我表达了自己作为即将卸任的软件公司总经理，对大家的期望。这基本上是一个即兴的讲话，时间也不过半个小时。

会议结束，一位员工对我说："谢总，您讲话非常有感召力和激情，为什么以前您没有给我们多讲讲呢?"

自从我1996年离开惠州，决心用理性的职业化管理来开展工作以后，我一直尽力避免任何可能包含自己的"个人魅力"或"激情"的管理行为。

他的话让我想起了一年多以前，总裁室成员与部分员工的一次座谈。当时一位工作了一年多的员工发言道："我是一年前进入神州数码的。在参加入职培训的时候，我们听到了联想和神州数码历史的介绍，以及郭总把5%的希望变成100%现实的故事。我非常感动，很长一段时间里我在工作中充满了激情。可是，一年下来，我发现自己的激情，也包括其他新员工的激情，慢慢地消失了。工作中没有激情，便很难做出出色的贡献。对此我感到挺困惑的。"

另外一个有更多年工作经验的员工随后发言："我认为在企业中不应该过分强调激情。对员工，还是要强调职业化的工作态度，这样才能长久。"

中国人，与许多工业化国家的国民相比，更偏向感性化。在中国的企业中，管理者的个人魅力、员工的激情等，是比较多地被推崇的管理要素。这两者互相依存，员工的激情常常来自于管理者的个人魅力和激情。

一个人的人格魅力，内心所拥有的激情，本身没有任何理由遭到指责。重要的在于人格魅力和激情是如何产生的，更为重要的是我们是用什么样的态度对待它们。

首先，我们应该承认一个优秀的管理者，或者说任何一个优秀的人，都必然有其显而易见的个人魅力和内在的激情；在一个优秀的企业中工作的员工，也必然会对工作产生由衷的热情乃至激情。

1. 管理者的人格魅力

人格魅力的形成，除了有意的包装以外，是一个人在做事过程中，由于自己的出色表现而在他人心中自然生成的威信。

一个管理者，不论他是如何的谦虚和低调，如果他能够带领自己的团队，在市场竞争的环境中脱颖而出，有效地为社会和员工创造出应有的价值，这个管理者必然会在他人心中得到足够的尊重。至于这种尊重是使用“人格魅力”、“感召力”还是其他的什么字眼来形容，则并不重要。而在他带领下的员工，也必然会被企业所不断取得的成绩所鼓舞，在工作中不断有激情迸发出来。

具有了这种人格魅力或感召力之后，我们是陶醉于其中，还是依然保持科学的工作态度和作风，这是对人性的一个重大考验。

毛泽东在战争年代，之所以在屡遭打击后，终于在遵义会议上被推到了中国共产党的最高领导位置上，决不是简单地因为他出众的才华、飞扬的激情、鸿篇的大作、浪漫的诗句而产生的人格魅力所致。是因为在残酷的战争中，在无数的成败里，事实证明了他有能力领导中国革命。他得到的认可和尊重，他身上散发出来的人格魅力和感召力，是在血与火中锤炼而成，是由两万五千里的雪山草地衬托而出，是因为他领导中国人民获得了独立的尊严而铭刻在了中国人民的心中。

但不幸的是，当这种感召力达到了可以唤起亿万人空前的热情，而又没有重大外来压力的时候，当事人自己便偏离了让他取得巨大成功的基本原则：尊重客观规律，实事求是。建国后，毛泽东几次利用自己的人格魅力和感召力，调动全中国人民的力量，去向客观规律挑战。或许是亿万人民的热情，误导了他对客观规律的认识；或许是他陶醉于自己的感召力而忘掉了客观规律；或许是看到自己所能够调动的巨大力量而在心中开始轻视客观规律……不论原因如何，也不论主观动机如何，事实证明了这种做法只能以悲剧结束。它不但无情地摧毁了民众的热情，也成为了一代伟人一生中灰暗的片段。

我们固然无法和伟人相比，但是类似的悲剧、类似的失败，在企业中，尤其是过分强调管理者人格魅力和感召力的企业中，并不少见。

管理者的人格魅力和感召力，确实是管理者所拥有的一种可以调用的管理资源。只是我们对此要十分小心，不要陶醉于其中，不要被其迷惑，不要把它变成自己一种主动追求的目标，也不要把它作为自己开展工作、达到管理目的的一个主要依赖的手段。

或许每个人都有效仿伟人的冲动，乃至成为上帝的幻想。但是不论你是谁，不论你拥有什么样的人格魅力和感召力，你都必须集中精力履行自己的职责，按照客观规律去做事，否则难逃失败的结局。

2. 员工的激情

人是有理智的感性动物。所以，每一个人的动力都有两方面的来源。企业中员工的工作动力主要来自何方，要取决于企业的本质和理性与感性的各自特点。

企业是以谋求经济利益为核心目的的实体。经济利益是人的理性追求。所以，员工在企业中工作的核心和持续动力，应该来自理性而非感性。在工作中，因成就感和自我实现所产生出的激情，只要不走向极端，对员工的工作是有正面积极帮助的。但是，如果我们把员工的激情作为员工工作的核心或主要动力的话，这个企业可能很快会面临信任危机。

与理性相比，感性的东西是起伏很大、难以持续的。有朋友半开玩笑地说过："激情燃烧完以后，除了灰烬以外，还能剩下什么别的东西吗?"而且感性的东西要远比理性复杂，其个性化和不确定性因人而异。有人看到他人舍生取义的行为，会引起空前的共鸣；也有人被别人的投机专营的成功，激发出极大的热情；有人会因为一笔奖金，而情绪高涨几天；也有人会因为受到客户的赞扬，而干劲十足。靠这些复杂多变的激情作为一个企业员工普遍而主要的工作动力，显然极不现实。

通过自己的有效劳动，获得合理的经济回报，是进入企业工作的员工比较一致的理性需求。引导大家理性地面对工作，面对工作中出现的各种不如我们愿望的情况，保持一种平稳有效的工作状态和秩序，同时企业管理者能够有效地尊重客观规律，带领大家不断取得成绩，是一个企业长期发展的基本保证。

毛泽东在号召广大农民揭竿而起的时候，不是用自己的浪漫诗篇和慷慨激情，而是提出了十分简单易懂的理性目标：打土豪分田地。而当他试图利用民众的激情，来改造民族的文化时，他没有能够达到自己的目的。而且民众的热情，由于其非理性的特征，在没有理性约束的情况下，走向了极端，无情地摧毁了社会的基本秩序，导致了社会的动荡。而且，在那激情的狂潮中，不乏心怀鬼胎的别有用心者在兴风作浪。

激情，可以在短时间内创造出惊人的奇迹；但是只有理性地工作，才能造就出一个稳定运行的高效组织，成就一个长久的事业；也只有理性的追求，才能支撑一个人克服艰难困苦。红军走完长征，不是靠一时的激情冲动。

如果说理性是海鲜的话，那么激情便是佐料。我们永远也不可能只用佐料去炒出一盘美味佳肴。出色的业绩和对美好未来的憧憬，必然会引发大家心中的热情。这种热情，只要没有失去理智，便会给工作带来积极的促进作用。但是，我们不应该过分去引导和利用这种激情，试图把它变为员工工作的基本动力。那样的话我们很可能走火入魔。

3. 平实孕育出的卓越

吉姆·柯林斯教授在《从优秀到卓越》一书中，是这样描绘带领公司实现从“优秀”到“卓越”跨越的管理者的：“无论是与他们共事的人，还是写文章报道他们的人，都不断地使用诸如安静、谦逊、平和、沉默寡言、羞怯、和蔼、温顺、不爱抛头露面、不惹眼、不自以为是等词来形容他们。”这是他领导的小组在对 28 家公司的 56 位最高管理者的情况，做了详尽的分析后得出结论的一部分。

显然，这些优秀的管理者，既没有把自己包装成明星的热衷，也没有在成功以后迷失在自己的光环之中。这些平实的管理者，也不会去引导公司的员工靠着狂热的激情，来完成自己的工作。

作为一个负面的例子，柯林斯教授挑选了在中国也曾经大名鼎鼎的李·亚科卡。在亚科卡把克莱斯勒公司从毁灭的边缘拯救出来之后，“他开始把注意力转移到如何使自己成为美国商业史上最有名气的首席执行官上来。”“在到达日本时，他被成千上万热情如火的崇拜者们团团围住，俨然一个摇滚歌星的架势。亚科卡个人的股票一路狂飙。但在他任期的后半部分，克莱斯勒的股票跌至低于市场 31%的水平。”

企业毕竟不是为明星表演而搭建的舞台剧场，我们也不是上帝。守住自己的本分，带领大家理性而踏实地创造被社会承认的经济价值，是一个企业管理者应尽的职责。在这个过程中，我们需要理智而冷静地对待个人魅力和激情。

第七章

尾声

佛教认为，在大千世界之中，我们生活的这个世界是婆娑世界，是一个好坏参半不完美的世界。是否因此我们的人生也注定是不完美的？果然如此的话，我们不必因一时的成功满足而飘然，也不必因某些愿望的落空而苦闷。在残缺不全、喜忧参半的经历中，珍惜那些有价值的片刻而去尽心做些有意义的事情，努力从这些经历中去感悟一些道理，与同样用心做事的朋友们分享，在尽心尽力的同时保持一个平和的心态，是否算是尽到了做人的本分呢？

我离开清华大学走上社会的这10年的后一段时间，当我开始进入企业高级管理层的时候，不可避免地要面对许多企业政治的问题。我对权力一直相对比较超脱，信奉靠自己诚实劳动去谋生的原则，所以一直不太关注企业政治的事情。这不是因为清高，而是我生性喜欢简单的东西。但是，当我看到一些年轻的员工，也热衷于效仿甚至玩弄企业政治，并且向我“请教”的时候，我便费了点儿时间对此做了一些简单的分析，以便给他人一个负责任的回答。

中国传统政治与现代企业管理

我们常说，每一个中国人几乎天生就是一个政治家。

可见传统的中国政治对我们影响的程度。这种影响，一度通过权力的干涉而被迫中断。但是，随着“文革”的结束，展示乃至卖弄中国传统政治的文学艺术作品，又铺天盖地而来，带着“我胡汉三又回来了！”的得意与张狂。帝王将相之间发生的陈年旧事，被不厌其烦地从发了霉的历史角落里翻腾出来。其中不只有曾经发生的史实，更有现代人充满想象的发扬光大，使得原本就人精之间的博弈，变得更加风云迭起，惊心动魄。

在中国社会的每一个角落，几乎都可以看到中国传统政治的身影。这参与者，不只有传统的一代“旧人”，也有开放以后来到这个世界上的“新人类”。在企业当中，我们更可以相当明显地看到，中国传统政治在企业管理和文化上的印记。

我们在无意当中继承了这种历史遗产，是好是坏？是祸是福？全面地论述，恐怕要用一部专著。但是这中间最为关键问题的解析，也许并不需要长篇大论。

中国的传统政治，产生于我们这个有着5 000年文字历史的古国。与这个国家政权的生存条件有着密切的关系。

在中国的历史上，自秦始皇统一中国直到清朝末期，中国的帝王们在大部分的时间内，是没有外患的，也没有来自大自然的根本性挑战。

中国在几千年里，不存在与其他国家竞争的问题，也没有发展快慢的概念。“普天之下，莫非皇土”，我就是世界，我的发展也罢，倒退也罢，成功也罢，毁灭也罢，都是整个世界所自然发生的事情，就像日出日落一样。因为没有横向的对比尺度，所以这发生的一切，从客观的角度来看，没有好坏，也没有对错。

中国帝王们所面临的威胁，主要来自内部。来自朝内百官的图谋不轨，以及黎民百姓的揭竿而起。如果我们的帝王是真命天子，能够做到内圣而外王，他固然会凭借自己的道德和智慧，恩泽子民，而保证天下太平。但是，圣人终归稀有。所以，我们的帝王很大一部分心思，不得不用在了如何利用各种诱惑、朋党矛盾、权力制衡等计谋，来保证重臣们没有能力或意愿来颠覆自己的地位。不断地精心导演着奴才、人才和蠢材“你方唱罢我登场”的宫廷闹剧；用孝道、知足常乐等文化因素以及社会体制等手段，培养大众逆来顺受的品质，来消除庶民们更多的期望，从而在根本上抑制其揭竿而起的念头。国家的效益和效率，以及文明的进步，基本不是他们考虑的问题。

英国历史学家李约瑟，在分析一度遥遥领先于世界其他国家的中国科学技术没有能够推动社会革命性进步的时候指出，其主要的原因正是在于中国的统治者们，其管理导向是抑制社会变革的发生，以保住自己的统治地位。

我们当然可以从道德的角度对中国传统政治大加鞭挞，尽管假如我们黄袍加身，我们自己可能表现得更加荒唐。将心比心，中国帝王们的做法，是可以理解的。但是，从实用的角度，我们还是要问：我们是否应该按照他们的思路来管理我们的现代企业？

我们现代企业，在目前的条件下，最基本的生存要点是什么？无疑是在外部竞争的环境中，立于不败之地。市场经济下的一个基本原则就是，企业要想生存和发展，就不能以低于社会平均效率的水平，来进行为社会需要的价值创造活动。任何一个企业，都不能像我们历史上大部分的帝王那样，关起门来玩自己的权力游戏。

如一位知名的教授曾经讲过的一个比喻：我们自己投入地在井底玩

着自己的游戏，突然，井盖被市场之手给盖上了——游戏结束了。不是因为我们玩游戏的技能不好，我们自己确实玩得很出色，几千年的积累，我们的技能炉火纯青，登峰造极；但是，有一个更强大的力量，决定了我们必败的命运——世道变了。

在这个企业生存的大前提下，每一个企业，都要殚精竭虑地去想办法把自己企业的状态调整到最优，以获得超过社会平均效率的组织效能，从而在开放的市场竞争环境下，获得自己的生存和发展权。

没有来自内部对你拥有的权力的挑战，决不意味着这个企业就是一个优秀的或者能够长期生存的企业；优秀的企业，在于让企业这个组织发挥出其可能的最大效益。这决不是中国传统政治所关心的核心问题。

所以，即使从整个企业功利的角度来看，我们都不应该在企业中，简单而盲目地重复中国传统的政治游戏。当然，如果我们只是抱着自己眼前的利益，那就另当别论了。

当我们试图效仿我们帝王的那些理念和做法的时候，我们必须问自己：这些理念和做法，能够发挥出我们期望效果的那些前提条件，是否存在？或者说，在目前的前提条件下，这些理念和做法，在实际上会产生什么样的效果？这是在智力上而非道德上，对我们提出的一个挑战。

或许，根本的问题在于我们是否能够理解，在现代企业中，个人的利益与他人的利益之间的协同关系，尤其是从长远和整体上来看。

不幸的是，在很多时候，我们可能是无意识地在效仿我们的先人。这就是文化的力量。我们常常会看到，企业管理者在乐此不疲地不断对企业进行重组，其桌面上的理由是为了更好地发挥组织效能去面对市场，但是，实际的效果却远非如此，甚至是背道而驰。排除掉其他的因素，我们是否还是能够看到帝王政治的阴影？

能够清醒地意识到自己的思想活动，是超越自己的前提。能够不断超越自我和环境，才可称为“优秀”。

10年来，从军工到民品，从产品到服务，从开发到企业战略，从几个人的队伍，到几百人的公司，从国企到外企再到民企，我的经历不

可谓不丰富。但是，几件重大的事情，均半途而废。这使得我的经验，有了致命的缺陷。

正如作为一个学生，抛开偶然因素不谈，就对知识的掌握和相关的能力培养上来看，95 分与 85 分是有本质差别的，而这种差别，通常绝非是 85 分者可以体会到的。从良好到优秀之间 10 分的差距，意味着一段关键经历的短缺。而这种短缺，是无法依靠臆想与推断来弥补的。这 10 分的差别，有时不仅体现在对知识的理解和相关的能力上，也会体现出人性的不同。10 年的工作，尽管混得了一些虚名，但是总体上看，我认为给自己只能打 60 至 70 分。

近十几年来的经历，让我多了许多无奈，少了一些顽强与执著。面对各种变故，是竭力争取，还是顺其自然，乃至退让妥协，没有一个简单的逻辑可以帮助我们来选择。在这些方面，我或许还多了一些宿命的意识。当然，这种变化也可以用宽容、豁达，或者超脱来包装或解释。不过这样的解释多少有点自欺欺人的味道。

经历多了以后，对人对事都有了一些与以前不同的看法。我希望自己能够有一个更大的境界，来对待周围所发生的一切，而不是简单地变得圆滑和世故。

境　界

1999 年，我在联想主持掌上电脑的开发。为了缓解工作带来的巨大压力，自小就对自然科学有着特别爱好的我，买了一本湖南出版社出版的科普读物《黑洞》。

当我读到讲解相对论的时空观的章节，特别是看到其中一张解释不同“事件”之间因果关系的时空图的时候，猛然间，科学的理论、佛教的观点以及我自己实践的感悟，汇聚成了一个让我感到非常有趣的想法——我可以借用科学的术语，来给境界下一个准确的定义。

境界在我原来的认识当中，是一种带有伦理色彩的修养。我们常用

“崇高”来形容境界。

但是看了相对论那张图，我猛然发现，其实，境界准确地讲应该是我们在看一个具体问题（事件）的时候，所参考的那些相关事件所分布的时空范围。它在本质上反映了一个人把跨越时空的不同事件联系在一起分析的能力。

其实，在汉语中，何谓“境”与“界”？境，指的是一个区域；界，则是标定一个范围的边缘。所以，从语义的角度来分析，“境界”讲的无非是一种时空的范围。境界不应该论高低，而应该讲大小。

我们在现实中遇到的任何事情和问题，在空间加时间的四维坐标系中，都有一个确定的位置。相对论把发生的任何事情，均称作一个“事件”。在这四维的时空坐标系中，不同的事件之间，不是毫无关系的。新事件的产生和发展，与过去已经发生的许多事件的影响有关，而且它还会对未来将要发生的事件，起到某种作用。

那么，当我们面对现实中不断发生的一个个事件的时候，在我们分析和把握这些事件的时候，我们在多大的程度上，能够看到已经发生的和将要发生的不同事件之间的因果关系呢？我们能够看到的，有因果关系的这些事件所分布的统计意义上的时空范围，就是我们的境界。

如果我们的境界大，就可以穿越历史，洞悉未来，横贯中外，随心所欲而不越矩，其追求自然崇高；我们的境界小，则必然鼠目寸光，患得患失，举步维艰，四处碰壁而不得志，其行为难脱猥琐。

日本明治维新时期的政治家伊藤博文有一句名言：计利应计天下利，求名当求万世名。当把不那么光彩的“名”和“利”，放到一个大的时空背景中去追求的时候，这种追求，便超越了狭隘的自我，惠泽于大众，有了永恒的价值，闪烁着圣洁的光芒。这便是大境界化腐朽为神奇的道德力量。

看到那些在时空上相近的不同事件之间的关系，不太困难。触电，必然引起抽搐的反应；杀人，恐怕也难逃偿命的后果。但是，一些在时空上相隔较远的事件之间的因果，就不那么明显了。人类的活动对环境造成的破坏，让我们付出了巨大代价之后，才引起全球的关心；我们还难以把握伦敦的一只蝴蝶不经意地闪了一下翅膀，如何在纽约引起了一场风暴，尽管在理论上这是可能的。

在企业的经营中，我们知道增加奖金，必然会提高士气；但是，企业价值观对企业的发展在根本上的制约，就不容易引起大家刻骨铭心的感受了。

一个人境界的大小，在本质上是取决于其能力的，一种穿透纷繁复杂的表象，对世界的本质规律的感悟认知能力，而非关系伦理修养。佛教讲三世因果，有些匪夷所思；道家论天人合一，也显得陈义过高。但是，通过自己和他人的实践，更深地去认识这个世界不同事件之间的因果关系，去理解从特殊到一般的客观规律，从而使自己的境界不断地扩大，更加有效地发挥自己有限生命的作用和价值，既具可能也有必要。

境界，是我们看问题的时空范围，是我们的心胸，也是我们实际拥有的人生舞台。

境界的大小，从根本上决定了一个人在战略管理上所可能达到的高度。

后记——理想永存

在过去的十年中，不断有朋友或同事向我提出同样的质疑：“你的想法和做法是否太过理想了？有多大的可行性？”

真实地记录下这十年中发生的、我认为有些意义的过程，以及我自己的点滴感悟，在某种意义上算是给出一份针对这个问题的实践性答卷。遗憾的是在这份十几万字的答卷中，我依然无法呈现给发问者以明确的结论。因为我的努力，在任何意义上都决不是一段成功的辉煌。

我是在追求社会公正和大众福祉的理想主义和集体英雄主义的浸泡下完成的小学学业，似懂非懂地看着它们退出了社会舞台的中央；大学时期经历了中国社会理想与现实的冲突；告别校园之后，品尝的是实用主义和机会主义创造的奇迹与引发的问题。我不会去重复理想主义走向极端以后曾经表现出来的荒唐，但是也不情愿一味被动地顺从于现实的胁迫。所以，在实践中才有了许多困惑、思考和探索。

有人说我们80年代的大学生是最后的理想主义者群体。这让我想起了在清华大学上研究生的时候，我参加的一场关于理想的辩论赛。当时我是我们系研究生辩论代表队的成员。辩论的题目是“理想的现实价值”，我们是正方。在辩论当中，反方提出：理想总是追求完美，所以必然脱离实际，对现实没有太大意义。听罢我起身应道：“难道人类不正是在追求超越实现的理想过程中，才不断进步的吗？”

什么是理想？什么是理想主义？做哲学或语义上的辨析，并无太大的实际意义。理想，对一些人来讲不仅仅是衣食无忧之后，用于慰藉灵魂的快餐或者追求个人成功的动力。只要社会还在进步，只要依然有人不甘沉沦，我们就必然会看到理想的踪影。即使现实常常严酷而令人无奈，理想也不应该从人类的精神家园中消遁。

在人类文明的历史长河中，超越个人、追求社会公正和大众福祉的理想永远闪耀着最动人心魄的绚丽光芒。